O Programador Pragmático

Os Autores

Andrew Hunt é marceneiro, músico e consultor. Trabalhou em diversas áreas, entre elas telecomunicações, serviços financeiros, artes gráficas e serviços de Internet. Hunt se especializou em combinar técnicas já consolidadas com tecnologias de ponta, criando soluções novas e práticas. Ele administra sua empresa de consultoria em Raleigh, Carolina do Norte.

David Thomas presta consultoria em diferentes áreas, como aeroespacial, bancária, de serviços financeiros, telecomunicações, viagens e Internet. Antes de se mudar para os Estados Unidos, em 1994, fundou na Inglaterra uma empresa de criação de software certificada pela ISO9001 que distribuiu mundialmente projetos sofisticados e personalizados. Hoje, Thomas é consultor independente e vive em Dallas, Texas.

Atualmente, David e Andrew trabalham juntos em The Pragmatic Programmers, L.L.C., oferecendo mais de quarenta anos de experiência a clientes em todos os Estados Unidos. Acesse www.pragmaticprogrammer.com.

H939p   Hunt, Andrew.
        O programador pragmático : de aprendiz a mestre / Andrew Hunt, David Thomas ; tradução: Aldir José Coelho Corrêa da Silva ; revisão técnica: Henrique J. Brodbeck. – Porto Alegre : Bookman, 2010.
        344 p. : il. ; 25 cm. + 1 encarte

        ISBN 978-85-7780-700-0

        1. Programação de computadores. 2. Ciência e tecnologia da Computação. I. Thomas, David. I. Título.

CDU 004.42

Catalogação na publicação: Renata de Souza Borges CRB-10/1922

ANDREW HUNT
DAVID THOMAS

O Programador Pragmático
de aprendiz a mestre

Tradução:
Aldir José Coelho Corrêa da Silva

Revisão técnica:
Henrique J. Brodbeck
Professor do Instituto de Informática da UFRGS

2010

Obra originalmente publicada sob o título
The Pragmatic Programmer: From Journeyman to Master, 1st Edition
ISBN 9780201616224

Authorized translation from the English language edition, entitled PRAGMATIC PROGRAMMER, THE: FROM JOURNEYMAN TO MASTER, 1st Edition by ANDREW HUNT; DAVID THOMAS, published by Pearson Education, Inc., publishing as Addison-Wesley Professional, Copyright (c) 2000. All rights reserved. No part of this book may be reproduced or transmitted in any form or by any means, electronic or mechanical, including photocopying, recording or by any information storage retrieval system, without permission from Pearson Education, Inc.

Portuguese language edition published by Bookman Companhia Editora Ltda, a Division of Artmed Editora S.A., Copyright (c) 2010.

Tradução autorizada a partir do original em língua inglesa da obra intitulada PRAGMATIC PROGRAMMER, THE: FROM JOURNEYMAN TO MASTER, 1ª Edição, autoria de ANDREW HUNT; DAVID THOMAS, publicado por Pearson Education, Inc., sob o selo Addison-Wesley Professional, Copyright (c) 2000. Todos os direitos reservados. Este livro não poderá ser reproduzido nem em parte nem na íntegra, nem ter partes ou sua íntegra armazenado em qualquer meio, seja mecânico ou eletrônico, inclusive fotorreprografação, sem permissão da Pearson Education, Inc.

A edição em língua portuguesa desta obra é publicada por Bookman Companhia Editora Ltda, uma Divisão de Artmed Editora S.A., Copyright (c) 2010.

Capa: *Rogério Grilho,* arte sobre capa original

Leitura fial: *Mirella Nascimento*

Editora Sênior – Bookman: *Arysinha Jacques Affonso*

Editora responsável por esta obra: *Elisa Viali*

Projeto e editoração: *Techbooks*

Reservados todos os direitos de publicação, em língua portuguesa, à
ARTMED® EDITORA S.A.
(BOOKMAN® COMPANHIA EDITORA é uma divisão da ARTMED® EDITORA S.A.)
Av. Jerônimo de Ornelas, 670 - Santana
90040-340 Porto Alegre RS
Fone (51) 3027-7000   Fax (51) 3027-7070

É proibida a duplicação ou reprodução deste volume, no todo ou em parte,
sob quaisquer formas ou por quaisquer meios (eletrônico, mecânico, gravação,
fotocópia, distribuição na Web e outros), sem permissão expressa da Editora.

SÃO PAULO
Av. Embaixador Macedo Soares, 10.735 - Pavilhão 5 - Cond. Espace Center
Vila Anastácio 05095-035 São Paulo SP
Fone (11) 3665-1100   Fax (11) 3667-1333

SAC 0800 703-3444

IMPRESSO NO BRASIL
PRINTED IN BRAZIL
Impresso sob demanda na Meta Brasil a pedido de Grupo A Educação.

*Para Ellie e Juliet,
Elizabeth e Zachary,
Stuart e Henry*

Prefácio

Este livro o ajudará a se tornar um programador melhor.

Não importa se você é um desenvolvedor solitário, membro de uma grande equipe de projeto ou um consultor trabalhando com muitos clientes ao mesmo tempo. Esta obra o ajudará, como indivíduo, a obter um trabalho melhor. Ela não é teórica – nos concentramos em tópicos práticos, no uso da experiência para uma tomada de decisões mais embasada. A palavra *pragmático* vem do latim *pragmaticus* – "habilidoso no trabalho" – que, por sua vez, é derivada do grego πραττειν, que significa "fazer". Este é um livro sobre fazer.

A programação é uma arte. Basicamente, se resume a conseguir que um computador faça o que você quer que ele faça (ou o que seu usuário quer que ele faça). Como programador, você é parte ouvinte, parte conselheiro, parte intérprete e parte definidor. Tenta capturar requisitos vagos e encontrar uma maneira de expressá-los para que uma simples máquina possa concretizá-los. Tenta documentar seu trabalho para que outras pessoas possam entendê-lo e tenta construir seu trabalho de um modo que outros possam se basear nele. Procura fazer tudo isso contra o implacável decorrer do tempo do projeto. Você faz pequenos milagres diariamente.

É um trabalho difícil.

Muitas pessoas lhe oferecem ajuda. Fornecedores de ferramentas se gabam dos milagres que seus produtos operam. Gurus de metodologias prometem que suas técnicas garantem resultados. Todos alegam que sua linguagem de programação é a melhor e todos os sistemas operacionais são a resposta para todos os males imagináveis.

É claro que nada disso é verdade. Não há respostas fáceis. Não há uma solução *melhor*, seja uma ferramenta, uma linguagem ou um sistema operacional. Só há sistemas que são mais apropriados em um conjunto específico de circunstâncias.

É aí que o pragmatismo entra em cena. Você não deve se ater a uma tecnologia específica, mas ter experiência e conhecimento suficientemente amplos para poder selecionar boas soluções em determinadas situações. O conhecimento vem da compreensão dos princípios básicos da ciência da computação e a experiência de um vasto conjunto de projetos práticos. Teoria e prática devem se combinar para torná-lo forte.

Você deve adaptar sua abordagem para que atenda ao ambiente e às circunstâncias atuais. Avaliar a importância relativa de todos os fatores que afetam um projeto e usar sua experiência para produzir soluções apropriadas. E fazer isso continuamente à medida que o trabalho avança. Programadores pragmáticos executam o trabalho e o executam bem.

QUEM DEVE LER ESTE LIVRO?

Este livro é destinado a quem quer se tornar um programador mais eficiente e produtivo. Talvez você esteja se sentindo frustrado por achar que não está aproveitando todo o seu potencial. Pode estar vendo colegas que parecem estar usando ferramentas que os tornam mais produtivos que você. Talvez seu emprego atual use tecnologias mais antigas e você queira saber como ideias mais novas poderiam ser aplicadas às suas atividades.

Não achamos que temos todas as respostas (nem mesmo a maioria), nem que todas as nossas ideias sejam aplicáveis a todas as situações. Tudo o que podemos dizer é que, se seguir nossa abordagem, você ganhará experiência rapidamente, será mais produtivo e compreenderá melhor o processo de desenvolvimento como um todo. E criará software melhor.

O QUE TORNA UM PROGRAMADOR PRAGMÁTICO?

Cada desenvolvedor é único, com seus pontos fortes e fracos, preferências e aversões. Com o tempo, cada um moldará um ambiente pessoal. Esse ambiente refletirá a individualidade do programador tanto quanto seus hobbies, vestuário ou corte de cabelo. No entanto, se você é um programador pragmático, compartilha de muitas das características a seguir:

- **Adoção antecipada/adaptação rápida.** Você tem um faro para tecnologias e técnicas e gosta de testar coisas. Quando obtém algo novo, consegue entender rapidamente e integrá-lo ao resto de seus conhecimentos. Sua confiança nasce da experiência.

- **Inquisitivo.** Você tende a fazer perguntas. *Isso é interessante – como o fez? Essa biblioteca lhe traz problemas? O que é esse BeOS do qual ouvi falar? Como os links simbólicos são implementados?* Não deixa passar pequenos detalhes, já que eles podem afetar alguma tomada de decisão daqui a alguns anos.
- **Pensador crítico.** Raramente você aceita as coisas como lhe são passadas sem antes constatar os fatos. Quando colegas dizem "porque é assim que é feito" ou um fornecedor promete a solução para todos os seus problemas, você fareja um desafio.
- **Realista.** Você tenta entender a natureza subjacente de cada problema que enfrenta. Esse realismo lhe dá uma boa percepção do nível de dificuldade das tarefas e quanto tempo elas levarão. Chegar sozinho à conclusão de que um processo *deve* ser difícil ou *levará* algum tempo para ser concluído lhe dá motivação para continuar tentando.
- **Pau para toda obra.** Você se esforça para conhecer um amplo conjunto de tecnologias e ambientes e tenta ficar a par de novos desenvolvimentos. Embora sua função atual possa exigir que você seja um especialista, sempre é possível migrar para novas áreas e desafios.

Deixamos as características mais básicas por último. Todos os programadores pragmáticos as compartilham. Elas são o suficiente básicas para serem declaradas como dicas:

DICA 1
Preocupe-se com seu trabalho

É inútil desenvolver software a menos que você se preocupe em fazê-lo bem.

DICA 2
Reflita sobre seu trabalho

Para se tornar um programador pragmático, o desafiamos a refletir sobre o que está fazendo no momento em que estiver fazendo. Não se trata de uma auditoria das práticas atuais feita apenas uma vez – trata-se de uma avaliação crítica constante de cada decisão que você tomar, todo dia e em cada desenvolvimento. Nunca ligue o piloto automático. Reflita constantemente, criticando seu trabalho em tempo real. O antigo lema da IBM, PENSE! (THINK!), é o mantra do programador pragmático.

Se você achou difícil, deve ser um programador *realista*. Essas tarefas vão ocupar parte de seu valioso tempo – tempo que provavelmente já é exíguo. A recompensa é um envolvimento mais ativo com um ofício que você ama, uma sensação de domínio sobre um conjunto cada vez maior de assuntos e o prazer proveniente de uma sensação de melhoria contínua. A longo prazo, seu investimento no tempo será recompensado à medida que você e sua equipe se tornarem mais eficientes, escreverem códigos de manutenção de modo mais fácil e passarem menos tempo em reuniões.

PRAGMÁTICOS INDIVIDUAIS, GRANDES EQUIPES

Alguns julgam que não há espaço para a individualidade em grandes equipes ou projetos complexos. "A construção de software é uma disciplina de engenharia", afirmam, "que não gera bons resultados quando membros da equipe tomam decisões sozinhos".

Discordamos.

A construção de software *deve* ser uma disciplina de engenharia. No entanto, isso não exclui a habilidade individual. Pense nas grandes catedrais construídas na Europa durante a Idade Média. Cada uma delas consumiu anos de esforço de milhares de pessoas, ao longo de muitas décadas. As lições aprendidas foram passadas para o próximo time de construtores, que aprimoraram o estado da engenharia estrutural com suas realizações. Mas os carpinteiros, pedreiros, escultores e vidraceiros eram todos artesãos, interpretando os requisitos de engenharia para produzir um todo que transcendesse o lado puramente mecânico da construção. Foi a crença em suas contribuições individuais que sustentou os projetos:

Nós que apenas quebramos pedras sempre devemos ter catedrais em mente.

Lema do trabalhador de minas

Dentro da estrutura geral de um projeto sempre há espaço para a individualidade e a perícia profissional. Isso é especialmente verdadeiro dado o estado atual da engenharia de software. Daqui a cem anos, a engenharia atual parecerá tão arcaica quanto as técnicas usadas pelos construtores de catedrais medievais parecem para os engenheiros civis de hoje, mas nossas habilidades pessoais ainda serão apreciadas.

É UM PROCESSO CONTÍNUO

> *Um turista visitando o Eton College na Inglaterra perguntou ao jardineiro como ele mantinha os gramados em tamanha perfeição. "É fácil," ele respondeu, "Você apenas remove o orvalho toda manhã, apara-os todo dia e aplaina uma vez por semana."*
>
> *"É só?" perguntou o turista.*
>
> *"Exatamente," respondeu o jardineiro. "Faça isso durante 500 anos e você também terá um belo gramado."*

Belos gramados precisam de pequenas quantidades de cuidado diário e o mesmo vale para bons programadores. Consultores de gerenciamento gostam de usar a palavra *kaizen* em palestras. Kaizen é um termo japonês que captura o conceito de fazer continuamente diversas pequenas melhorias. Essa técnica foi considerada uma das principais razões dos ganhos em produtividade e qualidade na indústria japonesa e foi amplamente copiada em todo o mundo. O kaizen também é aplicável às pessoas. Empenhe-se diariamente em aprimorar as habilidades que você possui e em adicionar novas ferramentas às que já usa. Diferentemente do que ocorreu com os gramados de Eton, você começará a ver resultados em questão de dias. Com o passar dos anos, ficará surpreso ao ver como sua experiência se desenvolveu e suas habilidades aumentaram.

COMO O LIVRO FOI ORGANIZADO

Este livro foi escrito como um conjunto de pequenas seções. Cada seção é independente e aborda um tópico específico. Você encontrará várias referências cruzadas, que ajudam a enquadrar cada tópico no contexto. Fique à vontade para ler as seções em qualquer ordem – esta obra não precisa ser acompanhada em sequência.

Às vezes, você verá uma caixa chamada *Dica nn* (como em Dica 1, "Preocupe-se com seu trabalho", na página ix). Além de enfatizar pontos do texto, as dicas têm vida própria – use-as diariamente. Você encontrará um resumo de todas as dicas no encarte que acompanha o livro.

O Apêndice A apresenta um conjunto de recursos: a bibliografia do livro, uma lista de URLs para recursos Web e uma lista de periódicos, livros e organizações profissionais recomendados. No decorrer do livro, você encontrará referências à bibliografia e à lista de URLs – como em [K999] e [URL 18], respectivamente.

Incluímos exercícios e desafios onde apropriado. Em geral, os exercícios têm respostas relativamente diretas, enquanto os desafios têm um caráter mais aberto. Para lhe dar uma ideia do que pensamos, incluímos nossas respostas aos exercícios no Apêndice B, mas poucos têm apenas uma única solução *correta*. Os desafios podem formar a base de discussões de grupo ou de trabalhos interpretativos em cursos avançados de programação.

O QUE PODE SIGNIFICAR UM NOME?

> *Quando eu uso uma palavra, ela significa exatamente o que eu quis que significasse, nem mais, nem menos.*
>
> Lewis Carroll, *Alice através do espelho*

Você encontrará vários termos técnicos espalhados pelo livro – palavras existentes que foram adaptadas para significar algo técnico ou horríveis palavras inventadas pelos estudiosos da computação. Na primeira vez em que usamos cada um desses jargões, tentamos defini-lo ou pelo menos dar uma ideia de seu significado. No entanto, temos certeza de que deixamos alguns escapar e outros, como *objeto* e *banco de dados relacional*, são tão usados que adicionar uma definição seria desnecessário. Se você deparar com um termo que ainda não viu, não o deixe passar em branco. Procure sua definição, talvez na Web ou em um livro de ciência da computação. E, se tiver tempo, mande-nos um email e reclame, para podermos adicionar uma definição à próxima edição.

Tudo isso posto, decidimos nos vingar dos estudiosos da computação. Em algumas situações, há jargões perfeitos para os conceitos, palavras que decidimos ignorar. Por quê? Porque normalmente o jargão existente está restrito a uma área específica ou a uma fase de desenvolvimento específica. E uma das filosofias básicas deste livro é que a maioria das técnicas que estamos recomendando é universal: a modularidade se aplica a códigos, projetos, documentação e organização de equipes, por exemplo. Quando tentamos usar o jargão convencional em um contexto mais amplo, ele gerou confusão: não conseguimos superar a carga que o termo original traz com ele. Onde isso aconteceu, contribuímos para o declínio do idioma inventando nossos próprios termos.

CÓDIGO-FONTE E OUTROS RECURSOS

Grande parte do código mostrado neste livro foi extraído de arquivos-fonte compiláveis, disponíveis para download em nosso site*:

    www.pragmaticprogrammer.com

Nele você também encontrará links para recursos úteis, além de atualizações da obra e notícias sobre outros desenvolvimentos do Programador Pragmático.

ENVIE SEU FEEDBACK

Queremos sua opinião. Comentários, sugestões, indicações de erros no texto e problemas nos exemplos são bem-vindos. Mande um email em inglês para

    ppbook@pragmaticprogrammer.com

Comentários sobre a edição brasileira desta obra podem ser enviados para

    secretariaeditorial@artmed.com.br

AGRADECIMENTOS

Quando começamos a escrever este livro, não tínhamos ideia do tamanho do trabalho em grupo que ele acabaria demandando.

A Addison-Wesley foi brilhante, pegando dois hackers inexperientes e conduzindo-os por todo o processo de produção de livros, da ideia à cópia pronta para reprodução. Muito obrigado a John Wait e Meera Ravindiran por seu apoio inicial, a Mike Kendrickson, nosso empenhado editor (e eco-

---

* N. de E.: Você também pode baixar os códigos em **www.bookman.com.br**. Procure pelo livro e clique em **Conteúdo Online**.

nômico designer da capa!), a Lorraine Ferrier e John Fuller por sua ajuda na produção, e a incansável Julie DeBaggis por nos manter unidos.

Também há os revisores: Greg Andress, Mark Cheers, Chris Cleeland, Alistair Cockburn, Ward Cunningham, Martin Fowler, Thanh T. Giang, Robert L. Glass, Scott Henninger, Michael Hunter, Brian Kirby, John Lakos, Pete McBreen, Carey P. Morris, Jared Richardson, Kevin Ruland, Eric Starr, Eric Vought, Chris Van Wyk e Deborra Zukowsky. Sem seus cuidadosos comentários e valiosas opiniões, esta obra teria ficado menos legível, menos precisa e com um tamanho duas vezes maior. Obrigado a todos por seu tempo e experiência.

A segunda impressão deste livro foi aprimorada pelos nossos leitores. Muito obrigado a Brian Blank, Paul Boal, Tom Ekberg, Brent Fulgham, Louis Paul Hebert, Henk-Jan Olde Loohuis, Alan Lund, Gareth McCaughan, Yoshiki Shibata e Volker Wurst, tanto por encontrarem os erros quanto por terem a disposição de apontá-los elegantemente.

Com o passar dos anos, trabalhamos com uma grande quantidade de clientes em crescimento, com quem ganhamos e aprimoramos a experiência sobre a qual escrevemos aqui. Recentemente, tivemos a sorte de trabalhar com Peter Gehrke em vários projetos grandes. Apreciamos muito seu apoio e entusiasmo com relação às nossas técnicas.

Este livro foi produzido com o uso do $L^A T_E X$, pic, Perl, dvips, ghostview, ispell, GNU make, CVS, Emacs, XEmacs, EGCS, GCC, Java, iContract e SmallEiffel, por meio dos shells Bash e zsh no Linux. O surpreendente é que todos esses maravilhosos programas estão disponíveis gratuitamente. Precisamos estender um imenso "obrigado" aos milhares de programadores pragmáticos de todo o mundo que contribuíram com esses e outros trabalhos para todos nós. Gostaríamos de agradecer principalmente a Reto Kramer por sua ajuda com o iContract.

Finalmente, mas com a mesma importância, devemos muito a nossas famílias. Além de tolerarem a digitação tarde da noite, as altas contas telefônicas e nosso permanente ar de distração, eles também tiveram a disposição de ler o que escrevemos, repetidas vezes. Obrigado por nos deixarem sonhar.

Andy Hunt
Dave Thomas

Introdução

Como revisor, tive a oportunidade de ler antes o livro que você tem em mãos. Achei-o ótimo, mesmo na forma de rascunho. Dave Thomas e Andy Hunt têm algo a dizer e sabem como dizê-lo. Vi o que eles estavam fazendo e sabia que funcionaria. Pedi para escrever esta introdução para poder explicar por quê.

Colocando de maneira simples, este livro mostra como programar de um modo que você possa seguir. Talvez não pareça algo difícil de fazer, mas é. Por quê? Porque nem todos os livros de programação são escritos por programadores. Muitos são compilados por projetistas de linguagens ou pelos jornalistas que trabalham com eles para promover suas criações. Esses textos mostram como *falar* uma linguagem de programação – o que com certeza é importante, mas é apenas uma pequena parte do que um programador faz.

O que um programador faz além de se comunicar em linguagem de programação? Essa é uma questão mais profunda. A maioria dos programadores teria dificuldades para explicar o que faz. A programação é um trabalho cheio de detalhes e controlar esses detalhes requer concentração. Horas passam e o código aparece. Você olha e há todas aquelas instruções. Se não ponderar cuidadosamente, pode achar que programar é apenas digitar instruções em uma linguagem de programação. É claro que você estaria errado, mas não teria como saber examinando a seção de programação da livraria.

Em *O Programador Pragmático*, Dave e Andy nos mostram como programar de uma maneira que possamos seguir. Como eles ficaram tão espertos? Não são tão dedicados a detalhes como os outros programadores? A resposta é que eles prestaram atenção ao que estavam fazendo enquanto o faziam – e, então, tentaram fazer melhor.

Suponhamos que você estivesse em uma reunião. Poderia estar pensando que a reunião pode demorar muito e seria melhor se estivesse programando. Dave e Andy pensariam no motivo para estarem tendo a reunião, se haveria algo que poderia substituí-la e decidiriam se isso poderia ser automatizado para que a reunião só ocorresse no futuro. Então colocariam em prática.

É exatamente assim que Dave e Andy pensam. Essa reunião não estava atravancando a programação. Ela *era* programação. E era programação que podia ser melhorada. Sei que eles pensam dessa maneira porque essa é a dica número dois: reflita sobre seu trabalho.

Portanto, suponhamos que esses rapazes continuem pensando dessa forma durante alguns anos. Logo eles terão várias soluções. Agora, vamos imaginá-los usando suas soluções em seu trabalho por mais alguns anos e descartando as muito complicadas ou que nem sempre produzam resultados. Essa abordagem define o que é ser *pragmático*. Agora vamos imaginá-los levando mais um ano ou dois para registrar suas soluções por escrito. Você deve estar pensando "*essas informações seriam uma mina de ouro*". Está certo.

Os autores nos ensinam como programam de uma maneira que conseguimos entender. Deixe-me explicar.

Os autores evitaram propor uma teoria de desenvolvimento de software. Isso é bom, porque se o tivessem feito seriam obrigados a direcionar cada capítulo à defesa de sua teoria. Esse direcionamento é a tradição em, digamos, estudo da física, onde teorias acabam se tornando leis ou são descartadas sem alarde. A programação, por outro lado, tem poucas leis (se tiver alguma). Portanto, conselhos de programação estruturados em supostas leis soam bem por escrito, mas não funcionam na prática. É isso que está errado em tantos livros de metodologia.

Estudei esse problema por alguns anos e descobri que o mais promissor era um artifício chamado *linguagem de padrões*. Resumindo, um *padrão* é uma solução e uma linguagem de padrões é um sistema de soluções que sustentam umas às outras. Uma comunidade inteira se formou ao redor da busca por esses sistemas.

Este livro é mais do que um conjunto de dicas. É uma linguagem de padrões disfarçada. Digo isso porque cada dica é tirada da experiência, escrita como uma sugestão concreta e relacionada a outras para formar um sistema. Essas são as características que nos permitem aprender e seguir uma linguagem de padrões. Elas funcionam da mesma forma aqui.

É possível seguir os conselhos deste livro porque eles são concretos. Você não encontrará abstrações vagas. Dave e Andy escreveram este texto para você, como se cada dica fosse uma estratégia vital para alavancar sua carreira de programador. Eles fazem isso de maneira simples, contando uma história, usando um toque sutil e complementando com respostas a perguntas que surgirão quando você colocar em prática.

E há mais. Após ler 10 ou 15 dicas, você começará a enxergar o trabalho a partir de uma nova dimensão. Às vezes, ela é chamada de *QWAN*, abreviatura de *quality without a name*. O livro tem uma filosofia que irá lhe conquistar e se misturar à sua própria filosofia. Ele não prega – apenas mostra o que funciona. Mas, ao mostrar, surgem mais coisas. Essa é a beleza da obra: ela dá corpo à sua filosofia e o faz despretensiosamente.

Então aí está: um livro fácil de ler – e usar – sobre toda a prática de programação. Refleti muito sobre por que ele funciona. Provavelmente você só se importa com o fato de que ele funciona. Funciona mesmo. Você verá.

Ward Cunningham

Sumário

1 Uma Filosofia Pragmática   **23**

    1   O gato comeu meu código-fonte 24
    2   Entropia de software 26
    3   Sopa de pedras e sapos cozidos 29
    4   Software satisfatório. 31
    5   Sua carteira de conhecimentos. 34
    6   Comunique-se!. 40

2 Uma Abordagem Pragmática   **47**

    7   Os males da duplicação 48
    8   Ortogonalidade. 56
    9   Reversibilidade. 66
   10   Projéteis luminosos 70
   11   Protótipos e notas post-it 75
   12   Linguagens de domínio. 79
   13   Estimando 86

3 As Ferramentas Básicas   **93**

   14   O poder do texto simples 95
   15   Jogos de shell. 99
   16   Edição avançada. 104
   17   Controle do código-fonte 108
   18   Depurando. 112
   19   Manipulação de texto 121
   20   Geradores de código. 124

4 Paranoia Pragmática — 129

21 Projeto por contrato 131
22 Programas mortos não contam mentiras 142
23 Programação assertiva 144
24 Quando usar exceções 147
25 Como balancear recursos 151

5 Seja Flexível — 159

26 A desvinculação e a Lei de Deméter 160
27 Metaprogramação 166
28 Vinculação temporal 172
29 Apenas um modo de ver 179
30 Quadros-negros 187

6 Enquanto Você Está Codificando — 193

31 Programação baseada no acaso 194
32 Velocidade do algoritmo 199
33 Refatoração 206
34 Código que seja fácil de testar 211
35 Assistentes do mal 220

7 Antes do Projeto — 223

36 O abismo dos requisitos 224
37 Resolvendo problemas impossíveis 234
38 Não antes de você estar pronto 237
39 A armadilha das especificações 239
40 Círculos e setas 242

8 Projetos Pragmáticos — 245

41 Equipes pragmáticas 246
42 Automação onipresente 252
43 Testando incansavelmente 259
44 Tudo se resume a escrever 270
45 Grandes expectativas 277
46 Orgulho e preconceito 280

Apêndices

A Recursos   **283**

    Sociedades profissionais 284

    Construindo uma biblioteca 284

    Recursos da Internet 288

    Bibliografia. 297

B Respostas dos Exercícios   **301**

Índice   **331**

CAPÍTULO 1

Uma Filosofia Pragmática

O que diferencia os programadores pragmáticos? Acreditamos que é uma atitude, um estilo, uma filosofia de abordagem de problemas e suas soluções. Eles raciocinam além do problema imediato, sempre tentando inseri-lo em seu contexto mais amplo, sempre tentando tomar conhecimento do cenário em maior escala. Afinal, sem esse contexto maior, como você poderia ser pragmático? Como poderia fazer concessões inteligentes e tomar decisões embasadas?

Outro segredo para seu sucesso é que eles se responsabilizam por tudo que fazem, o que discutimos em *O Gato Comeu Meu Código-Fonte*. Por serem responsáveis, os programadores pragmáticos não sentam e esperam seus projetos se deteriorarem por negligência. Em *Entropia de Software*, mostramos como manter seus projetos intactos.

A maioria das pessoas acha difícil aceitar mudanças, às vezes por boas razões e às vezes devido à simples inércia. Em *Sopa de Pedras e Sapos Cozidos*, examinamos uma estratégia para motivar a mudança e (em busca de equilíbrio) apresentamos o conto de um anfíbio que ignorou os perigos da mudança gradual.

Uma das vantagens de entender o contexto em que você trabalha é que fica mais fácil saber exatamente o quanto seu software tem de ser bom. Às vezes, a única opção é chegar perto da perfeição, mas geralmente há concessões envolvidas. Examinamos isso em *Software Satisfatório*.

É claro que você precisa ter uma base ampla de conhecimento e experiência para se sair bem em tudo isso. O aprendizado é um processo contínuo e progressivo. Em *Sua Carteira de Conhecimentos*, discutimos algumas estratégias que o manterão em evolução.

Para concluir, nenhum de nós trabalha sozinho. Todos passamos boa parte do tempo interagindo com outras pessoas. *Comunique-se!* lista maneiras como podemos fazer isso melhor.

A programação pragmática vem de uma filosofia de pensamento pragmático. Este capítulo define a base dessa filosofia.

1 O GATO COMEU MEU CÓDIGO-FONTE

A maior de todas as fraquezas é o medo de parecer fraco.
J. B. Bossuet, *A Política Tirada da Sagrada Escritura*, 1709

Um dos marcos da filosofia pragmática é a ideia de assumir a responsabilidade por si próprio e suas ações no que diz respeito ao avanço de sua carreira, seu projeto e seu trabalho diário. Um programador pragmático toma as rédeas de sua carreira e não tem medo de admitir desconhecimento ou erro. É claro que esse não é o aspecto mais agradável da programação, mas ele ocorrerá – mesmo no melhor dos projetos. Mesmo com testes irrepreensíveis, boa documentação e sólida automação, algo dá errado. Entregas atrasam. Problemas técnicos inesperados surgem.

Essas situações acontecem e tentamos lidar com elas tão profissionalmente quanto possível. Isso significa ser honesto e direto. Podemos ter orgulho de nossas habilidades, mas devemos ser honestos sobre nossas falhas – nossa ignorância e nossos erros.

Assuma a responsabilidade

A responsabilidade é algo com o qual concordamos ativamente. Você se compromete assegurando que algo foi feito corretamente, mas não tem necessariamente controle direto sobre todos os aspectos da situação. Além de fazer o melhor que pode, deve analisar a situação em relação a riscos que estejam além de seu controle. Você tem o direito de *não* assumir a responsabilidade por uma situação impossível ou uma situação em que os riscos sejam muito grandes. Terá de se decidir baseado em sua própria ética e julgamento.

Quando você aceitar *realmente* a responsabilidade por um resultado, deve esperar ser responsabilizado por isso. Quando cometer um erro (como todos cometemos) ou se equivocar em uma decisão, admita-o honestamente e tente oferecer opções.

Não culpe alguém ou algo nem invente uma desculpa. Não ponha a culpa de todos os problemas em um fornecedor, uma linguagem de programação, na gerência ou em seus colaboradores. Qualquer um ou todos eles podem ter uma parcela de culpa, mas cabe a *você* fornecer soluções e não desculpas.

Se havia o risco de ocorrer algo que o fornecedor não poderia resolver, você deveria ter um plano de contingência. Se o disco ficar danificado – e todo o seu código-fonte também ficar comprometido – e você não tiver um backup, a falha é sua. Dizer a seu chefe "o gato comeu meu código-fonte" não resolverá.

> **DICA 3**
> Forneça opções, não dê desculpas esfarrapadas

Antes de abordar alguém para dizer por que algo não pode ser feito, está atrasado ou ficou danificado, pare e escute a si próprio. Converse com o pato de borracha em seu monitor ou com o gato. Sua desculpa parece convincente ou estúpida? Como ela vai soar para seu chefe?

Imagine a conversa em sua mente. O que é provável que a outra pessoa diga? Ela perguntará "Você tentou isso..." ou "Você não considerou isso?" Como você responderá? Antes de contar as más notícias, há algo mais que você possa tentar? Às vezes, sabemos o que as pessoas vão dizer, portanto, poupe-os disso.

Em vez de desculpas, forneça opções. Não diga que não pode ser feito; explique o que *pode* ser feito para salvar a situação. O código tem de ser descartado? Explique às pessoas sobre o valor da refatoração (consulte *Refatoração*, página 206). Você precisa de tempo para criar um protótipo e determinar a melhor maneira de proceder (consulte *Protótipos e notas post-it*, página 75)? Precisa introduzir testes melhores (consulte *Código que seja fácil de testar*, página 211, e *Testando incansavelmente*, página 259) ou automatizar (consulte *Automação onipresente*, página 252) para impedir que ocorra novamente? Talvez precise de recursos adicionais. Não tenha medo de pedir ou de admitir que precisa de ajuda.

Tente se ver livre das desculpas esfarrapadas antes de pronunciá-las em voz alta. Se precisar, fale primeiro para seu gato. Afinal, se o pequeno Mingau vai levar a culpa...

As seções relacionadas são:

- *Protótipos e notas post-it*, página 75
- *Refatoração*, página 206
- *Código que seja fácil de testar*, página 211
- *Automação onipresente*, página 252
- *Testando incansavelmente*, página 259

Desafios

- Como você reage quando alguém – como um caixa de banco, um mecânico de automóveis ou um balconista – lhe dá uma desculpa esfarrapada? O que você acha deles e de sua empresa em decorrência disso?

2 ENTROPIA DE SOFTWARE

Embora o desenvolvimento de software esteja imune a quase todas as leis da física, a *entropia* nos afeta muito. *Entropia* é um termo da física que se refere ao nível de "desordem" em um sistema. Infelizmente, as leis da termodinâmica garantem que a entropia no universo tende em direção ao máximo. Quando a desordem aumenta no software, os programadores chamam isso de "deterioração de software".

Há muitos fatores que podem contribuir para a deterioração de software. O mais importante parece ser a psicologia, ou cultura, em ação em um projeto. Mesmo se você for uma equipe de uma pessoa, a psicologia que envolve seu projeto pode ser algo muito delicado. Mesmo se um projeto tiver grandes planos elaborados e as melhores pessoas, ele ainda pode vivenciar a ruína e a decadência durante seu tempo de vida. No entanto, há outros projetos que, apesar das enormes dificuldades e constantes retrocessos, combatem com sucesso a tendência natural em direção à desordem e conseguem se sair muito bem.

O que causa a diferença?

Em cidades do interior, alguns prédios são belos e limpos, enquanto outros são estruturas deterioradas. Por quê? Pesquisadores da área criminal e de decadência urbana descobriram um fascinante mecanismo acionador, um mecanismo que torna muito rapidamente um prédio limpo, intacto e habitado em uma construção quebrada e abandonada: uma janela quebrada [WK82].

Uma janela quebrada, deixada sem reparos por qualquer período de tempo significativo, faz brotar nos moradores do prédio uma sensação de abandono – uma sensação de que os responsáveis não se preocupam com o prédio. Portanto, outra janela é quebrada. As pessoas começam a acumular lixo na área externa. Surgem grafites. Danos estruturais graves começam a aparecer. Em um período de tempo relativamente curto, o prédio fica danificado demais para o proprietário querer consertá-lo e a sensação de abandono se torna realidade.

A "Teoria da Janela Quebrada" inspirou os departamentos de polícia de Nova York e outras cidades grandes a atacar os problemas menores para evitar os maiores. Funciona: ficar atento a janelas quebradas, grafites e outras pequenas infrações reduziu o alto índice criminal.

> **DICA 4**
> Não tolere janelas quebradas

Não deixe "janelas quebradas" (projetos insatisfatórios, decisões erradas ou código inadequado) sem reparos. Conserte cada uma assim que for descoberta. Se não houver tempo suficiente para consertá-la apropriadamente, *feche-a com tábuas*. Talvez você possa desativar com comentários o código inadequado, exibir uma mensagem "Não Implementado" ou substituí-lo por dados fictícios. Tome *alguma* medida para impedir um dano maior e mostrar que você está com a situação sob controle.

Vimos sistemas elegantes e funcionais se deteriorarem rapidamente quando as janelas começaram a quebrar. Há outros fatores que podem contribuir para a deterioração de software e mencionaremos alguns deles em outras seções, mas a negligência *acelera* mais a deterioração do que qualquer outro fator.

Você deve estar pensando que ninguém tem tempo para sair reparando todas as janelas quebradas de um projeto. Se continuar pensando assim, é melhor planejar a compra de uma caçamba ou mudar para outra vizinhança. Não deixe a entropia vencer.

Apagando incêndios

Por outro lado, há a história de um conhecido de Andy obscenamente rico. Sua casa era imaculada, bela, cheia de relíquias de valor inestimável, objetos de arte e assim por diante. Um dia, uma tapeçaria pendurada próxima da lareira de sua sala de estar pegou fogo. O corpo de bombeiros se apressou para salvar o dia – e sua casa. Mas antes de arrastarem suas mangueiras grandes e sujas para dentro da casa, eles pararam – com o fogo ainda enfurecido – para desenrolar uma esteira entre a porta da frente e o ponto de origem do fogo.

Eles não queriam estragar o carpete.

Um caso bastante extremo, claro, mas é assim que deve ser com o software. Uma janela quebrada – um trecho de código mal projetado, uma decisão insatisfatória da gerência com a qual a equipe tiver de conviver durante a existência do projeto – é o que falta para começar o declínio. Se você perceber que está trabalhando em um projeto com algumas janelas quebradas, não vai ser difícil começar a pensar da forma padrão "Todo o resto desse código está perdido. Vou me resignar e segui-lo". Não importa se o projeto vinha se saindo bem até esse ponto. Na experiência original que levou à "Teoria da Janela Quebrada", um carro abandonado permaneceu uma semana intocado. Mas quando apenas uma janela foi quebrada, o carro foi destruído e virado de cabeça para baixo em *horas*.

Da mesma forma, se você perceber que está em uma equipe e em um projeto no qual o código se encontra em estado imaculadamente adequado – escrito apropriadamente, bem projetado e elegante – provavelmente vai tomar um cuidado especial para não danificá-lo, assim como os bombeiros. Mesmo se houver um incêndio ocorrendo (prazo, data de lançamento, demonstração para clientes), *você* não vai querer ser o primeiro a causar danos.

As seções relacionadas são:

- *Sopa de pedras e sapos cozidos*, página 29
- *Refatoração*, página 206
- *Equipes pragmáticas*, página 246

Desafios

- Ajude a fortalecer sua equipe examinando as "vizinhanças" de seu ambiente de computação. Selecione duas ou três "janelas quebradas" e discuta com seus colegas quais são os problemas e o que poderia ser feito para resolvê-los.
- Você consegue identificar quando uma janela foi quebrada? Qual é sua reação? Se isso foi resultado da decisão de alguém, ou de uma imposição da gerência, o que você pode fazer?

3 | SOPA DE PEDRAS E SAPOS COZIDOS

Os três soldados que voltavam da guerra estavam famintos. Quando viram a vila à frente, se animaram – tinham certeza de que os aldeões lhes dariam uma refeição. Mas, quando lá chegaram, encontraram as portas trancadas e as janelas fechadas. Após muitos anos de guerra, os aldeões estavam com pouca comida e estocavam o que tinham.

Sem medo, os soldados ferveram água em uma panela e colocaram cuidadosamente três pedras nela. Os aldeões pasmos vieram observar.

"Essa é uma sopa de pedras", os soldados explicaram. "Isso é tudo que vocês colocam nela?" perguntaram os aldeões. "Exatamente – embora algumas pessoas digam que ela fica ainda melhor com algumas cenouras..." Um aldeão pôs-se a correr, voltando rapidamente com uma cesta de cenouras de seu estoque.

Alguns minutos depois, os aldeões perguntaram novamente "É só isso?"

"Bem," disseram os soldados, "algumas batatas lhe dão sustância". Outro aldeão saiu em disparada.

Durante a hora que se seguiu, os soldados listaram mais ingredientes que melhorariam a sopa: carne, alho, sal e ervas. A cada vez um aldeão diferente corria para procurar em seus estoques pessoais.

Eles acabaram obtendo uma grande panela de sopa fumegante. Os soldados removeram as pedras e se sentaram com a vila inteira para apreciar a primeira refeição reforçada que qualquer um deles tinha comido em meses.

Há algumas lições na história da sopa de pedras. Os aldeões são enganados pelos soldados, que usam a curiosidade daqueles para obter comida. Porém, o mais importante é que os soldados agem como um catalisador, reunindo a vila para que possam produzir conjuntamente algo que não poderiam ter feito sozinhos – um resultado sinérgico. Todos acabam ganhando.

Em uma situação fortuita, você pode querer imitar os soldados.

Você pode estar em uma situação em que sabe exatamente o que precisa ser feito e como fazê-lo. O sistema inteiro simplesmente se descortina à sua frente – você sabe que ele está correto. Mas peça permissão para realizá-lo integralmente e enfrentará atrasos e olhares vagos. As pessoas formarão comitês, orçamentos precisarão de aprovação e as coisas se complicarão. Todos protegerão seus recursos. Às vezes, isso é chamado de "fadiga inicial". É hora de usar as pedras. Planeje o que você *pode* pedir. Desenvolva isso bem. Quando terminar, mostre o que obteve às pessoas e deixe que se admirem. Então diga "é claro que ficaria melhor se adicionássemos...". Finja que não é importante. Sente-se e espere elas começarem a pedir que adicione a funcionalidade que você queria desde o início. As pessoas acham mais fácil se associar a algo que vem obtendo êxito. Mostre a elas um vislumbre do futuro e fará com que colaborem[1].

> **DICA 5**
> Seja um catalisador da mudança

O lado dos aldeões

Por outro lado, a história da sopa de pedras também é sobre uma ilusão lenta e gradual. É sobre dar muita atenção a algo. Os aldeões se concentram nas pedras e esquecem o resto do mundo. Todos fazemos isso, diariamente. Somos simplesmente envolvidos pelas coisas.

Todos nós já vimos os sintomas. Os projetos saem totalmente de controle de maneira lenta e inexorável. Grande parte da deterioração do software começa em um nível muito baixo para ser notada e quase todos os descontroles em projetos ocorrem dia após dia. Os sistemas se desviam de suas especificações recurso a recurso, enquanto um remendo atrás do outro é adicionado a um trecho de código até que nada sobre do original. Geralmente, é a acumulação de pequenas coisas que desintegra a motivação e as equipes.

> **DICA 6**
> Lembre-se do cenário em larga escala

Nunca tentamos isso – sinceramente. Mas dizem que se você pegar um sapo e jogá-lo em água fervendo, ele saltará imediatamente para fora de novo. No entanto, se você colocar o sapo em uma panela com água fria e aquecê-la gradualmente, o sapo não notará o lento aumento na temperatura e permanecerá quieto até ser cozido.

Observe que o problema do sapo é diferente da questão das janelas quebradas discutida na Seção 2. Na Teoria da Janela Quebrada, as pessoas

---

[1] Ao fazer isso, console-se com a frase atribuída à contra-almirante Dra. Grace Hopper: "É mais fácil pedir desculpas do que obter permissão".

perdem a vontade de combater a entropia porque percebem que ninguém se preocupa. O sapo simplesmente não nota a mudança.

Não seja como o sapo. Não se esqueça do cenário mais abrangente. Verifique constantemente o que está acontecendo ao seu redor e não apenas o que você próprio está fazendo.

As seções relacionadas são:
- *Entropia de software*, página 26
- *Programação baseada no acaso*, página 194
- *Refatoração*, página 206
- *O abismo dos requisitos*, página 224
- *Equipes pragmáticas*, página 246

Desafios
- Ao revisar um esboço deste livro, John Lakos levantou a seguinte questão: os soldados enganaram progressivamente os aldeões, mas a mudança que catalisaram foi boa para todos. No entanto, ao enganar progressivamente o sapo, você não está lhe fazendo bem. Consegue determinar se está fazendo sopa de pedras ou sopa de sapo ao tentar catalisar a mudança? A decisão é subjetiva ou objetiva?

4 SOFTWARE SATISFATÓRIO

Buscando o melhor, geralmente prejudicamos o que é bom.

Rei Lear 1.4

Há uma piada (bem) antiga sobre uma empresa nos Estados Unidos que faz um pedido de 100.000 circuitos integrados a um fabricante japonês. Parte da especificação era a taxa de defeitos: um chip em 10.000. Algumas semanas depois o pedido chegou: uma grande caixa contendo milhares de circuitos integrados e uma pequena contendo apenas 10. Anexado à pequena caixa, via-se um rótulo com os dizeres: "Estes são os defeituosos".

Se ao menos tivéssemos esse tipo de controle sobre a qualidade. Mas o mundo real não nos permite produzir muita coisa realmente perfeita, principalmente software sem erros. O tempo, a tecnologia e o temperamento, tudo isso conspira contra.

No entanto, isso não precisa ser frustrante. Como Ed Yourdon descreveu em um artigo na *IEEE Software* [You95], você pode se disciplinar para criar software que seja satisfatório – para seus usuários, para quem fizer futuras manutenções, para sua própria paz de espírito. Verá que está sendo mais produtivo e que seus usuários estão mais felizes. E pode acabar descobrindo que seus programas são realmente melhores por seu período menor de incubação.

Antes de prosseguir, temos que qualificar o que estamos para dizer. O termo "satisfatório" não significa código malfeito ou mal produzido. Todos os sistemas devem atender os requisitos de seus usuários para serem bem-sucedidos. Estamos defendendo que os usuários tenham a oportunidade de participar do processo de decidir quando o que produzimos atingiu o satisfatório.

Envolva seus usuários na tomada de decisões

Normalmente, criamos software para outras pessoas. Com frequência, lembramos de pedir-lhes requisitos[2]. Mas com que frequência você pergunta a elas o *nível de satisfação* que desejam que seu software tenha? Às vezes, não há escolha. Se você estiver trabalhando em marca-passos, no ônibus espacial ou em uma biblioteca de baixo nível que será amplamente disseminada, os requisitos serão mais rigorosos e suas opções mais limitadas. No entanto, se estiver trabalhando em um projeto totalmente novo, terá restrições diferentes. Os profissionais de marketing terão promessas a fazer, os eventuais usuários finais podem ter feito planos com base em um prazo de entrega e sua empresa certamente terá restrições de fluxo de caixa. Seria amador ignorar esses requisitos dos usuários simplesmente para adicionar novos recursos ao programa ou para refinar o código mais uma vez. Não estamos defendendo o pânico: é igualmente amador promoter escalas de tempo impossíveis e cortar ângulos de engenharia básicos para atender um prazo.

---

[2] Isso era para ser uma piada!

O escopo e a qualidade do sistema que você vai produzir devem ser especificados como parte dos requisitos desse sistema.

> **DICA 7**
> Torne a qualidade parte dos requisitos

Com frequência, você se verá em situações em que concessões estarão envolvidas. Surpreendentemente, muitos usuários preferem usar software com algumas arestas pendentes *hoje* do que esperar um ano pela versão multimídia. Muitos departamentos de TI com orçamentos apertados concordariam. Se você der a seus usuários algo para usarem mais cedo, seu feedback pode levá-lo a uma solução melhor (consulte *Projéteis Luminosos*, página 70).

Saiba quando parar

Em alguns aspectos, a programação é como a pintura. Você começa com uma tela vazia e certas matérias-primas básicas. Usa uma combinação de ciência, arte e trabalho manual para determinar o que fazer com elas. Esboça uma forma geral, pinta o ambiente subjacente e insere os detalhes. Constantemente, distancia-se com olhar crítico para ver o que fez. De vez em quando, jogará uma tela fora e começará de novo.

Mas os artistas lhe dirão que todo o trabalho árduo estará arruinado se você não souber quando parar. Se você adicionar uma camada após a outra, um detalhe após o outro, *o tópico retratado se perderá na pintura*.

Não estrague um programa que funciona perfeitamente enfeitando e aprimorando-o excessivamente. Passe adiante e deixe que seu código fale um pouco por si próprio. Ele pode não ter ficado perfeito. Não se preocupe: nunca teria ficado perfeito. (No Capítulo 6, página 193, discutiremos filosofias para o desenvolvimento de códigos em um mundo imperfeito).

As seções relacionadas são:

- *Projéteis luminosos*, página 70
- *O abismo dos requisitos*, página 224
- *Equipes pragmáticas*, página 246
- *Grandes expectativas*, página 277

Desafios

- Observe os fabricantes das ferramentas de software e sistemas operacionais que você usa. Consegue encontrar alguma evidência de que essas empresas se sentem confortáveis distribuindo software que elas sabem que não é perfeito? Como usuário, você prefere (1) esperar que elas removam todos os erros, (2) ter software complexo e aceitar alguns erros ou (3) optar por software mais simples com menos defeitos?

- Considere o efeito da modularização na distribuição de software. Demora mais ou menos tempo obter um software monolítico com a qualidade requerida em comparação com um sistema projetado em módulos? Você consegue identificar exemplos comerciais?

5 SUA CARTEIRA DE CONHECIMENTOS

Um investimento em conhecimento sempre paga os melhores juros.

Benjamin Franklin

Ah, o bom e velho Ben Franklin – não deixa passar um bom sermão. Por que deixaria? Se Deus ajuda quem cedo madruga, então, se acordarmos cedo seremos programadores melhores – certo? O pássaro madrugador pode capturar a minhoca, mas, e no caso da minhoca madrugadora?

Nesse caso, no entanto, Ben acerta em cheio. Seu conhecimento e sua experiência são seus bens profissionais mais importantes.

Infelizmente, eles são *bens expiráveis*.[3] Seu conhecimento fica desatualizado à medida que novas técnicas, linguagens e ambientes são desenvolvidos. As forças inconstantes do mercado podem tornar sua experiência obsoleta ou irrelevante. Dada a velocidade com a qual os anos passam na Web, isso pode ocorrer muito rápido.

À medida que o valor de seus conhecimentos diminui, o mesmo acontece com seu valor para sua empresa ou cliente. Queremos evitar que isso ocorra.

---

[3] Um *bem expirável* é algo cujo valor diminui com o tempo. Exemplos incluem um depósito cheio de bananas e um ingresso para um jogo de futebol.

Sua carteira de conhecimentos

Gostamos de considerar todos os fatos que os programadores sabem sobre computação, as áreas de aplicação em que trabalham e toda a sua experiência como suas *Carteiras de Conhecimentos*. O gerenciamento de uma carteira de conhecimentos é muito semelhante ao gerenciamento de uma carteira de investimentos:

1. Investidores sérios investem regularmente – como um hábito.

2. A diversificação é a chave para o sucesso a longo prazo.

3. Investidores astutos têm uma carteira equilibrada com investimentos conservadores e investimentos de alto risco e remuneração.

4. Os investidores tentam comprar barato e vender caro para obter o máximo em retorno.

5. As carteiras devem ser reexaminadas e reestruturadas periodicamente.

Para ser bem-sucedido em sua carreira, você deve gerenciar sua carteira de conhecimentos usando essas mesmas diretrizes.

Construindo sua carteira

- **Invista regularmente.** Como nos investimentos financeiros, você deve investir em sua carteira de conhecimentos *regularmente*. Mesmo se for apenas um pequeno montante, o hábito é tão importante quanto as somas. Alguns exemplos de objetivos serão listados na próxima seção.

- **Diversifique.** Quanto mais coisas *diferentes* você souber, mais valor terá. Como diretriz básica, você tem de conhecer os prós e contras da tecnologia específica com a qual está trabalhando atualmente. Mas não pare aí. A face da computação muda rapidamente – a tecnologia moderna de hoje pode muito bem ser quase inútil (ou pelo menos ter uma demanda menor) amanhã. Quanto mais tecnologias você conhecer, melhor conseguirá se adaptar à mudança.

- **Gerencie o risco.** A tecnologia se estende por um espectro de padrões que vai do arriscado e de alto retorno ao de baixo risco e baixo retorno. Não é uma boa ideia investir todo o seu dinheiro em ações de alto risco que possam cair repentinamente, nem investi-lo conservadoramente e perder possíveis oportunidades. Não arrisque todas as suas apostas técnicas na mesma direção.

- **Compre barato, venda caro.** Aprender uma tecnologia emergente antes dela se tornar popular pode ser tão difícil quanto encontrar uma ação em baixa, mas os lucros podem ser igualmente recompensadores. Aprender Java quando a linguagem surgiu pode ter sido arriscado, mas foi generosamente recompensador para os que a adotaram no início e hoje são os melhores nessa área.
- **Reexamine e reestruture.** Essa é uma indústria muito dinâmica. Aquela tecnologia moderna que você começou a estudar no mês passado pode já ser ultrapassada. Você pode ter de rever uma tecnologia de banco de dados que não usa há algum tempo. Ou talvez esteja mais apto para aquela nova oferta de trabalho se aprender essa outra linguagem...

De todas essas diretrizes, a mais importante é a mais simples de seguir:

> **DICA 8**
> Invista regularmente em sua carteira de conhecimentos

Objetivos

Agora que você tem algumas diretrizes sobre o que e quando adicionar à sua carteira de conhecimentos, qual a melhor maneira de adquirir o capital intelectual com o qual a construirá? Aqui estão algumas sugestões.

- **Aprenda pelo menos uma nova linguagem todo ano.** Diferentes linguagens resolvem os mesmos problemas de diferentes maneiras. Aprendendo várias abordagens diferentes, você vai ajudar a expandir seu raciocínio e a evitar a estagnação. Adicionalmente, aprender muitas linguagens é bem mais fácil hoje em dia, graças à quantidade de software livremente disponível na Internet (consulte a página 289).
- **Leia um livro técnico a cada trimestre.** As livrarias estão cheias de livros técnicos sobre tópicos interessantes relacionados a seu projeto atual. Uma vez que adquirir o hábito, leia um livro por mês. Após dominar as tecnologias que está usando atualmente, diversifique e estude algumas que *não* estejam relacionadas ao seu projeto.
- **Leia também livros não técnicos.** É importante lembrar que computadores são usados por *pessoas* – pessoas cujas necessidades você está tentando atender. Não esqueça o lado humano da equação.

- **Tenha aulas.** Procure cursos interessantes no colégio ou universidade de sua comunidade ou talvez na próxima feira que vier à cidade.
- **Participe de grupos de usuários locais.** Não vá e escute apenas, mas participe ativamente. O isolamento pode ser fatal para sua carreira. Descubra em que as pessoas estão trabalhando fora de sua empresa.
- **Experimente ambientes diferentes.** Se só trabalhou no Windows, teste o Unix em casa (o Linux disponível gratuitamente é prefeito para isso). Se só usou makefiles e um editor, teste um IDE e vice-versa.
- **Mantenha-se informado.** Assine revistas do ramo e outros periódicos (consulte a página 284 para ver sugestões). Selecione algumas que abordem tecnologias diferentes da de seu projeto atual.
- **Mantenha-se conectado.** Quer saber os prós e contras de uma nova linguagem ou outra tecnologia? Os grupos de notícias são uma ótima maneira de descobrir que experiências as pessoas estão fazendo, o jargão específico que elas usam e assim por diante. Navegue na Web procurando artigos, sites comerciais e qualquer outra fonte de informação que possa encontrar.

É importante continuar a investir. Uma vez que você se sentir confortável com alguma linguagem ou tecnologia nova, não pare. Aprenda outra.

Não importa se você vai usar alguma dessas tecnologias em um projeto ou se vai colocá-las em seu currículo. O processo de aprendizado expandirá seu raciocínio, tornando-o aberto a novas possibilidades e novas maneiras de fazer as coisas. A aplicação ampla de ideias é importante; tente aplicar as lições que aprendeu a seu projeto atual. Mesmo se seu projeto não usar essa tecnologia, talvez você possa retirar algumas ideias dela. Familiarize-se com a orientação a objetos, por exemplo, e escreverá programas em C diferentemente.

Oportunidades de aprendizado

Suponhamos que você estivesse lendo avidamente, conhecesse todos os desenvolvimentos recentes em sua área (o que não é fácil) e alguém lhe fizesse uma pergunta. Você não tem a mínima ideia de qual seja a resposta e admite isso francamente.

Não deixe parar por aí. Assuma como um desafio pessoal encontrar a resposta. Pergunte a um especialista (se não houver um especialista em sua empresa, você deve encontrar um na Internet: consulte a caixa da próxima página). Procure na Web. Vá a biblioteca.[4]

Se não conseguir encontrar a resposta sozinho, descubra quem *pode* encontrá-la. Não deixe sem resposta. Conversar com outras pessoas o ajudará a construir sua rede pessoal e você pode se surpreender encontrando soluções para problemas totalmente diferentes ao fazer isso. E aquela antiga carteira de conhecimentos vai melhorar cada vez mais...

Todas essas leituras e pesquisas tomam tempo e ele já é curto. Portanto, você precisa planejar antecipadamente. Tenha sempre algo para ler em um momento que seria improdutivo. O tempo gasto na espera em consultórios médicos e odontológicos pode ser uma grande oportunidade de atualizar sua leitura – mas leve sua própria revista ou pode acabar folheando páginas amassadas de um artigo de 1973 sobre Papua Nova Guiné.

Pensamento crítico

A última coisa importante é pensar *criticamente* sobre o que você lê e ouve. Você precisa assegurar que o conhecimento de sua carteira seja exato sem ser influenciado por propagandas de fornecedores ou da mídia. Cuidado com os fanáticos que insistem que seu dogma fornece a *única* resposta – ela pode ou não ser aplicável a você e seu projeto.

Nunca subestime o poder do comércio. Só porque um mecanismo de busca na Web lista um resultado antes não significa que essa seja a melhor solução; o provedor de conteúdo pode ter pago para aparecer primeiro. E só porque uma livraria dá destaque a um livro não significa que esse seja bom ou mesmo popular; eles podem ter sido pagos para dar esse destaque.

> **DICA 9**
> Analise criticamente o que você lê e ouve

Infelizmente, há poucas respostas simples. Mas com sua extensa carteira de conhecimentos e aplicando alguma análise crítica à enxurrada de publicações técnicas que lerá, você conseguirá entender as respostas *complexas*.

---

[4] Nesta era da Web, muitas pessoas parecem ter esquecido as bibliotecas reais com equipe de atendimento e cheias de material de pesquisa.

O cuidado e a consulta com especialistas

Com a adoção global da Internet, os especialistas se tornaram tão acessíveis quanto nossa tecla `Enter`. Portanto, como encontrar um e fazê-lo conversar com você?

Conhecemos alguns truques simples.

- Saiba exatamente o que quer perguntar e seja tão específico quanto puder.

- Formule sua pergunta cuidadosa e polidamente. Lembre-se de que está pedindo um favor; não dê a impressão de que está exigindo uma resposta.

- Uma vez que tiver formulado sua pergunta, pare e pense novamente na resposta. Selecione algumas palavras-chave e pesquise na Web. Procure FAQs apropriadas (listas de perguntas frequentes com respostas).

- Decida se quer perguntar pública ou privadamente. Grupos de notícias da Usenet são ótimos pontos de encontro de especialistas em qualquer tópico, mas algumas pessoas tomam cuidado devido à natureza pública desses grupos. Alternativamente, você sempre pode mandar um email direto para o especialista. De uma forma ou de outra, use uma linha de assunto significativa. ("`Preciso de ajuda!!!`" não é o suficiente.)

- Sente-se e tenha paciência. As pessoas são ocupadas e pode demorar dias para chegar uma resposta específica.

Para concluir, não deixe de agradecer qualquer pessoa que lhe responder. E se encontrar pessoas fazendo perguntas que *você* pode responder, desempenhe seu papel e participe.

Desafios

- Comece a aprender uma nova linguagem nesta semana. Sempre programou em C++? Tente Smalltalk [URL 13] ou Squeak [URL 14]. Trabalhando com Java? Tente Eiffel [URL 10] ou TOM [URL 15]. Consulte a página 289 para ver fontes de outros compiladores e ambientes gratuitos.

- Comece a ler um novo livro (mas termine este primeiro!). Se estiver fazendo implementações e codificações muito detalhadas, leia um livro sobre projeto e arquitetura. Se estiver fazendo projetos de alto nível, leia um livro sobre técnicas de codificação.

- Saia e converse sobre tecnologia com pessoas que não estejam envolvidas em seu projeto atual ou que não trabalhem para a mesma empresa. Converse na lanchonete de sua empresa ou procure colegas entusiastas em uma reunião do grupo de usuários local.

6 COMUNIQUE-SE!

Melhor ser olhada superficialmente do que ser ignorada.
Mae West, *Uma Dama do Outro Mundo*, 1934

Talvez possamos aprender uma lição com a Srta. West. Não se trata apenas do que temos, mas também de como o apresentamos. Ter as melhores ideias, o código mais elegante ou o raciocínio mais pragmático acaba não adiantando se você não souber se comunicar com outras pessoas. Uma boa ideia fica órfã sem uma comunicação efetiva.

Como desenvolvedores, temos de nos comunicar em muitos níveis. Passamos horas em reuniões, ouvindo e falando. Trabalhamos com usuários finais, tentando entender suas necessidades. Escrevemos códigos, que comunicam nossas intenções para uma máquina e documentam nosso raciocínio para futuras gerações de desenvolvedores. Redigimos propostas e memorandos solicitando e justificando recursos, relatando nossos avanços e sugerindo novas abordagens. E trabalhamos diariamente dentro de nossas equipes para defender nossas ideias, modificar práticas existentes e sugerir práticas novas. Uma grande parte de nosso dia é gasta em comunicação, portanto, temos de fazer isso bem.

Compilamos uma lista de ideias que achamos úteis.

Saiba o que você quer dizer

Provavelmente, a parte mais difícil dos estilos mais formais de comunicação usados nas empresas seja formular exatamente o que você quer dizer. Escritores de ficção esboçam os detalhes de seus livros antes de começarem, mas pessoas que redigem documentos técnicos costumam poder sentar em um computador, escrever "1. Introdução" e começar a digitar o que quer que surja em suas cabeças.

Planeje o que quer dizer. Faça um rascunho. Então, pergunte a si próprio "Isso representa o que estou tentando dizer?". Aperfeiçoe até que represente.

Essa abordagem não é aplicável apenas à redação de documentos. Quando você tiver de comparecer a uma reunião importante ou fazer uma chamada telefônica para um grande cliente, anote as ideias que deseja comunicar e esboce algumas estratégias para transmiti-las.

Conheça seu público-alvo

Você estará se comunicando se estiver transmitindo informações. Para fazer isso, precisa conhecer as necessidades, interesses e capacidades de seu público-alvo. Todos nós já fomos a reuniões em que um especialista em desenvolvimento encara friamente o vice-presidente de marketing com um longo monólogo sobre os méritos de alguma tecnologia enigmática. Isso não é se comunicar: é apenas falar e é chato.[5]

Crie em sua mente um cenário fiel de seu público-alvo. O acróstico ASTUTO, mostrado na Figura 1.1 da próxima página, pode ajudar.

Digamos que você quisesse sugerir um sistema baseado na Web para permitir que seus usuários finais enviassem relatórios de erros. Pode apresentar esse sistema de muitas maneiras, dependendo de seu público-alvo. Os usuários finais apreciarão poder enviar relatórios de erros 24 horas por dia sem esperar no telefone. Seu departamento de marketing poderá usar esse fato para aumentar as vendas. Os gerentes do departamento de suporte terão duas razões para ficarem satisfeitos: uma equipe menor será necessária e o relato de problemas será automatizado. Para concluir, os desenvolvedores podem gostar de adquirir experiência em tecnologias cliente-servidor baseadas na Web e em um novo mecanismo de banco de dados. Tentando convencer apropriadamente cada grupo, você fará com que todos fiquem entusiasmados com seu projeto.

Escolha seu momento

São seis horas da tarde na sexta-feira, após uma semana em que os auditores fizeram uma visita. O filho mais novo de seu chefe está no hospital, está chovendo muito e a ida para casa com certeza vai ser um pesadelo. Esse provavelmente não é um bom momento para pedir a ele uma atualização na memória de seu PC.

Como parte da compreensão do que seu público-alvo precisa ouvir, você precisa descobrir quais são suas prioridades. Aborde um gerente que acabou de ter problemas com seu chefe porque algum código-fonte foi perdi-

---

[5] A palavra *annoy* vem do francês arcaico *enui*, que também significa "chatear". Ela foi usada no texto em inglês.

> O que você quer que eles **A**prendam?
> Qual é **S**eu interesse no que você tem a dizer?
> Seu **T**rabalho tem que nível de sofisticação?
> Que nível de detalhes eles **U**sam?
> Quem você quer que **T**enha a posse da informação?
> Como você pode motivá-los a **O**uvi-lo?

Figura 1.1 O acróstico ASTUTO – conhecendo um público-alvo.

do e terá um ouvinte mais receptivo para suas ideias sobre repositórios de códigos-fonte. Torne o que você está dizendo relevante quanto ao momento, assim quanto ao conteúdo. Às vezes, só precisamos da pergunta "Esse é um bom momento para falarmos sobre...?"

Escolha um estilo

Adapte o estilo de sua fala para atender seu público-alvo. Algumas pessoas preferem um resumo formal do tipo "apenas os fatos". Outras gostam de uma longa e variada conversa antes do assunto ser abordado. Quando se trata de redigir documentos, algumas pessoas gostam de receber grandes relatórios encadernados, enquanto outras esperam um simples memorando ou email. Se tiver dúvidas, pergunte.

Lembre-se, no entanto, de que você é uma das partes do esforço de comunicação. Se alguém lhe disser que precisa apenas de um parágrafo com a descrição de algo e você não vislumbrar nenhum meio de fazê-lo a não ser em várias páginas, diga isso. Não esqueça, esse tipo de feedback também é uma forma de se comunicar.

Dê uma boa aparência

Suas ideias são importantes. Elas merecem um veículo de boa aparência para serem transmitidas para seu público-alvo.

Muitos desenvolvedores (e seus gerentes) se concentram apenas no conteúdo ao produzir documentos por escrito. Achamos que isso é um erro. Qualquer chef poderia lhe dizer que você pode trabalhar na cozinha durante horas e acabar arruinando seus esforços com uma apresentação descuidada.

Hoje em dia, não há desculpas para a produção de documentos impressos com aparência inadequada. Os editores de texto modernos (com sistemas de layout como o LaTeX e o troff) podem produzir um resultado surpreendente. Você só tem de aprender alguns comandos básicos. Se seu editor de texto der suporte a folhas de estilo, use-as (sua empresa já pode ter definido folhas de estilo que você possa usar). Aprenda como definir cabeçalhos e rodapés de página. Examine os exemplos de documentos incluídos em seu pacote para ter ideias de estilo e layout. *Verifique a ortografia,* primeiro automaticamente e depois manualmente. Afinal, há erros de ortografia que o "verifica dor" não consegue pegar.

Envolva seu público-alvo

Somos da opinião de que os documentos que produzimos acabam sendo menos importantes do que o processo pelo qual passamos para produzi-los. Se possível, envolva seus leitores enviando esboços iniciais de seu documento. Peça seu feedback e aguce seu intelecto. Você construirá uma boa relação de trabalho e provavelmente produzirá um documento melhor ao fazer isso.

Seja um ouvinte

Há uma técnica que você deve usar se quiser que as pessoas o escutem: *escute-as*. Mesmo se estiver em uma situação em que tiver todas as informações, mesmo no caso de uma reunião formal em que estiver de pé em frente a 20 engravatados – se não escutá-los, eles não o escutarão.

Encoraje as pessoas a falar fazendo perguntas ou as faça repetir resumidamente o que disse a elas. Transforme a reunião em um diálogo e obterá um resultado mais efetivo. Talvez possa até aprender algo.

Dê retorno às pessoas

Quando fazemos uma pergunta a uma pessoa, achamos que ela é indelicada quando não responde. Mas com que frequência você não responde às pessoas quando lhe enviam um email ou memorando pedindo informações ou solicitando que algo seja feito? Na correria do dia a dia, é fácil esquecer. Responda sempre a emails e correios de voz, mesmo se a resposta for simplesmente "Retornarei uma resposta depois". Manter as pessoas informadas faz com que elas não se importem tanto com o deslize ocasional e não se sintam esquecidas.

> **DICA 10**
> É o que você diz e a maneira como diz

A menos que você trabalhe sozinho, tem de se comunicar. Quanto mais eficaz a comunicação, mais influente você será.

Comunicação por email

Tudo o que dissemos sobre a comunicação por escrito se aplica igualmente ao correio eletrônico. O email evoluiu ao ponto de ser o esteio principal de comunicações empresariais internas e externas. Ele é usado na discussão de contratos, na conciliação de discordâncias e como evidência na justiça. Mas, por alguma razão, pessoas que nunca enviariam um documento em papel com má aparência não se importam em mandar emails descuidados.

Nossas dicas para emails são simples:

- Leia novamente antes de pressionar ENVIAR.
- Verifique a ortografia.
- Mantenha o formato simples. Algumas pessoas leem emails usando fontes proporcionais, portanto, as imagens gráficas ASCII que você trabalhosamente criou terão a aparência de garranchos para elas.
- Só use correspondência formatada com rich text ou HTML se souber que todos os seus destinatários poderão lê-la. O texto sem formatação é universal.
- Tente manter a repetição em um nível mínimo. Ninguém gosta de receber de volta seu próprio email de 100 linhas com a resposta "Concordo" incluída.
- Se estiver usando citações feitas em emails de outras pessoas, certifique-se de dar os créditos e use-as na sequência (em vez de como um anexo).
- Não demonstre raiva, a menos que queira receber um retorno que o aborrecerá posteriormente.
- Verifique sua lista de destinatários antes de enviar. Um artigo recente do *Wall Street Journal* descrevia um funcionário que fez críticas a seu chefe pelo correio eletrônico do departamento, sem perceber que o chefe estava incluído na lista de distribuição.
- Arquive e organize seus emails – tanto os enviados quanto os recebidos que forem importantes.

Como vários funcionários da Microsoft e da Netscape descobriram durante a investigação do Departamento de Justiça em 1999, os emails são eternos. Tente dar aos emails a mesma atenção e cuidado que daria a qualquer memorando ou relatório por escrito.

Resumo

- Saiba o que você quer dizer.
- Conheça seu público-alvo.
- Escolha seu momento.
- Escolha um estilo.
- Dê uma boa aparência.
- Envolva seu público-alvo.
- Seja um ouvinte.
- Dê retorno às pessoas.

As seções relacionadas são:

- *Protótipos e notas post-it*, página 75
- *Equipes pragmáticas*, página 246

Desafios

- Há vários livros bons que contêm seções sobre a comunicação dentro de equipes de desenvolvimento [Bro95, McC95, DL99]. Tente ler os três nos próximos 18 meses. Além disso, o livro *Dinosaur Brains* [Ber96] discute a bagagem emocional que todos trazemos para o ambiente de trabalho.
- Na próxima vez em que tiver de fazer uma apresentação, ou escrever um memorando defendendo alguma posição, tente trabalhar usando o acróstico ASTUTO da página 42 antes de começar. Veja se ele o ajuda a entender como posicionar o que vai dizer. Se apropriado, converse com seu público-alvo depois para saber o nível de precisão com que avaliou suas necessidades.

CAPÍTULO **2**

Uma Abordagem Pragmática

Há certas dicas e truques que se aplicam a todos os níveis de desenvolvimento de software, ideias quase axiomáticas e processos praticamente universais. No entanto, raramente essas abordagens são documentadas como deveriam; quase sempre as encontramos anotadas como frases estranhas em discussões de projeto, gerenciamento de tarefas ou codificação.

Neste capítulo, reuniremos essas ideias e processos. As primeiras duas seções, *Os Males da Duplicação* e *Ortogonalidade*, estão intimamente relacionadas. A primeira o advertirá a não duplicar informações em todos os seus sistemas, e a segunda a não dividir algum bloco de informações em vários componentes do sistema.

À medida que a velocidade da mudança aumenta, fica cada vez mais difícil manter nossos aplicativos relevantes. Em *Reversibilidade*, examinaremos algumas técnicas que o ajudarão a desassociar seus projetos de seu ambiente variável.

As duas seções seguintes também estão relacionadas. Em *Projéteis Luminosos*, falaremos sobre um estilo de desenvolvimento que lhe permitirá coletar requisitos, testar projetos e implementar códigos ao mesmo tempo. Isso pode soar bom demais para ser verdade e realmente é: os desenvolvimentos do tipo "projétil luminoso" (tracer bullet) nem sempre são aplicáveis. No caso em que não são, a seção *Protótipos e notas post-it* mostra como usar protótipos para testar arquiteturas, algoritmos, interfaces e ideias.

Conforme a ciência da computação evolui, os projetistas estão produzindo linguagens de nível cada vez mais alto. Embora um compilador que aceite a ordem "execute" ainda não tenha sido inventado, em *Linguagens de Domínio* apresentamos algumas sugestões mais modestas que você pode implementar por sua própria conta.

Para concluir, todos trabalhamos em um mundo de tempo e recursos limitados. Você pode sobreviver melhor a essas duas carências (e manter seus chefes mais satisfeitos) se conseguir estimar quanto tempo as tarefas vão demorar, o que abordamos em *Estimando*.

Mantendo esses princípios básicos em mente durante o desenvolvimento, você poderá escrever códigos melhores, mais rápidos e mais consistentes. Pode até dar a impressão de que isso é fácil.

7 | OS MALES DA DUPLICAÇÃO

Fornecer ao computador dois blocos de informações contraditórios era a maneira preferida do capitão James T. Kirk, de *Jornada nas Estrelas*, desativar uma inteligência artificial invasora. Infelizmente, o mesmo princípio também pode danificar *seu* código.

Como programadores, coletamos, organizamos, editamos e aproveitamos informações. Documentamos informações em especificações, damos-lhes vida nos códigos em execução e as usamos para fornecer as verificações necessárias durante os testes.

Infelizmente, as informações não são estáveis. Elas mudam – frequentemente, com rapidez. Sua compreensão de um requisito pode mudar após uma reunião com o cliente. O governo muda um regulamento e uma determinada lógica de negócio fica desatualizada. Testes podem mostrar que o algoritmo selecionado não funcionará. Toda essa instabilidade significa que gastamos uma grande parte de nosso tempo em atividades de manutenção, reorganizando e retrabalhando as informações em nossos sistemas.

A maioria das pessoas considera que a manutenção começa quando um aplicativo é lançado, que a manutenção significa corrigir erros e melhorar recursos. Achamos que essas pessoas estão erradas. Os programadores estão constantemente em atividades de manutenção. Nossa compreensão muda diariamente. Novos requisitos surgem quando estamos projetando ou codificando. O ambiente também pode mudar. Independente da razão, a manutenção não é uma atividade isolada, mas uma parte rotineira do processo de desenvolvimento como um todo.

Quando trabalhamos em manutenção, temos de encontrar e alterar as representações das coisas – os blocos de informações embutidos no aplicativo. O problema é que é fácil duplicar informações nas especificações, processos e programas que desenvolvemos, e, quando fazemos isso, criamos um pesadelo para a hora da manutenção – um pesadelo que começa bem antes de o aplicativo ser lançado.

Achamos que a única maneira de desenvolver software de maneira confiável, e de tornar nossos desenvolvimentos mais fáceis de entender e editar, é seguir o que chamamos de princípio *NSR*:

> CADA BLOCO DE INFORMAÇÕES DEVE TER UMA REPRESENTAÇÃO OFICIAL, EXCLUSIVA E SEM AMBIGUIDADES DENTRO DE UM SISTEMA.

Por que o chamamos de *NSR*?

DICA 11
NSR – Não se repita

A alternativa é o mesmo item ser representado em dois ou mais locais. Se você alterar um, terá de lembrar de alterar os outros, ou, como no caso dos computadores alienígenas, seu programa travará devido a uma contradição. Não é uma questão de se você vai lembrar: é uma questão de quando esquecerá.

Você verá o princípio NSR ser mencionado novamente em alguns locais no decorrer deste livro, geralmente em contextos que não tenham nada a ver com codificação. Achamos que ele é um dos mais importantes recursos da caixa de ferramentas do programador pragmático.

Nesta seção, descreveremos os problemas da duplicação e sugeriremos estratégias gerais para a sua manipulação.

Como surge a duplicação?

Grande parte dos casos de duplicação que encontramos se enquadra em uma das categorias a seguir:

- **Duplicação imposta.** Os desenvolvedores acham que não têm escolha – o ambiente parece pedir a duplicação.
- **Duplicação inadvertida.** Os desenvolvedores não percebem que estão duplicando informações.
- **Duplicação impaciente.** Os desenvolvedores ficam com preguiça e duplicam porque parece mais fácil.

- **Duplicação entre desenvolvedores.** Várias pessoas de uma equipe (ou de equipes diferentes) duplicam um bloco de informações.

Examinemos esses quatro casos da duplicação com mais detalhes.

Duplicação imposta

Às vezes, a duplicação parece ser imposta a nós. Padrões de projeto podem requerer documentos contendo informações duplicadas ou comentários que dupliquem informações no código. Também há o caso de várias plataformas de destino, cada uma demandando suas próprias linguagens de programação, bibliotecas e ambientes de desenvolvimento, o que nos faria duplicar definições e procedimentos compartilhados. As próprias linguagens de programação requerem certas estruturas que duplicam informações. Todos nós já trabalhamos em situações em que não tivemos como evitar a duplicação de informações. E, mesmo assim, geralmente há maneiras de mantermos cada bloco de informações em um local, honrando o princípio *NSR* e tornando nossas vidas mais fáceis. Aqui estão algumas técnicas.

Várias representações das informações. No nível da codificação, com frequência precisamos das mesmas informações representadas de diferentes formas. Poderíamos estar criando um aplicativo cliente-servidor, usando linguagens diferentes no cliente e no servidor, e ter de representar alguma estrutura compartilhada em ambos. Poderíamos precisar de uma classe cujos atributos espelhassem o esquema de uma tabela de banco de dados. Você poderia estar escrevendo um livro e querer incluir excertos de programas que também fosse compilar e testar.

Normalmente, com um pouco de habilidade conseguimos eliminar a necessidade de duplicação. A solução costuma ser a criação de um gerador de código ou filtro simples. Estruturas de várias linguagens podem ser construídas a partir da mesma representação em metadados com o uso de um gerador de código simples sempre que o software for compilado (um exemplo disso é mostrado na Figura 3.4, página 128). Definições de classes podem ser geradas automaticamente a partir do esquema de banco de dados online ou a partir dos metadados usados na construção do esquema. Os trechos de código deste livro são inseridos por um pré-processador sempre que formatamos o texto. O truque é tornar o processo ativo: essa não pode ser uma conversão feita apenas uma vez ou voltaremos à duplicação dos dados.

Documentação no código. Os programadores são instruídos a comentar seu código: um bom código tem vários comentários. Infelizmente, nunca explicam para eles *por que* o código precisa de comentários: um código inadequado *requer* muitos comentários.

O princípio *NSR* nos ensina que devemos manter as informações de baixo nível no código, onde é o lugar delas, e reservar os comentários para outras explicações de alto nível. Caso contrário, estaremos duplicando informações e cada mudança significará alterações tanto no código quanto nos comentários. Inevitavelmente, os comentários ficarão desatualizados e comentários não confiáveis são piores do que nenhum comentário (consulte *Tudo se resume a escrever*, página 270, para obter mais informações sobre comentários).

Documentação e código. Você redige a documentação e então escreve o código. Algo muda e você corrige a documentação e atualiza o código. Tanto a documentação quanto o código contêm representações das mesmas informações. E todos nós sabemos que, no calor do momento, com os prazos chegando ao fim e clientes importantes reclamando, tendemos a adiar a atualização da documentação.

Em uma ocasião, Dave trabalhou no switch de um telex internacional. É compreensível que o cliente demandasse uma exaustiva especificação de testes e exigisse que o software passasse em todos eles a cada entrega. Para assegurar que os testes refletissem precisamente a especificação, a equipe os gerou programaticamente a partir da própria documentação. Quando o cliente corrigia a especificação, o conjunto de testes mudava automaticamente. Uma vez que a equipe conseguiu convencer o cliente de que o procedimento era consistente, a geração de testes de aceitação passou a levar apenas alguns segundos.

Problemas de linguagem. Muitas linguagens impõem uma duplicação considerável na fonte. Geralmente, isso ocorre quando a linguagem separa a interface de um módulo de sua implementação. As linguagens C e C++ têm arquivos de cabeçalho que duplicam os nomes e informações de tipo de variáveis, funções e classes (no caso da C++) exportadas. A linguagem Object Pascal chega a duplicar essas informações no mesmo arquivo. Se você estiver usando chamadas de procedimento remoto ou o CORBA [URL 29], duplicará informações de interface entre a especificação da interface e o código que a implementa.

Não há uma técnica fácil para o atendimento dos requisitos de uma linguagem. Embora alguns ambientes de desenvolvimento ocultem a necessidade de arquivos de cabeçalho gerando-os automaticamente, e o Object Pascal permita a abreviação de declarações de função repetidas, geralmente só temos o que é fornecido. Pelo menos para a maioria dos problemas relativos à linguagem, um arquivo de cabeçalho que estiver em desacordo com a implementação gerará algum tipo de erro de compilação ou ligação. Você ainda poderá obter algo errado, mas será informado disso logo que ocorrer.

Considere também os comentários de arquivos de cabeçalho e implementação. Não há por que duplicar um comentário de cabeçalho de função ou classe entre dois arquivos. Use os arquivos de cabeçalho para documentar questões relacionadas à interface e os arquivos de implementação para documentar os detalhes essenciais que os usuários de seu código não precisam saber.

Duplicação inadvertida

Às vezes, a duplicação ocorre como resultado de erros no projeto.

Examinemos um exemplo proveniente da indústria de distribuição. Suponhamos que nossa análise revelasse que, entre outros atributos, um caminhão tivesse um tipo, um número de licença e um motorista. Da mesma forma, uma rota de distribuição é a combinação de uma rota, um caminhão e um motorista. Codificaríamos algumas classes com base nessas informações.

Mas o que aconteceria se Sally ficasse doente e tivéssemos de mudar os motoristas? Tanto Caminhão quanto RotaDeDistribuição têm um motorista. Qual alteraríamos? É claro que essa duplicação é ruim. Normalize-a de acordo com o modelo de negócio subjacente – um caminhão tem realmente um motorista como parte de seu conjunto de atributos subjacente? E a rota? Ou talvez precisemos de um terceiro objeto que reúna um motorista, um caminhão e uma rota. Independente da solução, evite esse tipo de dado não normalizado.

Há um tipo de dado não normalizado um pouco menos óbvio que ocorre quando temos vários elementos de dados que são mutuamente dependentes. Examinemos uma classe que representa uma linha:

```
class Line {
public:
  Point start;
  Point end;
  double length;
};
```

À primeira vista, essa classe pode parecer aceitável. É claro que uma linha tem um início e um fim e sempre terá um comprimento (mesmo se ele for zero). Mas temos duplicação. O comprimento é definido pelos pontos inicial e final: altere um dos pontos e o comprimento mudará. É melhor tornar o comprimento um campo calculado:

```
class Line {
public:
  Point start;
  Point end;
  double length() { return start.distanceTo(end); }
};
```

Mais adiante no processo de desenvolvimento, você pode optar pela violação do princípio *NSR* por razões de desempenho. Isso costuma ocorrer quando precisamos armazenar dados em cache para evitar a repetição de operações onerosas. O segredo é localizar o impacto. A violação não é exposta ao ambiente externo: só os métodos internos da classe têm de manter tudo nos lugares.

```
class Line {
private:
  bool changed;
  double length;
  Point start;
  Point end;
public:
  void setStart(Point p) { start = p; changed = true; }
  void setEnd(Point p) { end = p; changed = true; }
  Point getStart(void){ return start; }
  Point getEnd(void){ return end; }
  double getLength() {
    if (changed) {
      length = start.distanceTo(end);
      changed = false;
    }
    return length;
  }
};
```

Esse exemplo também ilustra uma questão importante das linguagens orientadas a objetos como a linguagem Java e C++. Onde possível, use funções acessadoras para ler e gravar os atributos de objetos.[1] Isso tornará mais fácil adicionar funcionalidades, como o armazenamento em cache, no futuro.

---

[1] O uso de funções acessadoras está de acordo com o *princípio do Acesso Uniforme* de Meyer [Mey97b], que declara que "Todos os serviços oferecidos por um módulo devem estar disponíveis por meio de uma notação uniforme, o que não revela se são implementados por armazenamento ou cálculo".

Duplicação impaciente

Todo projeto sofre pressões de tempo – forças que podem levar os melhores desenvolvedores a tomar atalhos. Precisa de uma rotina semelhante a uma já escrita? Você ficará tentado a copiar a original e fazer algumas alterações. Precisa de um valor para representar uma quantidade máxima de pontos? Se eu alterar o arquivo de cabeçalho, o projeto inteiro será reconstruído. Talvez deva apenas usar um número literal aqui; e nesse outro local; e aqui também. Precisa de uma classe como as do tempo de execução Java? A fonte está disponível, portanto, por que não apenas copiá-la e fazer as alterações necessárias (apesar do que é autorizado na licença)?

Caso se sinta tentado, lembre-se do aforismo popular "atalhos causam grandes atrasos". Você poderia muito bem economizar alguns segundos agora, mas correndo o risco de perder horas depois. Considere os problemas envolvidos no fiasco Y2K. Muitos foram causados pela preguiça dos desenvolvedores que não parametrizaram o tamanho dos campos de data ou implementaram bibliotecas de serviços de data centralizadas.

A duplicação impaciente é um tipo fácil de detectar e manipular, mas exige disciplina e a disposição de se preocupar antes para não ter problemas depois.

Duplicação entre desenvolvedores

Por outro lado, talvez o tipo de duplicação mais difícil de detectar e manipular ocorra entre diferentes desenvolvedores em um projeto. Conjuntos inteiros de funcionalidade podem ser duplicados inadvertidamente e essa duplicação pode passar despercebida por anos, levando a problemas de manutenção. Ouvimos falar de fonte fidedigna sobre um estado dos Estados Unidos cujos sistemas de computadores governamentais foram verificados em relação à compatibilidade com o Y2K. A auditoria verificou mais de 10.000 programas, cada um contendo sua própria versão da validação de números de seguro social.

Em um nível geral, lide com o problema tendo um projeto claro, um líder exigente e técnico (consulte a página 250 de *Equipes Pragmáticas*) e uma divisão bem clara das responsabilidades dentro do projeto. Mas, no nível modular, o problema é mais traiçoeiro. Funcionalidades ou dados normalmente necessários que não se enquadrarem em uma área de responsabilidade óbvia podem ser implementados repetidamente.

Achamos que a melhor maneira de lidar com isso é encorajar a comunicação ativa e frequente entre desenvolvedores. Estabeleça fóruns para a discussão de problemas comuns (em projetos passados, estabelecemos grupos de notícias privados na Usenet para permitir que desenvolvedores trocassem ideias e fizessem perguntas, o que fornece uma maneira de comunicação não invasiva – até mesmo entre vários sites – ao mesmo tempo em que retém um histórico permanente de tudo que foi dito). Designe um membro da equipe como o bibliotecário do projeto, cuja função será facilitar a troca de conhecimentos. Tenha um local central na árvore de fontes em que rotinas e scripts utilitários possam ser depositados. E leia o código-fonte e a documentação de outras pessoas, informalmente ou durante revisões de código. Você não estará bisbilhotando – estará aprendendo com elas. Lembre-se também de que o acesso é recíproco – não se incomode com o fato de outras pessoas examinarem (ou escarafuncharem?) o *seu* código.

> **DICA 12**
> Facilite a reutilização

O que você está tentando fazer é cultivar um ambiente em que seja mais fácil encontrar e reutilizar coisas existentes em vez de criá-las novamente. *Se não for fácil, as pessoas não o farão.* E se você não conseguir encorajar a reutilização, pode duplicar informações.

As seções relacionadas são:
- *Ortogonalidade*, página 56
- *Manipulação de texto*, página 121
- *Geradores de código*, página 124
- *Refatoração*, página 206
- *Equipes pragmáticas*, página 246
- *Automação onipresente*, página 252
- *Tudo se resume a escrever*, página 270

8 ORTOGONALIDADE

A ortogonalidade é um conceito crítico quando queremos produzir sistemas que sejam fáceis de projetar, construir, testar e estender. No entanto, raramente o conceito de ortogonalidade é ensinado diretamente. Com frequência, é uma característica implícita de vários outros métodos e técnicas que aprendemos. Isso é um erro. Quando você aprender a aplicar o princípio da ortogonalidade diretamente, notará uma melhora imediata na qualidade dos sistemas que produzir.

O que é ortogonalidade?

"Ortogonalidade" é um termo emprestado da geometria. Duas linhas são ortogonais quando seu ponto de origem é um ângulo reto, como os eixos de um gráfico. Em termos de vetor, as duas linhas são *independentes*. Mova-se ao longo de uma delas e sua posição projetada sobre a outra não mudará.

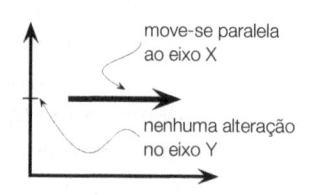

Em computação, o termo foi introduzido para representar um tipo de independência ou desvinculação. Duas ou mais coisas são ortogonais quando alterações em uma não afetam as outras. Em um sistema bem projetado, o código dos bancos de dados será ortogonal à interface do usuário: você pode alterar a interface sem afetar o banco de dados e trocar de banco de dados sem alterar a interface.

Antes de examinar as vantagens dos sistemas ortogonais, examinemos um sistema que não é ortogonal.

Um sistema não ortogonal

Você está em um helicóptero visitando o Grand Canyon, quando o piloto, que cometeu o erro óbvio de comer peixe no almoço, repentinamente murmura e desmaia. Felizmente, ele o deixou flutuando a 30 metros acima do solo. Você pondera que a alavanca de inclinação coletiva[2] deve controlar a sustentação geral, portanto, abaixá-la um pouco iniciará uma descida

---

[2] Os helicópteros têm quatro controles básicos. O *cíclico* é a alavanca que você segura em sua mão direita. Mova-o e o helicóptero se moverá na direção correspondente. Sua mão esquerda segura a *alavanca de inclinação coletiva*. Puxe-a e aumentará a inclinação em todas as pás, ganhando altura. No fim da alavanca de inclinação, fica a *aceleração*. Para concluir, você tem dois *pedais*, que variam a quantidade de empuxo do rotor traseiro e, portanto, ajudam a virar o helicóptero.

suave em direção ao solo. No entanto, ao tentar fazer isso, descobre que a vida não é tão simples. O nariz do helicóptero desce, e isso dá início a uma descida em espiral para a esquerda. De repente, você descobre que está no comando de um sistema em que cada tentativa de controle tem efeitos secundários. Abaixe a alavanca esquerda e terá de compensar isso puxando a alavanca direita para trás e pressionar o pedal direito. Porém, cada uma dessas mudanças afetará todos os controles novamente. Subitamente, você está manipulando um sistema complexo, em que cada mudança afeta todos os outros movimentos. Sua carga de trabalho é fenomenal: suas mãos e pés estão constantemente se movendo, tentando equilibrar todas as forças em interação.

Os controles do helicóptero são decididamente não ortogonais.

Vantagens da ortogonalidade

Como o exemplo do helicóptero ilustra, sistemas não ortogonais são inerentemente mais difíceis de mudar e controlar. Quando componentes de qualquer sistema são altamente interdependentes, não existe o conceito de correção local.

DICA 13
Elimine efeitos entre elementos não relacionados

Queremos projetar componentes que sejam autossuficientes: independentes e com uma finalidade exclusiva bem definida (o que Yourdon e Constantine chamam de *coesão* [YC86]). Quando os componentes são isolados uns dos outros, sabemos que podemos alterar um sem ter de nos preocupar com o resto. Se você não alterar as interfaces externas desse componente, não terá com o que se preocupar, já que não causará problemas que possam se estender ao sistema inteiro.

Você obterá duas grandes vantagens se criar sistemas ortogonais: maior produtividade e menor risco.

Ganhe produtividade
- As alterações são localizadas, portanto, os tempos de desenvolvimento e de testes são menores. É mais fácil criar componentes autônomos relativamente pequenos do que um único e grande bloco de código. Componentes simples podem ser projetados, codificados, testados

isoladamente e então esquecidos – não há necessidade de alterar sempre o código existente quando um novo código é adicionado.

- Uma abordagem ortogonal também favorece a reutilização. Se os componentes tiverem funções específicas bem definidas, poderão ser combinados a novos componentes de maneiras não previstas por seus implementadores originais. Quanto menos dependências seus sistemas apresentarem, mais fácil eles serão de reconfigurar e reconstruir.

- Há um ganho bastante sutil em produtividade quando combinamos componentes ortogonais. Suponhamos que um componente fizesse M coisas distintas e outro fizesse N coisas. Se eles forem ortogonais e você combiná-los, o resultado fará $M \times N$ coisas. No entanto, se os dois componentes não forem ortogonais, eles serão sobrepostos e o resultado será menor. Você pode obter mais funcionalidade por esforço unitário combinando componentes ortogonais.

Reduza o risco

Uma abordagem ortogonal reduz os riscos inerentes a qualquer desenvolvimento.

- Seções de código danificadas ficam isoladas. Se um módulo estiver danificado, terá menos probabilidades de espalhar os efeitos para o resto do sistema. Também será mais fácil removê-lo e inserir algo novo e íntegro.

- O sistema resultante é menos frágil. Faça pequenas alterações e correções em uma área específica e qualquer problema que causar ficará restrito a essa área.

- Um sistema ortogonal será testado com mais eficácia, porque será mais fácil projetar testes e executá-los em seus componentes.

- Você não ficará tão dependente de uma plataforma, fornecedor ou produto específico, porque as interfaces desses componentes de terceiros ficarão restritas a partes menores do desenvolvimento como um todo.

Examinemos algumas das maneiras de você poder aplicar o princípio de ortogonalidade a seu trabalho.

Equipes de projeto

Já notou como algumas equipes de projeto são eficientes, com todos sabendo o que fazer e contribuindo plenamente, enquanto os membros de outras equipes estão sempre brigando e não parecem conseguir ficar sem atrapalhar uns aos outros?

Esse é um problema de ortogonalidade: quando as equipes são organizadas com várias sobreposições, os membros ficam confusos em relação às suas responsabilidades. Toda mudança precisa de uma reunião da equipe inteira, porque qualquer um dos membros *pode* ser afetado.

Como organizar equipes em grupos com responsabilidades bem definidas e um nível mínimo de sobreposição? Não há uma resposta simples. Em parte, vai depender do projeto e de sua análise das áreas que podem mudar. Também vai depender das pessoas que você tiver disponíveis. Preferimos começar separando infraestrutura e aplicativo. Cada componente maior da infraestrutura (banco de dados, interface de comunicações, camada de middleware e assim por diante) ganha sua própria subequipe. Cada divisão óbvia de funcionalidade do aplicativo é igualmente dividida. Então, examinamos as pessoas que temos (ou planejamos ter) e ajustamos os grupos de acordo.

Você pode obter uma medida informal da ortogonalidade da estrutura de uma equipe de projeto. Simplesmente veja quantas pessoas *precisam* ser envolvidas na discussão de cada alteração solicitada. Quanto maior o número, menos ortogonal é o grupo. É claro que uma equipe ortogonal é mais eficiente (dito isso, também encorajamos as subequipes a se comunicarem constantemente umas com as outras).

Projeto

A maioria dos desenvolvedores está familiarizada com a necessidade de projetar sistemas ortogonais, embora possam usar palavras como *modular, baseado em componentes* e *disposto em camadas* para descrever o processo. Os sistemas devem ser compostos por um conjunto de módulos em cooperação, cada um implementando uma funcionalidade independente das outras. Às vezes, esses componentes são organizados em camadas, cada uma fornecendo um nível de abstração. Essa abordagem em camadas é uma maneira poderosa de projetar sistemas ortogonais. Já que cada camada usa apenas as abstrações fornecidas pelas camadas abaixo dela, temos maior flexibilidade para alterar implementações subjacentes sem afetar o código. A disposição em camadas também reduz o risco de ocorrência de dependências descontroladas entre módulos. Com frequência, você verá a disposição em camadas expressa em diagramas como o da Figura 2.1 da próxima página.

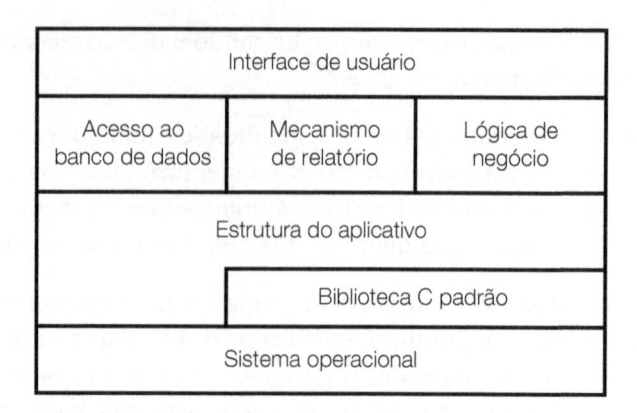

Interface de usuário		
Acesso ao banco de dados	Mecanismo de relatório	Lógica de negócio
Estrutura do aplicativo		
	Biblioteca C padrão	
Sistema operacional		

Figura 2.1 Diagrama de camadas típico.

Há um teste fácil para detectar se um projeto é ortogonal. Quando você tiver seus componentes mapeados, faça a si próprio a pergunta: "*Se eu alterar dramaticamente os requisitos existentes por trás de uma função específica, quantos módulos serão afetados?*". Em um sistema ortogonal, a resposta deve ser "um".[3] Mover um botão em um painel de GUI não requer uma alteração no esquema do banco de dados. A inclusão de ajuda contextual não deve alterar o subsistema de cobrança.

Consideremos um sistema complexo para o monitoramento e controle de uma usina de calefação. O requisito original demandava uma interface gráfica de usuário, mas foi alterado para adicionar um sistema de resposta por voz com controle telefônico da usina baseado em teclas. Em um sistema projetado ortogonalmente, você só teria de alterar os módulos associados à interface de usuário para manipular isso: a lógica subjacente de controle da usina permaneceria inalterada. Na verdade, se você estruturar seu sistema cuidadosamente, deve poder dar suporte às duas interfaces com a mesma base de código subjacente. A seção *É apenas um modo de ver*, na página 179, fala sobre a criação de códigos desvinculados com o uso do paradigma Model-View-Controller (MVC), que funciona bem nessa situação.

Pergunte também a si mesmo o quanto seu projeto está desvinculado de mudanças no mundo real. Você está usando um número de telefone como identificador de clientes? O que acontece quando a empresa de telefonia

---

[3] Na verdade, é ingênuo pensar assim. A menos que você tenha muita sorte, a maioria das mudanças de requisitos no mundo real afetará várias funções do sistema. No entanto, se você analisar a mudança em termos de funções, o ideal é que cada alteração funcional continue afetando apenas um módulo.

reatribui códigos de área? *Não confie nas propriedades de coisas que não pode controlar.*

Kits de ferramentas e bibliotecas

Tome cuidado para preservar a ortogonalidade de seu sistema ao introduzir kits de ferramentas e bibliotecas de terceiros. Selecione suas tecnologias criteriosamente.

Houve uma ocasião em que trabalhei em um projeto que demandava que um determinado corpo de código Java fosse executado tanto localmente em um computador servidor quanto remotamente em uma máquina cliente. As alternativas para a distribuição de classes dessa forma eram o RMI e o CORBA. Se uma classe fosse tornada remotamente acessível com o uso do RMI, cada chamada a um método remoto dessa classe poderia potencialmente lançar uma exceção, o que significa que uma implementação simples demandaria que manipulássemos a exceção sempre que nossas classes remotas fossem usadas. O uso do RMI aqui é claramente não ortogonal: códigos que chamem nossas classes remotas não devem ser obrigados a saber sua localização. A alternativa – o uso do CORBA – não estabelece essa restrição: podíamos escrever códigos que não soubessem a localização de nossas classes.

Quando usar um kit de ferramentas (ou mesmo uma biblioteca de outros membros de sua equipe), pergunte a si mesmo se ele impõe a seu código mudanças que não deveriam existir. Quando um esquema de persistência de objetos é transparente, ele é ortogonal. Quando requer a criação ou o acesso de objetos de uma maneira especial, não é. Manter esses detalhes isolados de seu código trará o benefício adicional de tornar mais fácil mudar de fornecedor no futuro.

O sistema Enterprise Java Beans (EJB) é um exemplo interessante de ortogonalidade. Na maioria dos sistemas orientados a transações, o código do aplicativo tem de delinear o início e o fim de cada transação. No EJB, essas informações são expressas declarativamente como metadados, fora de qualquer código. O mesmo código de aplicativo pode ser executado em diferentes ambientes de transação EJB sem alteração. É provável que isso se torne um modelo para muitos ambientes futuros.

Outra variante interessante da ortogonalidade é a Programação Orientada a Aspectos (POA), um projeto de pesquisa do Xerox Parc ([KLM$^+$97] e [URL 49]). A POA permite que você expresse em um local um comportamento que, de outra forma, seria distribuído por todo o seu código-fonte.

Por exemplo, mensagens de log são normalmente geradas por chamadas explícitas a alguma função de log espalhadas por todo o código. Com a POA, você pode implementar a ortogonalidade entre o registro em log e as coisas que estão sendo registradas. Usando a versão Java da POA, você poderia criar uma mensagem de log ao entrar em qualquer método da classe Fred codificando o *aspecto*:

```
aspect Trace {
  advise * Fred.*(..) {
    static before {
      Log.write("-> Entering " + thisJoinPoint.methodName);
    }
  }
}
```

Se você *costurar* esse aspecto em seu código, mensagens de rastreamento serão geradas. Se não fizer isso, não verá mensagens. De uma forma ou de outra, seu código original permanecerá inalterado.

Codificando

Sempre que criar um código, você estará correndo o risco de reduzir a ortogonalidade de seu aplicativo. A menos que monitore constantemente não só o que está fazendo mas também o contexto mais amplo do aplicativo, pode involuntariamente duplicar funcionalidades em algum outro módulo ou expressar duas vezes informações existentes.

Há várias técnicas que você pode usar para manter a ortogonalidade:

- **Mantenha seu código desvinculado.** Escreva códigos cautelosos – módulos que não revelem nada desnecessário para outros módulos e que não dependam de implementações de outros módulos. Tente usar a Lei de Deméter [LH89], que discutiremos em *A desvinculação e a Lei de Deméter*, página 160. Se tiver de alterar o estado de um objeto, deixe que o objeto faça isso para você. Dessa forma, seu código permanecerá isolado da implementação do outro código e aumentarão as chances de você permanecer ortogonal.
- **Evite dados globais.** Sempre que seu código referenciar dados globais, ele ficará vinculado aos outros componentes que compartilham esses dados. Mesmo dados globais que você só pretenda ler podem levar a problemas (por exemplo, se subitamente você tiver de alterar seu código para que passe a ter vários segmentos). Geralmente, o código fica mais fácil de entender e editar quando passamos explicitamente qualquer contexto requerido para os módulos. Em aplicativos orientados a objetos, o contexto costuma ser passado como parâme-

tro de construtores de objetos. Em outros códigos, você pode criar estruturas contendo o contexto e passar referências a elas.

O padrão Singleton de *Design Patterns* [GHJV95] é uma maneira de assegurar que haja apenas uma instância de um objeto de uma classe específica. Muitas pessoas usam esses objetos singleton como um tipo de variável global (principalmente em linguagens que de outra forma não dariam suporte ao conceito de variáveis globais, como ocorre em Java). Tome cuidado com os singletons – eles também podem levar à vinculação desnecessária.

- **Evite funções semelhantes.** Com frequência, você deparará com um conjunto de funções de aparência semelhante – talvez compartilhem um código em comum no início e no final, mas cada uma terá um algoritmo central diferente. Código duplicado é um sintoma de problemas estruturais. Examine o padrão Strategy de *Design Patterns* para obter uma implementação melhor.

Adquira o hábito de ser constantemente crítico com seu código. Aproveite qualquer oportunidade de reorganizá-lo para melhorar sua estrutura e ortogonalidade. Esse processo é chamado de *refatoração* e é tão importante que dedicamos uma seção a ele (consulte *Refatoração*, página 206).

Testando

Um sistema projetado e implementado ortogonalmente é mais fácil de testar. Já que as interações entre os componentes do sistema são formalizadas e limitadas, uma parte maior dos testes pode ser executada no nível de módulo individual. Isso é bom, porque o teste de nível de módulo (ou de unidade) é consideravelmente mais fácil de especificar e executar do que o teste de integração. Na verdade, sugerimos que cada módulo tenha seu próprio teste de unidade em seu código e que esses testes sejam executados automaticamente como parte do processo periódico de construção (consulte *Código que seja fácil de testar*, página 211).

A construção de testes de unidade já é um teste interessante de ortogonalidade. O que é preciso para construir e montar uma unidade de teste? Você tem de envolver um grande percentual do resto do sistema só para fazer um teste ser compilado ou montado? Se tiver, encontrou um módulo que não está tão desvinculado do resto do sistema.

A correção de erros também é um bom momento para a avaliação da ortogonalidade do sistema como um todo. Quando você deparar com um problema, avalie o nível de isolamento do erro. É preciso alterar apenas um módulo ou as alterações estão espalhadas no sistema inteiro? Quando você faz uma alteração, ela corrige tudo ou outros problemas surgem misteriosamente? Essa é uma boa oportunidade para a automação ser usada. Se você usar um sistema de controle de código-fonte (e fará isso após ler *Controle do código-fonte*, página 108), marque as correções de erros ao armazenar o código novamente após testar. Assim, poderá gerar relatórios mensais analisando tendências relacionadas ao número de arquivos-fonte afetados por cada correção de erros.

Documentação

Pode parecer estranho, mas a ortogonalidade também é aplicável à documentação. Os eixos são o conteúdo e a apresentação. Em uma documentação realmente ortogonal, você pode alterar a aparência dramaticamente sem alterar o conteúdo. Editores de texto modernos fornecem folhas de estilo e macros que ajudam (consulte *Tudo se resume a escrever*, página 270).

Vivendo com a ortogonalidade

A ortogonalidade está intimamente relacionada ao princípio *NSR* introduzido na página 49. Com o *NSR*, você pode reduzir a duplicação dentro de um sistema, enquanto com a ortogonalidade reduzirá a interdependência entre os componentes do sistema. Essa pode ser uma palavra estranha, mas se você usar o princípio da ortogonalidade, estreitamente combinado ao princípio *NSR*, verá que os sistemas que desenvolver serão mais flexíveis, compreensíveis e fáceis de depurar, testar e editar.

Se você for trazido para um projeto em que as pessoas estiverem desesperadamente tentando fazer alterações, e no qual cada alteração pareça fazer quatro outras coisas darem errado, lembre-se do pesadelo com o helicóptero. Provavelmente, o projeto não foi elaborado e codificado ortogonalmente. É hora de refatorar.

E, se você for um piloto de helicóptero, não coma o peixe...

As seções relacionadas são:
- *Os males da duplicação*, página 48
- *Controle do código-fonte*, página 108
- *Projeto por contrato*, página 131
- *A desvinculação e a lei de Deméter*, página 160
- *Metaprogramação*, página 166

- *É apenas um modo de ver*, página 179
- *Refatoração*, página 206
- *Código que seja fácil de testar*, página 211
- *Assistentes do mal*, página 220
- *Equipes pragmáticas*, página 246
- *Tudo se resume a escrever*, página 270

Desafios

- Considere a diferença entre as grandes ferramentas orientadas a GUIs normalmente encontradas em sistemas Windows e os pequenos mas combináveis utilitários de linha de comando usados em prompts de shell. Que conjunto é mais ortogonal e por quê? Qual é mais fácil de usar para a finalidade exata para a qual foi projetado? Que conjunto é mais fácil de combinar com outras ferramentas para o enfrentamento de novos desafios?

- A linguagem C++ dá suporte à herança múltipla, e a linguagem Java permite que uma classe implemente várias interfaces. Que impacto o uso desses recursos tem sobre a ortogonalidade? Há alguma diferença de impacto entre o uso da herança múltipla e de interfaces múltiplas? Há alguma diferença entre o uso da delegação e o uso da herança?

Exercícios

1. Você está criando uma classe chamada Split, que divide linhas de entrada em campos. Qual das duas assinaturas de classe Java a seguir é o projeto mais ortogonal?

    ```
    class Split1 {
      public Split1(InputStreamReader rdr) { ...
      public void readNextLine() throws IOException { ...
      public int numFields() { ...
      public String getField(int fieldNo) { ...
    }
    class Split2 {
      public Split2(String line) { ...
      public int numFields() { ...
      public String getField(int fieldNo) { ...
    }
    ```

2. O que leva a um projeto mais ortogonal: caixas de diálogo sem ou com janela restrita?

3. E quanto às linguagens procedurais versus a tecnologia orientada a objetos? Qual resulta em um sistema mais ortogonal?

9 REVERSIBILIDADE

Nada é mais perigoso do que uma ideia quando ela é a única que você tem.
Emil-Auguste Chartier, *Propos sur la religion*, 1938

Os engenheiros preferem soluções simples e únicas para os problemas. Os testes matemáticos que permitem que você proclame com grande confiança que $x = 2$ são muito mais confortáveis do que ensaios vagos e acalorados sobre as incontáveis causas da Revolução Francesa. A gerência tende a concordar com os engenheiros: respostas fáceis e únicas cabem adequadamente em planilhas e planos de projeto.

Se pelo menos o mundo real cooperasse! Infelizmente, embora x seja igual a 2 hoje, pode ter de ser 5 amanhã e 3 na próxima semana. Nada é para sempre – e, se você conta seguramente com um fato, pode quase garantir que ele *mudará*.

Há sempre mais de uma maneira de implementar algo e, geralmente, há mais de um fornecedor disponível para entregar um produto de terceiros. Se você entrar em um projeto cego pela noção míope de que há apenas *uma* maneira de executá-lo, pode ter uma surpresa desagradável. Muitas equipes de projeto estão com seus olhos bem abertos à medida que o futuro se revela:

> "Mas você disse que usaríamos o banco de dados XYZ! Terminamos 85% da codificação do projeto, não podemos mudar agora!" o programador protestou. "Desculpe, mas nossa empresa decidiu usar como padrão o banco de dados PQD – para todos os projetos. Está fora de minha alçada. Apenas teremos de recodificar. Todos vocês trabalharão nos fins de semana até nova ordem."

As mudanças não têm de ser draconianas nem mesmo tão imediatas. Mas, à medida que o tempo for passando, e seu projeto avançar, você pode se ver preso em uma posição insustentável. A cada decisão crítica, a equipe de projeto se compromete com um alvo menor – uma versão mais estreita da realidade que apresenta menos opções.

No momento em que muitas decisões críticas tiverem sido tomadas, o alvo terá se tornado tão pequeno que, se ele se mover, o vento mudar de direção ou uma borboleta em Tóquio bater suas asas, você errará.[4] E pode errar por muito.

---

[4] Pegue um sistema não linear, ou caótico, e aplique uma pequena alteração a uma de suas entradas. Você pode obter um resultado amplo e, com frequência, imprevisível. O clichê da borboleta batendo suas asas em Tóquio poderia ser o início de uma cadeia de eventos que acabaria gerando um tornado no Texas. Isso soa como algum projeto que você conhece?

O problema é que decisões críticas não são facilmente reversíveis.

Uma vez que você decidir usar o banco de dados de um fornecedor, um padrão de arquitetura específico ou um determinado modelo de implantação (cliente-servidor versus autônomo, por exemplo), terá se comprometido com um curso de ação que não poderá ser revertido, exceto a um grande custo.

Reversibilidade

Muitos dos tópicos deste livro foram elaborados visando à produção de software flexível e adaptável. Ao aceitarmos suas recomendações – principalmente o princípio *NSR* (página 49), a desvinculação (página 160) e o uso de metadados (página 166) – não teremos de tomar tantas decisões críticas irreversíveis. Isso é bom, porque nem sempre temos as melhores decisões quando precisamos. Adotamos uma determinada tecnologia só para descobrir que não podemos contratar o número suficiente de pessoas com as habilidades necessárias. Ficamos presos a um fornecedor específico momentos antes de ele ser comprado por seu competidor. Requisitos, usuários e hardware mudam mais rápido do que somos capazes de concluir o desenvolvimento de um software.

Suponhamos que você decidisse, no início do projeto, usar um banco de dados relacional do fornecedor A. Bem depois, durante o teste de desempenho, descobre que o banco de dados é muito lento e que o banco de dados orientado a objetos do fornecedor B é mais veloz. Como na maioria dos projetos convencionais, você estaria sem sorte. Quase todo o tempo, chamadas a produtos de terceiros permeiam o código. Mas, se você *realmente* isolou a ideia do banco de dados – ao ponto de ele simplesmente fornecer persistência como serviço – terá flexibilidade para mudar de direção.

Da mesma forma, suponhamos que o projeto começasse como um modelo cliente-servidor, porém mais tarde o departamento de marketing decidisse que servidores são caros demais para alguns clientes e quisesse uma versão autônoma. O quanto isso seria difícil para você? Já que se trata apenas de uma questão de implantação, *não deveria tomar mais do que alguns dias*. Se demorar mais, você não considerou a reversibilidade. A situação inversa é ainda mais interessante. E se o produto autônomo que você estivesse criando tivesse de ser implantado como um modelo cliente-servidor ou de *n* camadas? *Isso também não deveria ser difícil.*

O erro está em assumir que qualquer decisão é irrevogável – e em não se preparar para as contingências que podem ocorrer. Em vez de tomar decisões esculpidas em pedra, considere-as mais como se tivessem sido escritas na areia da praia. Uma onda grande pode surgir e varrê-las a qualquer momento.

> **DICA 14**
> Não há decisões definitivas

Arquitetura flexível

Embora muitas pessoas tentem manter seu *código* flexível, também é preciso tentar manter a flexibilidade nas áreas de arquitetura, implantação e integração com o fornecedor.

Tecnologias como o CORBA podem ajudar a isolar partes de um projeto das alterações na linguagem ou plataforma de desenvolvimento. O desempenho da linguagem Java nessa plataforma não atende as expectativas? Recodifique o cliente em C++ e nada mais precisará mudar. O mecanismo de regras em C++ não é suficientemente flexível? Mude para uma versão Smalltalk. Com uma arquitetura CORBA, você só tem de manipular o componente que está substituindo; os outros componentes não devem ser afetados.

Está desenvolvendo para Unix? Qual? Considerou todas as questões de portabilidade? Está desenvolvendo para uma versão específica do Windows? Qual – 3.1, 95, 98, NT, CE ou 2000? Qual o nível de dificuldade para dar suporte a outras versões? Se for brando e flexível nas decisões, não terá dificuldade alguma. Se tiver pouco encapsulamento, alta integração e lógica ou parâmetros embutidos no código, pode ser impossível.

Não tem certeza de como o departamento de marketing quer implantar o sistema? Pense nisso antecipadamente e poderá dar suporte a um modelo autônomo, cliente-servidor ou de n camadas apenas alterando um arquivo de configuração. Já escrevemos programas que fazem exatamente isso.

Normalmente, é possível ocultar um produto de terceiros por trás de uma interface abstrata bem definida. Na verdade, sempre conseguimos fazer isso em qualquer projeto em que trabalhamos. Mas suponhamos que você não pudesse isolá-lo tão bem. E se tivesse de espalhar determinadas instruções em muitos pontos do código? Inclua esse requisito em metadados e use algum mecanismo automático, como os aspectos (consulte a página 61) ou a linguagem Perl, para inserir as instruções necessárias no próprio código. Independente do mecanismo que você usar, *torne-o reversível*. Se algo é adicionado automaticamente, também pode ser removido automaticamente.

Ninguém sabe o que o futuro pode reservar, principalmente nós! Portanto, permita que seu código dance conforme a música: se fixe quando puder e se adapte quanto for necessário.

As seções relacionadas são:
- *A desvinculação e a Lei de Deméter*, página 160
- *Metaprogramação*, página 166
- *É apenas um modo de ver*, página 179

Desafios
- É hora de um pouco de mecânica quântica com o gato de Schrödinger. Suponhamos que você tivesse um gato em uma caixa fechada, com uma partícula radioativa. A partícula tem exatamente 50% de chance de se dividir em duas. Se fizer isso, o gato será morto. Se não fizer, o gato ficará bem. Portanto, o gato está morto ou vivo? De acordo com Schrödinger, as *duas* respostas estão corretas. Sempre que ocorre uma reação subnuclear que tem dois resultados possíveis, o universo é clonado. Em um, o evento ocorreu, no outro não. O gato está vivo em um universo e morto no outro. Só quando abrir a caixa *você* saberá em que universo está.

  Não é de surpreender que codificar para o futuro seja difícil.

  Mas pense na evolução do código como se fosse uma caixa cheia de gatos de Schrödinger: cada decisão resulta em uma versão diferente do futuro. Quantos futuros possíveis seu código pode suportar? Quais são mais prováveis? Qual o nível de dificuldade para suportá-los quando a hora chegar?

  Você ousa abrir a caixa?

10 PROJÉTEIS LUMINOSOS

Preparar, atirar, apontar...

Há duas maneiras de atirar com uma metralhadora no escuro.[5] Você pode calcular exatamente onde seu alvo está (distância, elevação e azimute). Pode determinar as condições ambientais (temperatura, umidade, pressão atmosférica, vento e assim por diante). Determine também as especificações precisas dos cartuchos e balas que está usando e suas interações com a arma que vai dispará-los. Então, pode usar tabelas ou um computador de controle de fogo para calcular a direção e a elevação exatas do cano. Se tudo funcionar exatamente como especificado, suas tabelas estiverem corretas, e o ambiente não mudar, as balas devem chegar perto do alvo.

Ou você pode usar projéteis luminosos.

Os projéteis luminosos são carregados a intervalos no pente de munição com as balas comuns. Quando disparados, seu fósforo se acende e deixa uma trilha pirotécnica da arma até o que quer que atinjam. Se os projéteis estiverem atingindo o alvo, as balas comuns também estarão.

Não é de surpreender que os projéteis luminosos sejam preferidos ao trabalho exigido pelos cálculos. O feedback é imediato e, já que eles operam no mesmo ambiente da munição real, os efeitos externos são reduzidos.

A analogia pode ser violenta, mas se aplica a novos projetos, principalmente se você estiver construindo algo que não tenha sido construído antes. Como os atiradores, você está tentando acertar um alvo no escuro. Já que seus usuários nunca viram um sistema como esse antes, seus requisitos podem ser vagos. Já que você pode estar usando algoritmos, técnicas, linguagens ou bibliotecas com os quais não está familiarizado, se verá diante de uma quantidade maior de incertezas. E já que os projetos demoram para ser concluídos, pode ter certeza de que o ambiente em que está trabalhando mudará antes que você tenha terminado.

A resposta clássica é especificar o sistema pormenorizadamente. Produza grandes quantidades de papel descrevendo cada requisito, considerando cada incerteza e restringindo o ambiente. Dispare a arma usando a intuição. Uma estimativa cuidadosa de ataque e então atire e reze.

---

[5] Deixando a modéstia de lado, há muitas maneiras de disparar uma metralhadora no escuro, inclusive fechar os olhos e disparar a esmo. Mas essa é uma analogia e podemos tomar liberdades.

Programadores pragmáticos, no entanto, tendem a preferir usar projéteis luminosos.

Código que brilha no escuro

Os projéteis luminosos funcionam porque operam no mesmo ambiente e sob as mesmas restrições das balas reais. Eles chegam a seu alvo rapidamente, portanto, o atirador tem um feedback imediato. E, de um ponto de vista prático, são uma solução relativamente barata.

Para obter o mesmo efeito no código, estamos procurando algo que nos leve de um requisito até algum aspecto do sistema final rápida, visível e repetidamente.

> **DICA 15**
> Use projéteis luminosos para encontrar o alvo

Houve uma ocasião em que assumimos um complexo projeto de marketing de bancos de dados cliente-servidor. Parte de seu requisito era a habilidade de especificar e executar consultas temporais. Os servidores eram um conjunto de bancos de dados relacionais e especializados. A GUI do cliente, escrita em Object Pascal, usava um conjunto de bibliotecas C para fornecer uma interface para os servidores. A consulta do usuário era armazenada no servidor em uma notação de tipo Lisp antes de ser convertida em SQL otimizada no momento imediatamente anterior à execução. Havia muitas incertezas e muitos ambientes diferentes, e ninguém sabia exatamente como a GUI deveria se comportar.

Essa foi uma ótima oportunidade para o uso de um código rastreador. Desenvolvemos a estrutura do front end, bibliotecas para representar as consultas e uma estrutura para a conversão de uma consulta armazenada em uma consulta específica de banco de dados. Em seguida, reunimos tudo e verificamos se funcionava. Nessa versão inicial, tudo que podíamos fazer era enviar uma consulta que listasse todas as linhas de uma tabela, mas isso provou que a UI conseguia conversar com as bibliotecas, as bibliotecas conseguiam serializar e desserializar uma consulta e o servidor conseguia gerar SQL a partir do resultado. Nos meses seguintes, reconstruímos gradualmente essa estrutura básica, adicionando novas funcionalidades por meio da ampliação paralela de cada componente do código rastreador. Quando a UI adicionava um novo tipo de consulta, a biblioteca crescia e a geração de SQL se tornava mais sofisticada.

O código rastreador não é descartável: é escrito para ser mantido indefinidamente. Ele contém toda a verificação de erros, estruturação, documentação e autoverificação que qualquer bloco de código de produção tem. Apenas não é totalmente funcional. No entanto, uma vez que você tiver atingido uma conexão de extremidade a extremidade entre os componentes de seu sistema, poderá verificar o quanto está próximo de seu alvo, fazendo ajustes se necessário. Quando atingir o alvo, será fácil incluir funcionalidades.

O desenvolvimento por rastreamento é consistente com a ideia de que um projeto nunca está concluído: sempre haverá a necessidade de alterações e funções a adicionar. É uma abordagem incremental.

A alternativa convencional é um tipo de abordagem de engenharia pesada: o código é dividido em módulos, que são codificados isoladamente. Os módulos são combinados em submontagens, também combinadas, até um dia você ter um aplicativo completo. Só então o aplicativo como um todo pode ser apresentado para o usuário e testado.

A abordagem de código rastreador tem muitas vantagens:

- **Os usuários podem ver algo funcionando antes.** Se você tiver comunicado com sucesso o que está fazendo (consulte *Grandes expectativas,* página 277), seus usuários saberão que estão vendo algo que ainda não chegou ao fim. Eles não ficarão desapontados pela falta de uma funcionalidade; ficarão entusiasmados em ver algum avanço que culminará em seu sistema. Também poderão contribuir à medida que o projeto avança, o que aumentará a aceitação. Provavelmente, esses mesmos usuários serão as pessoas que lhe dirão o quanto cada execução está próxima do alvo.

- **Os desenvolvedores constroem uma estrutura na qual podem trabalhar.** O mais temível pedaço de papel é aquele que não tem nada escrito. Se você tiver considerado todas as interações de uma ponta à outra de seu aplicativo e tiver incorporado-as ao código, sua equipe não terá de criar tanta coisa a partir do zero. Isso fará com que todos sejam mais produtivos e encorajará a consistência.

- **Você terá uma plataforma de integração.** Quando o sistema for conectado de uma ponta à outra, você terá um ambiente ao qual poderá adicionar novos blocos de código uma vez que eles tiverem sido testados isoladamente. Em vez de tentar fazer uma integração de uma só vez, estará integrando a cada dia (geralmente, muitas vezes ao dia). O impacto de cada nova alteração ficará mais evidente, e as interações serão mais limitadas, portanto, a depuração e os testes serão mais rápidos e precisos.

- **Você terá algo para demonstrar.** Os patrocinadores e os coordenadores de projetos têm uma tendência a querer ver demonstrações nas horas mais inconvenientes. Com um código rastreador, você sempre terá algo para mostrar a eles.
- **Você sentirá melhor o progresso.** Em um desenvolvimento com código rastreador, os desenvolvedores atacam os casos de uso um a um. Quando um é concluído, passam para o próximo. É mais fácil avaliar o desempenho e demonstrar progressos para o usuário. Já que cada desenvolvimento individual é menor, você evitará a criação daqueles blocos monolíticos de código que são relatados como 95% concluídos semana após semana.

Nem sempre os projéteis luminosos acertam seu alvo

Os projéteis luminosos mostram o que está sendo atingido. Nem sempre o alvo é atingido. Portanto, é necessário ajustar a pontaria até que eles atinjam o alvo. É isso que importa.

O mesmo ocorre com um código rastreador. Você usará a técnica em situações em que não tiver 100% de certeza de para onde está indo. Não deve ficar surpreso se suas primeiras tentativas falharem: o usuário dirá "não era isso que eu pretendia", os dados necessários não estarão disponíveis quando você precisar deles, ou podem surgir problemas no desempenho. Pense em como alterar o que você obteve para trazer para mais próximo do alvo e fique grato por ter usado uma metodologia de desenvolvimento simplificada. Um pequeno corpo de código apresenta pouca inércia – é fácil e rápido alterá-lo. Você poderá obter feedback sobre seu aplicativo e gerar uma nova versão mais precisa, mais rápida e mais barata do que com qualquer outro método. E já que cada componente principal do aplicativo estará representado em seu código rastreador, seus usuários poderão ter certeza de que o que estão vendo foi baseado na realidade e não em uma especificação por escrito.

Código rastreador versus protótipos

Você pode estar achando que esse conceito de código rastreador nada mais é do que a criação de protótipos com um nome agressivo. Há uma diferença. Com um protótipo, o objetivo é a exploração de aspectos específicos do sistema final. Com um protótipo de verdade, você descartará o que reuniu ao testar o conceito e recodificará apropriadamente usando as lições que aprendeu.

Por exemplo, digamos que você estivesse produzindo um aplicativo que ajudasse transportadoras a determinar como embalar caixas de tamanho irregular em contêineres. Entre outros problemas, a interface de usuário tem de ser intuitiva e os algoritmos usados na determinação da embalagem ótima são muito complexos.

Você pode criar um protótipo de interface para os usuários finais em uma ferramenta de GUI. Poderia codificar apenas o suficiente para fazer a interface responder às ações dos usuários. Uma vez que eles tivessem concordado com o layout, poderia descartá-lo e codificar novamente, dessa vez com a lógica de negócio por trás, usando a linguagem de destino. Da mesma forma, você pode querer criar protótipos de vários algoritmos de empacotamento. Poderia codificar testes funcionais em uma linguagem indulgente de alto nível como a linguagem Perl e codificar testes de desempenho de baixo nível em algo mais próximo da máquina. Seja como for, uma vez que tivesse tomado sua decisão, teria de começar novamente e codificar o algoritmo em seu ambiente final, criando a interface com o mundo real. Isso se chama *criação de protótipos* e é muito útil.

A abordagem de código rastreador resolve um problema diferente. Você tem de saber como o aplicativo inteiro se integra. Quer mostrar a seus usuários como as interações funcionarão na prática e quer dar a seus desenvolvedores um esboço da arquitetura a qual os códigos serão vinculados. Nesse caso, pode construir um rastreador composto por uma implementação comum do algoritmo de empacotamento em contêineres (talvez algo do tipo primeiro a chegar, primeiro a ser atendido) e uma interface de usuário simples mas funcional. Uma vez que tiver todos os componentes do aplicativo conectados, terá uma estrutura para mostrar a seus usuários e desenvolvedores. Com o tempo, adicionará a essa estrutura novas funcionalidades, substituindo rotinas stub. Mas a estrutura permanecerá intacta e você saberá que o sistema continuará se comportando como quando seu primeiro código rastreador foi concluído.

A diferença é tão importante que vale a pena repetir. A criação de protótipos gera código descartável. O código rastreador é simplificado mas completo e forma parte do esqueleto do sistema final. Considere a criação de protótipos como o reconhecimento do terreno e a coleta de informações que ocorre antes de um projétil luminoso ser disparado.

As seções relacionadas são:
- *Software satisfatório*, página 31
- *Protótipos e notas post-it*, página 75
- *A armadilha das especificações*, página 239
- *Grandes Expectativas*, página 277

11 PROTÓTIPOS E NOTAS POST-IT

Muitos segmentos diferentes da indústria usam protótipos para testar ideias específicas: a criação de protótipos é muito mais barata do que a produção em tamanho natural. Fabricantes de carros, por exemplo, podem construir vários protótipos diferentes do projeto de um novo carro. Cada um é projetado para testar um aspecto específico do carro – a aerodinâmica, o estilo, características estruturais etc. Um modelo em argila pode ser construído para o teste no túnel de vento, um modelo de madeira balsa e fita isolante pode atender o departamento de arte e assim por diante. Algumas empresas automobilísticas levam isso um pouco adiante e já fazem grande parte do trabalho de modelagem no computador, reduzindo ainda mais os custos. Dessa forma, elementos de risco ou incertos podem ser testados sem comprometer a construção do item real.

Construímos protótipos de software da mesma maneira, e pelas mesmas razões – analisar e expor o risco e oferecer chances de correção a um custo bastante reduzido. Como os fabricantes de carros, podemos destinar um protótipo ao teste de um ou mais aspectos específicos de um projeto.

Tendemos a pensar em protótipos baseados em código, mas nem sempre eles precisam ser assim. Como os fabricantes de carros, podemos construir protótipos com diferentes materiais. As notas post-it são ótimas para a criação de protótipos de coisas dinâmicas como o fluxo de trabalho e a lógica do aplicativo. Uma interface de usuário pode ter um protótipo na forma de um desenho em um quadro branco, de um modelo não funcional esboçado com um programa de desenho ou ser obtido com um construtor de interfaces.

Os protótipos são projetados para responder a apenas algumas questões, portanto, são muito mais baratos e rápidos de desenvolver do que aplicativos que entram em produção. O código pode ignorar detalhes triviais – triviais para você nesse momento, mas provavelmente importantes para o usuário posteriormente. Se você estivesse criando um protótipo de GUI, por exemplo, poderia usar resultados ou dados incorretos. Por outro lado, se estivesse apenas examinando aspectos computacionais ou de desempenho, poderia usar uma GUI bem simples ou talvez até mesmo nenhuma GUI.

Mas se você estiver em um ambiente em que *não pode* ignorar os detalhes, terá de se perguntar se está realmente construindo um protótipo. Talvez um estilo de desenvolvimento do tipo projétil luminoso fosse mais apropriado nesse caso (consulte *Projéteis luminosos,* página 70).

Coisas que devem ter um protótipo

Que tipos de coisas você deveria investigar com um protótipo? Qualquer uma que seja ariscada. O que quer que não tenha sido testado antes ou que seja absolutamente crítico para o sistema final. Qualquer coisa não comprovada, experimental ou duvidosa. Algo com o que você não se sinta confortável. Você pode criar protótipos de

- Arquitetura
- Nova funcionalidade em um sistema existente
- Estrutura ou conteúdo de dados externos
- Ferramentas ou componentes de terceiros
- Questões de desempenho
- Projeto de interface de usuário

A criação de protótipos é uma experiência de aprendizado. Seu valor não está no código produzido, mas nas lições aprendidas. Essa é a razão real para a criação de protótipos.

> **DICA 16**
> Crie protótipos para aprender

Como usar protótipos

Na construção de um protótipo, que detalhes você pode ignorar?

- **Precisão.** Talvez você possa usar dados fictícios onde apropriado.
- **Integralidade.** O protótipo pode funcionar apenas em um aspecto muito limitado, talvez só com um bloco pré-selecionado de dados de entrada e um item de menu.
- **Robustez.** A verificação de erros pode estar incompleta ou nem mesmo existir. Se você se desviar do caminho pré-definido, o protótipo pode quebrar e queimar em uma gloriosa exibição de pirotecnia. Sem problemas.
- **Estilo.** É doloroso admitir isso em uma publicação impressa, mas provavelmente o código do protótipo não terá muita coisa no que diz respeito a comentários ou documentação. Você pode produzir um grande volume de documentação como resultado de sua experiência com o protótipo, mas comparativamente muito pouco será gerado no protótipo propriamente dito.

Já que um protótipo deve ocultar detalhes e enfocar aspectos específicos do sistema que está sendo considerado, você pode querer implementar protótipos usando uma linguagem de nível muito alto – mais alto do que o resto do projeto (talvez uma linguagem como Perl, Python ou Tcl). Uma linguagem de script de alto nível permitirá que você ignore vários detalhes (inclusive a especificação dos tipos de dados) e mesmo assim produza um bloco de código funcional (embora incompleto ou lento).[6] Se tiver de criar protótipos de interfaces de usuário, examine ferramentas como o TCL/Tk, Visual Basic, PowerBuilder ou Delphi.

Linguagens de script funcionam bem como "cola" para a ligação de partes de baixo nível em novas combinações. No Windows, o Visual Basic pode agregar controles COM. O mais frequente é podermos usar linguagens como Perl e Python para agregar bibliotecas C de baixo nível – manualmente ou automaticamente com ferramentas como o gratuitamente disponível SWIG [URL 28]. Usando essa abordagem, você pode reunir rapidamente os componentes existentes em novas configurações para ver como as coisas funcionam.

Protótipo da arquitetura

Muitos protótipos são construídos para modelar o sistema inteiro que está sendo considerado. Ao contrário do que ocorre no caso do desenvolvimento de tipo "projéteis luminosos", nenhum dos módulos individuais do sistema protótipo precisa ser particularmente funcional. Na verdade, talvez você não precise nem mesmo codificar para criar o protótipo da arquitetura – pode criá-lo em um quadro branco, com notas Post-it ou fichas (index cards). O que está procurando é como o sistema se integra como um todo, novamente ignorando os detalhes. Aqui estão algumas áreas específicas que você pode querer examinar no protótipo da arquitetura:

- As responsabilidades dos componentes principais estão bem-definidas e são apropriadas?
- As colaborações entre os componentes principais estão bem-definidas?
- A vinculação foi reduzida?
- É possível identificar fontes de duplicação?
- As restrições e definições de interfaces são aceitáveis?

---

[6] Se estiver examinando o desempenho absoluto (em vez do relativo), você terá de usar uma linguagem que tenha desempenho semelhante ao da linguagem de destino.

- Cada módulo tem um caminho de acesso para os dados necessários durante a execução? Ele tem esse acesso *quando* precisa?

Esse último item tende a gerar as maiores surpresas e os resultados mais importantes da experiência de criação de protótipos.

Como *não* usar protótipos

Antes de iniciar qualquer criação de protótipo baseada em código, certifique-se de que todos entendam que você está escrevendo código descartável. Os protótipos podem ser enganosamente atraentes para pessoas que não sabem que eles são apenas protótipos. Você deve deixar *bem* claro que esse código é descartável, está incompleto e não pode ser concluído.

É fácil se deixar enganar pela aparente perfeição de um protótipo demonstrado e os patrocinadores ou a gerência do projeto podem insistir na implantação do protótipo (ou de seu resultado) se você não definir claramente as expectativas. Lembre-os que você pode construir um ótimo protótipo de um novo carro a partir de madeira balsa e fita isolante, mas não tentaria dirigi-lo no tráfego da hora do rush!

Se você achar que há uma grande possibilidade em seu ambiente ou cultura de que a finalidade do código-protótipo possa ser mal interpretada, talvez seja melhor usar a abordagem de tipo "projétil luminoso". Você acabará obtendo uma estrutura sólida na qual poderá basear o desenvolvimento futuro.

Quando usado apropriadamente, um protótipo pode economizar muito tempo, dinheiro, incômodos e frustrações pela identificação e correção de possíveis locais problemáticos no início do ciclo de desenvolvimento – o momento em que a correção de erros é ao mesmo tempo barata e fácil.

As seções relacionadas são:
- *O gato comeu meu código-fonte*, página 24
- *Comunique-se!*, página 40
- *Projéteis luminosos*, página 70
- *Grandes Expectativas*, página 277

Exercícios

Resposta na p. 302

4. O departamento de marketing gostaria de se reunir com você para discutir alguns projetos de páginas da Web. Eles estão pensando em mapas de imagens clicáveis que levem a outras páginas e assim por diante. Mas não conseguem se decidir sobre um modelo para a imagem – talvez seja um carro, um telefone ou uma casa. Você tem uma lista de páginas e conteúdos de destino; eles gostariam de ver alguns protótipos. A propósito, você tem 15 minutos. Que ferramentas pode usar?

12 LINGUAGENS DE DOMÍNIO

Os limites da linguagem são os limites do mundo de uma pessoa.
Ludwig Wittgesntein

As linguagens de computador influenciam *como* consideramos um problema e como tratamos a comunicação. Cada linguagem vem com uma lista de recursos – jargões como tipificação estática versus dinâmica, vinculação inicial versus tardia, modelos de herança (simples, múltipla ou nenhuma) – todos podendo sugerir ou ocultar certas soluções. Um projeto de solução com o Lisp em mente produzirá resultados diferentes de uma solução baseada em um raciocínio no estilo C e vice-versa. Inversamente, e mais importante em nossa opinião, a linguagem do domínio do problema também pode sugerir uma solução de programação.

Tentamos sempre escrever código usando o vocabulário do domínio do aplicativo (consulte *O abismo dos requisitos,* página 244, onde sugerimos o uso de um glossário do projeto). Em alguns casos, podemos passar para o próximo nível e realmente programar usando o vocabulário, a sintaxe e a semântica – a linguagem – do domínio.

Quando ouvimos os usuários de um sistema proposto, às vezes eles conseguem dizer exatamente como o sistema deve funcionar:

Aguardar transações definidas pelo Regulamento ABC 12.3 em um conjunto de linhas X.25, convertê-las para o formato 43B da empresa XYZ, retransmiti-las no uplink do satélite e armazenar para análise futura.

Se seus usuários tiverem várias instruções bem delimitadas como essas, você poderá inventar uma minilinguagem personalizada para o domínio do aplicativo que expresse exatamente o que eles querem:

```
From X25LINE1 (Format=ABC123) {
  Put TELSTAR1 (Format=XYZ43B);
  Store DB;
}
```

Essa linguagem não precisa ser executável. Inicialmente, ela pode ser apenas uma maneira de capturar os requisitos do usuário – uma especificação. No entanto, você pode querer levar isso um passo adiante e implementar a linguagem. Sua especificação passou a ser código executável.

Após você ter criado o aplicativo, os usuários trazem um novo requisito: transações com saldos negativos não devem ser armazenadas, mas retornadas nas linhas X.25 no formato original:

```
From X25LINE1 (Format=ABC123) {
  if (ABC123.balance < 0) {
    Put X25LINE1 (Format=ABC123);
  }
  else {
    Put TELSTAR1 (Format=XYZ43B);
    Store DB;
  }
}
```

Foi fácil, não? Com o suporte apropriado, você pode programar em um nível muito próximo do domínio do aplicativo. Não estamos sugerindo que seus usuários finais programem nessas linguagens. Em vez disso, você estará dando a si próprio uma ferramenta que lhe permitirá trabalhar em um nível mais próximo do domínio deles.

> **DICA 17**
> Programe em um nível próximo ao domínio do problema

Independente de estar usando uma linguagem simples para configurar e controlar um programa aplicativo ou uma linguagem mais complexa para especificar regras ou procedimentos, achamos que você deve considerar maneiras de fazer seu projeto se aproximar do domínio do problema. Codificando em um nível mais alto de abstração, você ficará livre para se concentrar em resolver problemas do domínio e poderá ignorar detalhes triviais da implementação.

Lembre-se de que há muitos usuários de um aplicativo. Há o usuário final, que entende as regras empresariais e os resultados requeridos. Também temos usuários secundários: a equipe de operações, gerentes de configuração e teste, programadores de suporte e manutenção, e futuras gerações de desenvolvedores. Cada um desses usuários tem seu próprio domínio de problema, e você pode gerar miniambientes e linguagens para todos eles.

> **Erros específicos do domínio**
>
> Se você estiver escrevendo na linguagem do domínio do problema, também poderá executar uma validação específica do domínio, relatando problemas em termos que seus usuários consigam entender. Pegue nosso aplicativo de switch da página anterior. Suponhamos que o usuário errasse na grafia do nome do formato:
>
> ```
> From X25LINE1 (Format=AB123)
> ```
>
> Se isso ocorresse em uma linguagem de programação padrão de uso geral, talvez você visse uma mensagem de erro padrão de uso geral:
>
> ```
> Syntax error: undeclared identifier
> ```
>
> Mas com uma minilinguagem, você poderia emitir uma mensagem de erro usando o vocabulário do domínio:
>
> ```
> "AB123" is not a format. Known formats are ABC123,
>         XYZ43B, PDQB, and 42.
> ```

Implementando uma minilinguagem

Em sua forma mais simples, uma minilinguagem pode estar em um formato facilmente analisado baseado em linhas. Na prática, é provável que usemos mais essa forma do que qualquer outra. Ela pode ser analisada simplesmente com o uso de instruções `switch`, ou com o uso de expressões regulares em linguagens de script como em Perl. A resposta ao Exercício 5, encontrada na página 302, mostra uma implementação simples em C.

Você também pode implementar uma linguagem mais complexa, com uma sintaxe mais formal. O truque aqui é definir a sintaxe primeiro usando uma notação como a BNF.[7] Uma vez que a gramática é especificada, costuma-se convertê-la para a sintaxe de entrada de um gerador de analisadores. Programadores de C e C++ vêm usando o yacc (ou sua implementação disponível gratuitamente, o `bison` [URL 27]) há anos. Esses programas estão documentados com detalhes no livro *Lex and Yacc* [LBM92]. Programadores de Java podem usar o javaCC, que pode ser encontrado em [URL 26]. A resposta ao Exercício 7 encontrada na página 304 mostra um analisador criado com o uso do `bison`. Como ela mostra,

---

[7] A BNF, ou forma de Backus-Naur, permite a especificação recursiva de sintaxes *independentes do contexto*. Qualquer livro bom sobre análise ou construção de compiladores abordará a BNF em (exaustivos) detalhes.

uma vez que você souber a sintaxe, não terá muito trabalho para criar minilinguagens simples.

Há outra maneira de implementar uma minilinguagem: estender uma existente. Por exemplo, você poderia integrar uma funcionalidade de nível de aplicativo ao (digamos) Python [URL 9] e escrever algo como[8]

```
record = X25LINE1.get(format=ABC123)
if (record.balance < 0):
    X25LINE1.put(record, format=ABC123)
else:
    TELSTAR1.put(record, format=XYZ43B)
    DB.store(record)
```

Linguagens de dados e linguagens imperativas

As linguagens que você implementar poderão ser usadas de duas maneiras.

As *linguagens de dados* produzem algum tipo de estrutura de dados usada por um aplicativo. Essas linguagens são frequentemente usadas para representar informações de configuração.

Por exemplo, o programa sendmail é usado em todo o mundo para a circulação de emails na Internet. Ele tem muitos recursos e benefícios excelentes, que são controlados por um arquivo de configuração de milhares de linhas, criado com o uso de uma linguagem de configuração própria do sendmail:

```
Mlocal, P=/usr/bin/procmail,
       F=lsDFMAw5:/|@qSPfhn9,
       S=10/30, R=20/40,
       T=DNS/RFC822/X-Unix,
       A=procmail -Y -a $h -d $u
```

É claro que a legibilidade não é um dos pontos fortes do sendmail.

Há anos, a Microsoft vem usando uma linguagem de dados que pode descrever menus, acessórios, caixas de diálogo e outros recursos do Windows. A Figura 2.2 da próxima página mostra um excerto de um arquivo de recurso típico. Ele é muito mais fácil de ler do que o exemplo do sendmail, mas é usado exatamente da mesma forma – é compilado para gerar uma estrutura de dados.

As *linguagens imperativas* levam isso um passo adiante. Aqui, a linguagem é realmente executada e, portanto, pode conter instruções, estruturas de controle e elementos semelhantes (como no script da página 80).

---

[8] Obrigado a Eric Vought por esse exemplo.

```
MAIN_MENU MENU
{
 POPUP "&File"
 {
   MENUITEM "&New",    CM_FILENEW
   MENUITEM "&Open...", CM_FILEOPEN
   MENUITEM "&Save",   CM_FILESAVE
 }
}
MY_DIALOG_BOX DIALOG 6, 15, 292, 287
STYLE DS_MODALFRAME | WS_POPUP | WS_VISIBLE |
                WS_CAPTION | WS_SYSMENU
CAPTION "My Dialog Box"
FONT 8, "MS Sans Serif"
{
 DEFPUSHBUTTON "OK", ID_OK, 232, 16, 50, 14
 PUSHBUTTON "Help", ID_HELP, 232, 52, 50, 14
 CONTROL "Edit Text Control", ID_EDIT1,
         "EDIT", WS_BORDER | WS_TABSTOP, 16, 16, 80, 56
 CHECKBOX "Checkbox", ID_CHECKBOX1, 153, 65, 42, 38,
         BS_AUTOCHECKBOX | WS_TABSTOP
}
```

Figura 2.2 Arquivo .rc do Windows.

Você também pode usar suas próprias linguagens imperativas para facilitar a manutenção de programas. Por exemplo, você pode ser solicitado a integrar informações de um aplicativo legado a seu novo trabalho de desenvolvimento de GUI. Uma maneira comum de fazer isso é por meio do screen scraping; seu aplicativo se conecta com o aplicativo de mainframe como se ele fosse um usuário humano comum, emitindo pressionamentos de tecla e "lendo" as respostas que recebe. Você poderia desenvolver um script da interação usando uma minilinguagem.[9]

```
locate prompt "SSN:"
type "%s" social_security_number
type enter
waitfor keyboardunlock
if text_at(10,14) is "INVALID SSN" return bad_ssn
if text_at(10,14) is "DUPLICATE SSN" return dup_ssn
# etc...
```

Quando o aplicativo determina que é hora de inserir um número de seguro social, ele chama o interpretador nesse script, que então controla a transação. Se o interpretador estiver embutido dentro do aplicativo, os dois poderão até mesmo compartilhar dados diretamente (por exemplo, por um mecanismo de retorno de chamada).

---

[9] Na verdade, você pode comprar ferramentas que só dão suporte a esse tipo de criação de scripts. Também pode examinar pacotes de fonte aberta como o Expect, que fornece recursos semelhantes [URL 24].

Aqui, você está programando no domínio do programador de manutenção. Quando o aplicativo de mainframe mudar, e os campos trocarem de lugar, o programador poderá simplesmente atualizar sua descrição de alto nível, em vez de ter de pesquisar os detalhes do código C.

Linguagens autônomas e embutidas

Uma minilinguagem não precisa ser usada diretamente pelo aplicativo para ser útil. Muitas vezes, podemos usar uma linguagem de especificação para criar artefatos (inclusive metadados) que sejam compilados, lidos ou até mesmo usados pelo próprio programa (consulte *Metaprogramação*, página 166).

Por exemplo, na página 122, descrevemos um sistema em que usamos Perl para gerar uma grande quantidade de derivações de uma especificação de esquema original. Inventamos uma linguagem comum para expressar o esquema do banco de dados e então geramos todas as formas dela que precisávamos – SQL, C, páginas da Web, XML e outras. O aplicativo não usava a especificação diretamente, mas dependia da saída produzida a partir dela.

É comum embutir linguagens imperativas de alto nível diretamente no aplicativo, para que elas sejam executadas quando o código for. É claro que esse é um recurso poderoso; você pode alterar o comportamento de seu aplicativo alterando os scripts que ele lê, tudo sem compilar. Isso pode simplificar significativamente a manutenção em um domínio de aplicativo dinâmico.

Fácil desenvolvimento ou fácil manutenção?

Examinamos várias sintaxes diferentes, dos simples formatos baseados em linhas a sintaxes mais complexas que parecem linguagens reais. Já que é necessário um esforço adicional para implementá-la, por que você selecionaria uma sintaxe mais complexa?

É preciso escolher entre extensibilidade e manutenção. Embora o código para a análise de uma linguagem "real" possa ser mais difícil de escrever, será muito mais fácil de as pessoas entenderem e de estender no futuro com novos recursos e funcionalidades. Linguagens simples demais talvez sejam fáceis de analisar, mas podem ser crípticas – semelhante ao exemplo do `sendmail` da página 82.

Dado que a maioria dos aplicativos excede o tempo de vida esperado para eles, provavelmente você ficará melhor aceitando o desafio e adotando a linguagem mais complexa e legível. O esforço inicial trará um retorno que o superará na forma de custos reduzidos de suporte e manutenção.

As seções relacionadas são:

- Metaprogramação, página 166

Desafios

- Algum dos requisitos de seu projeto atual poderia ser expresso em uma linguagem específica de domínio? Seria possível criar um compilador ou tradutor que pudesse gerar grande parte do código necessário?
- Se você decidir adotar minilinguagens como uma maneira de programar em um nível mais próximo do domínio do problema, estará aceitando que algum esforço será necessário para implementá-las. Consegue detectar maneiras pelas quais a estrutura que você desenvolver para um projeto possa ser reutilizada em outros?

Exercícios

Resposta na p. 303

5. Queremos implementar uma minilinguagem para controlar um pacote de desenho simples (talvez um sistema de gráficos de tartaruga). A linguagem é composta por comandos de uma única letra. Alguns comandos são seguidos por um único número. Por exemplo, a entrada a seguir desenharia um retângulo.

```
P 2    # seleciona caneta 2 (pen)
D      # abaixa a caneta (down)
W 2    # desenha 2 cm para a esquerda (west)
N 1    # agora 1 cm para cima (north)
E 2    # agora 2 cm para a direita (east)
S 1    # agora volta para baixo (south)
U      # levanta a caneta (up)
```

Implemente o código que analisa essa linguagem. Ele deve ser projetado de um modo que seja simples adicionar novos comandos.

Resposta na p. 304

6. Projete uma sintaxe BNF para analisar uma especificação de hora. Todos os exemplos a seguir devem ser aceitos.

4pm, 7:38pm, 23:42, 3:16, 3:16am

Resposta na p. 304

7. Implemente um analisador para a sintaxe BNF do Exercício 6 usando o yacc, o bison ou um gerador de analisadores semelhante.

Resposta na p. 305

8. Implemente o analisador de hora usando Perl. [*Dica*: Expressões regulares geram bons analisadores].

13 ESTIMANDO

Responda rápido! Quanto tempo demora enviar *Guerra e Paz* por uma linha de modem de 56k? Quanto espaço em disco você precisará para um milhão de nomes e endereços? Quanto tempo um bloco de 1.000 bytes leva para passar por um roteador? Quantos meses serão necessários para a distribuição de seu projeto?

Até certo ponto, essas são todas perguntas irrelevantes – em todas faltam informações. E, mesmo assim, todas podem ser respondidas, contanto que você se sinta confortável fazendo estimativas. E, no processo de produzir uma estimativa, conseguirá entender melhor o mundo que seus programas habitam.

Aprendendo a estimar, e desenvolvendo essa habilidade ao ponto de ter uma percepção intuitiva da dimensão das coisas, você exibirá uma aptidão aparentemente mágica para determinar sua viabilidade. Quando alguém disser "enviaremos o backup por meio de uma linha ISDN para o site central", terá como saber intuitivamente se isso é viável. Quando estiver codificando, terá como saber que subsistemas precisam de otimização e quais podem permanecer inalterados.

> **DICA 18**
> Estime para evitar surpresas

Como bônus, no fim desta seção, revelaremos a única resposta correta a ser dada sempre que alguém lhe pedir uma estimativa.

Que nível de exatidão é suficientemente exato?

Até certo ponto, todas as respostas são estimativas. O que ocorre é que algumas são mais precisas do que as outras. Portanto, a primeira pergunta que você tem de fazer para si mesmo quando alguém lhe pedir uma estimativa é em que contexto sua resposta será considerada. É preciso um nível alto de precisão ou o que estão querendo é um número aproximado?

- Quando sua avó pergunta quando você vai chegar, provavelmente ela está pensando se deve preparar o almoço ou o jantar. Por outro lado, um mergulhador preso debaixo d'água e ficando sem ar deve querer uma resposta expressa em segundos.

- Qual é o valor de π? Se você estiver considerando quanto de arame comprar para colocar ao redor de um canteiro de flores circular, então "3" deve ser satisfatório.[10] Se estiver na escola, talvez "22/7" seja uma boa aproximação. Se estiver na NASA, 12 casas decimais servirão.

Uma das coisas interessantes sobre as estimativas é que as unidades usadas fazem diferença na interpretação do resultado. Se você disser que algo levará cerca de 130 dias úteis, as pessoas terão expectativas de que o resultado não demorará a chegar. No entanto, se disser "em cerca de seis meses", elas saberão que só devem procurá-lo em algum momento entre cinco e sete meses a partir do momento atual. Os dois números representam a mesma duração, mas provavelmente "130 dias" implique um nível mais alto de precisão do que percebemos. Recomendamos que você dimensione as estimativas de tempo como descrito a seguir:

Duração	Calcule a estimativa em
1-15 dias	dias
3-8 semanas	semanas
8-30 semanas	meses
mais de 30 semanas	pense bem antes de dar uma estimativa

Portanto, se após fazer todo o trabalho necessário, você decidir que um projeto levará 125 dias úteis (25 semanas), pode querer distribuir uma estimativa de "cerca de seis meses".

Os mesmos conceitos se aplicam a estimativas de qualquer quantidade: selecione as unidades de sua resposta para que reflitam a precisão que você pretende comunicar.

De onde vêm as estimativas?

Todas as estimativas são baseadas em modelos do problema. Mas, antes de nos aprofundarmos demais nas técnicas de construção de modelos, temos de mencionar um truque de estimativa básico que sempre fornece boas respostas: pergunte a alguém que já passou pelo problema. Antes de ficar ocupado demais com a construção de modelos, procure alguém que esteve em uma situação semelhante no passado.

---

[10] "3" também parece ser satisfatório se você for um legislador. Em 1897, o projeto de lei n° 246 da Câmara Legislativa do Estado de Indiana tentou decretar que daquele momento em diante π teria como valor "3". O projeto foi adiado indefinidamente na sua segunda leitura quando um professor de matemática lembrou que seus poderes não se estendiam à criação de leis da natureza.

Veja como o problema foi resolvido. É improvável que algum dia você encontre uma coincidência exata, mas ficaria surpreso com o número de vezes em que é possível se basear com sucesso nas experiências dos outros.

Entenda o que está sendo pedido

A primeira parte de qualquer exercício de estimativa é tentar entender o que está sendo pedido. Assim como as questões de precisão discutidas acima, você precisa conhecer o escopo do domínio. Geralmente, isso está implícito no pedido, mas você tem de adquirir o hábito de pensar no escopo antes de começar a estimar. Com frequência, o escopo que você escolher formará parte da resposta dada: "Supondo que não haja acidentes de trânsito e haja gasolina no carro, devo chegar em 20 minutos".

Construa um modelo do sistema

Essa é a parte divertida da estimativa. A partir do que entendeu do que está sendo pedido, construa um modelo mental básico aproximado. Se estiver estimando tempos de resposta, seu modelo pode envolver um servidor e algum tipo de tráfego recebido. Para um projeto, o modelo pode ser composto pelas etapas que sua empresa usa durante o desenvolvimento, com um quadro bem geral de como o sistema pode ser implementado.

A construção de modelos pode ser tanto criativa quanto útil a longo prazo. Geralmente, o processo de construção do modelo leva a descobertas de padrões e processos subjacentes que não eram aparentes superficialmente. Você pode até querer reexaminar o pedido original: "Você pediu uma estimativa da execução de X. No entanto, parece que Y, uma variante de X, pode ser executado na metade do tempo e só um recurso seria perdido".

A construção do modelo introduz imprecisões no processo de estimativa. Isso é inevitável e também benéfico. Você está trocando a simplicidade do modelo por precisão. Dobrar o esforço na construção do modelo pode lhe dar apenas um pequeno aumento na precisão. Sua experiência lhe dirá quando deve parar de detalhar.

Divida o modelo em componentes

Uma vez que tiver um modelo, você poderá decompô-lo em componentes. Será preciso descobrir as regras matemáticas que descrevem como esses componentes interagem. Às vezes, um componente contribui com um único valor adicionado ao resultado. Alguns componentes podem fornecer fatores de multiplicação, enquanto outros podem ser mais complicados (como os que simulam a chegada de tráfego em um nó).

Você descobrirá que normalmente cada componente tem parâmetros que afetam como ele contribui para o modelo como um todo. Nesse estágio, simplesmente identifique cada parâmetro.

Dê a cada parâmetro um valor

Uma vez que tiver isolado os parâmetros, você poderá examiná-los atribuindo um valor a cada um. É esperado que alguns erros sejam introduzidos nessa etapa. O truque é descobrir que parâmetros têm maior impacto sobre o resultado e se concentrar em obtê-los corretamente. Normalmente, parâmetros cujos valores são adicionados a um resultado são menos significativos do que os que são multiplicados ou divididos. Dobrar a velocidade de uma linha pode dobrar a quantidade de dados recebida em uma hora, enquanto adicionar um retardo de 5 milissegundos no tráfego não terá nenhum efeito perceptível.

Você deve ter uma maneira justificável de calcular esses parâmetros críticos. Para o exemplo do enfileiramento, pode querer calcular a taxa real de chegada de transações do sistema existente ou encontrar um sistema de cálculo semelhante. Da mesma forma, você poderia calcular o tempo atual de atendimento de uma solicitação ou criar uma estimativa usando as técnicas descritas nesta seção. Na verdade, com frequência você perceberá que está baseando uma estimativa em outras subestimativas. É aí que seus maiores erros serão introduzidos.

Calcule as respostas

Só nos casos mais simples uma estimativa terá uma única resposta. Você pode ficar satisfeito em dizer "posso percorrer cinco quarteirões da cidade em 15 minutos". No entanto, à medida que os sistemas ficarem mais complexos, vai querer embasar suas respostas. Faça vários cálculos, mudando os valores dos parâmetros críticos, até descobrir quais realmente conduzem o modelo. Uma planilha pode ser de grande ajuda. Em seguida, embase suas respostas segundo esses parâmetros. "O tempo de resposta será de cerca de três quartos de um segundo se o sistema tiver um barramento SCSI e 64MB de memória e de um segundo com 48MB de memória". (Observe como "três quartos de um segundo" transmite uma sensação de precisão diferente de 750 milissegundos).

Durante a fase de cálculo, você pode começar a obter repostas que pareçam estranhas. Não descarte-as com muita rapidez. Se sua aritmética estiver correta, provavelmente você não entendeu bem o problema ou seu modelo está errado. Essas informações são valiosas.

Acompanhe sua habilidade em estimar

Achamos uma boa ideia que você registre suas estimativas para que possa ver o quanto chegou perto. Se uma estimativa em nível mais amplo envolver subestimativas de cálculo, registre-as também. Com frequência, você achará suas estimativas muito boas – na verdade, após algum tempo, vai esperar esse resultado.

Quando uma estimativa se mostrar errada, não dê de ombros e deixe para lá. Descubra por que o resultado foi diferente de seu palpite. Você pode ter escolhido alguns parâmetros não adequados à realidade do problema. Talvez seu modelo estivesse errado. Independente da razão, passe algum tempo tentando descobrir o que ocorreu. Se fizer isso, sua próxima estimativa será melhor.

Estimando cronogramas de projetos

As regras comuns para o cálculo de estimativas podem ser inúteis diante das complexidades e peculiaridades de um desenvolvimento de aplicativo de tamanho considerável. Achamos que a única maneira de determinar o cronograma de um projeto é ganhando experiência nesse mesmo projeto. Isso não precisa ser um paradoxo se você praticar o desenvolvimento incremental, repetindo as etapas a seguir.

- Verifique os requisitos
- Analise o risco
- Projete, implemente, integre
- Valide com os usuários

Inicialmente, é provável que você tenha apenas uma vaga ideia de quantas iterações serão necessárias ou de quanto elas podem demorar. Alguns métodos demandam que isso seja detalhado como parte do plano inicial, mas, exceto para os projetos mais comuns, é um erro fazê-lo. A menos que você esteja criando um aplicativo semelhante a um anterior, com a mesma equipe e a mesma tecnologia, estaria apenas supondo.

Portanto, você deve concluir a codificação e o teste da funcionalidade inicial e marcá-los como o fim do primeiro incremento. Com base nessa experiência, poderá aperfeiçoar sua suposição inicial quanto ao número de iterações e ao que pode ser incluído em cada uma. A suposição melhorará a cada vez e a confiança no cronograma crescerá na mesma medida.

> **DICA 19**
> Reexamine o cronograma junto ao código

Isso pode não ser bem-visto pela gerência, que normalmente quer um número consistente e definitivo até mesmo antes de o projeto começar. Você terá de ajudá-los a entender que a equipe, sua produtividade e o ambiente determinarão o cronograma. Formalizando isso, e aperfeiçoando o cronograma como parte de cada iteração, estará dando a eles as estimativas de cronograma mais precisas que puder.

O que dizer quando lhe pedirem uma estimativa

Diga "Dou um retorno depois".

Quase sempre obtemos resultados melhores quando reduzimos a velocidade do processo e passamos algum tempo examinando as etapas que descrevemos nesta seção. Estimativas dadas na máquina de café vão (como o café) lhe fazer mal depois.

As seções relacionadas são:
- *Velocidade do algoritmo*, página 199

Desafios
- Comece a manter um registro de suas estimativas. Em cada uma, verifique seu nível de precisão. Se o erro ultrapassar os 50%, tente descobrir onde se enganou.

Exercícios

Resposta na p. 305

9. Alguém lhe faz a pergunta "Qual tem maior largura de banda: uma linha de comunicações de 1 Mbps ou uma pessoa caminhando entre dois computadores com uma fita de 4GB cheia em seu bolso?" Que restrições você fará à resposta para demonstrar que seu escopo está correto? (Por exemplo, você poderia dizer que o tempo necessário ao acesso à fita é ignorado).

Resposta na p. 306

10. Então, qual tem maior largura de banda?

CAPÍTULO **3**

As Ferramentas Básicas

Todo artesão começa sua jornada com um conjunto básico de ferramentas de boa qualidade. Um marceneiro pode precisar de réguas, escalas, serrotes, plainas, formões, brocas e braçadeiras, maços e tornos. Essas ferramentas serão escolhidas com cuidado e construídas para durar, executarão tarefas específicas, sendo pouco usadas com outras ferramentas e, talvez o mais importante, terão bom uso nas criativas mãos do marceneiro.

Então, começará o processo de aprendizado e adaptação. Cada ferramenta terá sua própria personalidade, suas peculiaridades e seu próprio manejo especial. Cada uma terá de ser afiada ou manuseada de maneira exclusiva. Com o tempo, serão desgastadas com o uso, até o cabo tomar a forma das mãos do marceneiro e a superfície de corte se alinhar ao ângulo segundo o qual a ferramenta é segurada. Nesse ponto, as ferramentas terão se tornado canais entre o cérebro do artesão e o produto final – elas se tornaram extensões de suas mãos. Com o passar do tempo, o marceneiro adicionará novas ferramentas, como cortadores de porcelana, serrotes guiados a laser, gabaritos de encaixe – todas peças maravilhosas de tecnologia. Mas pode apostar que ele ficará mais feliz com uma das ferramentas originais nas mãos, sentindo a plaina assobiar enquanto desliza pela madeira.

As ferramentas ampliam o talento. Quanto melhores forem suas ferramentas e melhor você souber usá-las, mais produtivo será. Comece com um conjunto básico de ferramentas. Ao ganhar experiência, e ao deparar com requisitos especiais, você aumentará esse conjunto básico. Como o artesão, aumente sua caixa de ferramentas regularmente. Procure sempre maneiras melhores de fazer as coisas. Se estiver em uma situação em que achar que suas ferramentas atuais não servirão, faça questão de procurar algo diferente ou mais poderoso que possa ajudar. Deixe a necessidade guiar suas aquisições.

Muitos programadores novos cometem o erro de adotar uma única ferramenta poderosa, como um ambiente de desenvolvimento integrado (IDE) específico, e nunca deixam sua confortável interface. Isso é um erro. Temos de nos sentir confortáveis além dos limites impostos por um IDE. A única maneira de fazê-lo é manter o conjunto de ferramentas básicas afiadas e prontas para serem usadas.

Neste capítulo, falaremos sobre o investimento em sua própria caixa de ferramentas básica. Como em qualquer boa discussão sobre ferramentas, começaremos (em *O poder do texto simples*) examinando suas matérias-primas, aquilo que você vai modelar. A partir daí, passaremos para a bancada – em nosso caso, o computador. Como você pode usar seu computador para tirar o máximo das ferramentas que usa? Discutiremos isso em *Jogos de shell*. Agora que temos material e uma bancada onde trabalhar, passaremos para a ferramenta que provavelmente você usará mais do que qualquer outra, seu editor. Em *Edição avançada*, daremos sugestões de como você pode ser mais eficiente.

Para assegurar não ser possível perdermos nenhuma parte de nosso precioso trabalho, devemos sempre usar um sistema de *controle do código-fonte* – até para coisas como nossa agenda de endereços pessoal! E, já que apesar de tudo o Sr. Murphy era na verdade um otimista, você não pode ser um bom programador até se tornar altamente hábil *depurando*.

Você precisará de algo para conectar as peças do quebra-cabeça. Discutiremos algumas possibilidades, como o awk, Perl e Python, em *Manipulação de texto*.

Assim como os marceneiros às vezes constroem gabaritos que guiam a construção de peças complexas, os programadores podem escrever códigos que também escrevam códigos. Discutiremos isso em *Geradores de código*.

Passe um tempo aprendendo a usar essas ferramentas e ficará surpreso ao ver seus dedos se movendo sobre o teclado, manipulando texto automaticamente. As ferramentas terão se tornado extensões de suas mãos.

14 O PODER DO TEXTO SIMPLES

Como programadores pragmáticos, nosso material básico não é madeira ou ferro, mas informações. Coletamos requisitos como informações e os expressamos em nossos projetos, implementações, testes e documentos. E achamos que o melhor formato para o armazenamento de informações persistentemente é o *texto simples*. Com o texto simples, temos a oportunidade de manipular informações, tanto manual quanto programaticamente, usando praticamente todas as ferramentas que estiverem à nossa disposição.

O que é texto simples?

O *texto simples* é composto por caracteres imprimíveis em uma forma que pode ser lida e entendida diretamente pelas pessoas. Por exemplo, embora o trecho a seguir seja composto por caracteres imprimíveis, ele não tem significado.

```
Field19=467abe
```

O leitor não tem ideia de qual pode ser o significado de 467abe. Uma opção melhor seria torná-lo *inteligível* para as pessoas.

```
DrawingType=UMLActivityDrawing
```

Texto simples não é o mesmo que texto desestruturado; XML, SGML e HTML são ótimos exemplos de texto simples que tem uma estrutura bem definida. Você pode fazer com texto simples qualquer coisa que faria com algum formato binário, inclusive controlar versões.

O texto simples tende a estar em um nível mais alto do que uma codificação binária pura, que geralmente é derivada diretamente da implementação. Suponhamos que você quisesse armazenar uma propriedade chamada uses-menus que resultasse em TRUE ou FALSE. Usando texto, poderia escrever assim:

```
myprop.uses_menus=FALSE
```

Compare isso com 0010010101110101.

O problema da maioria dos formatos binários é que o contexto necessário à compreensão dos dados fica separado dos dados propriamente ditos. Você estará separando artificialmente os dados de seu significado. Os dados também podem ter sido criptografados e não significarão absolutamente nada sem a lógica do aplicativo para analisá-los. Com texto simples, no entanto, você pode obter um fluxo de dados autodescritivo que seja independente do aplicativo que o criou.

> **DICA 20**
> Mantenha as informações em texto simples

Desvantagens

Há duas grandes desvantagens no uso de texto simples: (1) o armazenamento pode ocupar mais espaço do que um formato binário compactado e (2) pode ser computacionalmente mais caro interpretar e processar um arquivo de texto simples.

Dependendo de seu aplicativo, uma dessas situações ou as duas podem ser inaceitáveis – por exemplo, no armazenamento de dados de telemetria por satélite ou como o formato interno de um banco de dados relacional.

Mas, mesmo nessas situações, pode ser aceitável armazenar *metadados* sobre os dados brutos em texto simples (consulte *Metaprogramação*, página 166).

Alguns desenvolvedores podem se preocupar com o fato de que, ao colocar metadados em texto simples, estarão expondo-os aos usuários do sistema. Esse receio é infundado. Dados binários podem ser mais obscuros do que texto simples, mas não são mais seguros. Se você estiver preocupado com o fato de os usuários verem as senhas, criptografe-as. Se não quiser que eles alterem parâmetros de configuração, inclua um *hash seguro*[1] de todos os valores de parâmetros do arquivo como uma soma de verificação.

O poder do texto

Já que *maior* e *mais lento* não são os recursos solicitados com mais frequência pelos usuários, por que se preocupar com texto simples? Quais *são* os benefícios?

- Garantia contra obsolescência
- Aproveitamento
- Mais fácil de testar

Garantia contra obsolescência

Formas de dados legíveis por humanos e dados autodescritivos sobreviverão a todas as outras formas de dados e aos aplicativos que as criaram. Ponto.

---

[1] O MD5 costuma ser usado para essa finalidade. Para ver uma introdução excelente ao maravilhoso mundo da criptografia, consulte [Sch95].

Contanto que os dados sobrevivam, você terá uma chance de poder usá-los – possivelmente, muito depois de o aplicativo original que os gravou ter saído de circulação.

Você pode analisar um arquivo desse tipo só com um conhecimento parcial de seu formato; na maioria dos arquivos binários, é preciso saber todos os detalhes do formato inteiro para analisá-lo com sucesso.

Considere um arquivo de dados de algum sistema legado[2] que lhe fosse enviado. Você sabe pouco sobre o aplicativo original; tudo que é importante é que ele tinha uma lista de números de seguro social de clientes, que você precisa encontrar e extrair. Entre os dados, você vê

```
<FIELD10>123-45-6789</FIELD10>
...
<FIELD10>567-89-0123</FIELD10>
...
<FIELD10>901-23-4567</FIELD10>
```

Reconhecendo o formato de um número de seguro social, você pode criar rapidamente um pequeno programa para extrair esses dados – mesmo se não tiver informações sobre nenhuma outra característica do arquivo.

Mas suponhamos que, em vez disso, o arquivo tivesse sido formatado dessa forma:

```
AC27123456789B11P
...
XY43567890123QTYL
...
6T2190123456788AM
```

Você pode não ter reconhecido o significado dos números tão facilmente. Essa é a diferença entre *legível por humanos* e *compreensível por humanos*.

Aproveitando a ocasião, FIELD10 também não ajuda muito. Algo como

```
<SSNO>123-45-6789</SSNO>
```

torna o exercício fácil de resolver – e assegura que os dados sobreviverão a qualquer projeto que os tenha criado.

Aproveitamento

Praticamente qualquer ferramenta do universo da computação, de sistemas de gerenciamento de código-fonte a ambientes de compilação, editores e filtros autônomos, podem operar com texto simples.

---

[2] Todos os programas se tornam legados assim que são criados.

> **A filosofia do Unix**
>
> O Unix é famoso por seu projeto baseado na filosofia de pequenas ferramentas afiadas, cada uma visando a fazer uma coisa bem. Essa filosofia é possível por meio do uso de um formato subjacente comum – o arquivo de texto simples baseado em linhas. Os bancos de dados usados na administração do sistema (usuários e senhas, configuração de rede e assim por diante) são todos mantidos como arquivos de texto simples. (Alguns sistemas, como o Solaris, também mantêm uma forma binária de certos bancos de dados como uma otimização de desempenho. A versão de texto simples é mantida como uma interface para a versão binária).
>
> No caso de falha em um sistema, podemos nos ver diante de um ambiente mínimo para restaurá-lo (talvez não conseguindo acessar drivers gráficos, por exemplo). Situações como essa podem nos fazer apreciar a clareza do texto simples.

Por exemplo, suponhamos que você tivesse uma instalação de produção de um aplicativo grande com um complexo arquivo de configuração específico do site (isso lembra o `sendmail`). Se esse arquivo estivesse em texto simples, você poderia inseri-lo em um sistema de controle de código-fonte (consulte *Controle do código-fonte*, página 86), para manter automaticamente um histórico de todas as alterações. Ferramentas de comparação de arquivos como o `diff` e o `fc` permitem ver de imediato que alterações foram feitas, enquanto o sum permite a geração de uma soma de verificação para a procura de modificações acidentais (ou maliciosas) no arquivo.

Mais fácil de testar

Se você usar texto simples na criação de dados sintéticos para conduzir testes de sistema, será fácil adicionar, atualizar ou modificar os dados do teste *sem ter de criar nenhuma ferramenta especial para fazer isso*. Da mesma forma, a saída em texto simples para testes de regressão pode ser analisada trivialmente (com o `diff`, por exemplo) ou estar sujeita a alguma análise mais complexa com Perl, Python ou alguma outra ferramenta de script.

Mínimo denominador comum

Mesmo no futuro, em que agentes inteligentes baseados em XML viajarão na selvagem e perigosa Internet autonomamente, negociando o intercâmbio de dados entre eles, ainda existirá o onipresente arquivo de texto. Na verdade, em ambientes heterogêneos, as vantagens do texto simples podem compensar todas as desvantagens. É preciso assegurar que todas as partes possam se comunicar usando um padrão comum. O texto simples é esse padrão.

As seções relacionadas são:
- *Controle do código-fonte*, página 106
- *Geradores de código*, página 124
- *Metaprogramação*, página 166
- *Quadros-negros*, página 187
- *Automação onipresente*, página 252
- *Tudo se resume a escrever*, página 270

Desafios
- Projete um pequeno banco de dados de agenda de endereços (nome, número de telefone e assim por diante) usando uma representação binária simples em sua linguagem de preferência. Faça isso antes de ler o resto desse desafio.
  1. Converta esse formato em um formato de texto simples usando XML.
  2. Para cada versão, adicione um novo campo de tamanho variável chamado *roteiro* em que você possa inserir rotas para a casa de cada pessoa.

  Que problemas surgiram em relação à criação de versões e extensibilidade? Que forma foi mais fácil de modificar? E quanto à conversão de dados existentes?

15 JOGOS DE SHELL

Todo marceneiro precisa de uma boa bancada sólida e confiável, algum local onde ele possa colocar as peças em uma altura conveniente enquanto trabalha nelas. A bancada passa a ser o centro da marcenaria, com o artesão voltando a ela periodicamente, à medida que a peça adquire forma.

Para um programador manipulando arquivos de texto, essa bancada é o shell de comando. No prompt do shell, você pode chamar seu conjunto completo de ferramentas, usando canais para combiná-las de maneiras nunca sonhadas por seus desenvolvedores originais. A partir do shell, você pode iniciar aplicativos, depuradores, navegadores, editores e utilitários. Pode procurar arquivos, consultar o status do sistema e filtrar saídas. E, programando o shell, pode construir comandos de macro complexos para atividades que executa com frequência.

Para programadores acostumados a interfaces de GUI e ambientes de desenvolvimento integrado (IDEs), isso pode parecer uma posição extrema. Afinal, você não pode fazer tudo igualmente bem apontando e clicando?

Uma resposta simples seria "não". As interfaces de GUI são ótimas e podem ser mais rápidas e convenientes para algumas operações simples. Mover arquivos, ler emails codificados com MIME e digitar letras são coisas que você pode querer fazer em um ambiente gráfico. Mas, se fizer todo o seu trabalho usando GUIs, deixará de usar os recursos de seu ambiente como um todo. Não poderá automatizar tarefas comuns ou usar o poder integral das ferramentas disponíveis para você. E não poderá combinar suas ferramentas para criar *ferramentas de macro* personalizadas. Um benefício das GUIs é o WYSIWYG – 'what you see is what you get' (o que se vê é o que se tem). A desvantagem é o WYSIAYG – 'what you see is *all* you get' (o que se vê é *tudo* o que se tem).

Normalmente, os ambientes de GUI ficam limitados aos recursos que seus projetistas planejaram. Quando precisamos ultrapassar os limites do modelo que o projetista forneceu, não damos sorte – e quase sempre *temos* de ir além dos limites do modelo. Programadores pragmáticos não têm de apenas criar código, ou desenvolver modelos orientados a objetos, ou escrever documentação, ou automatizar o processo de construção – fazemos *todas* essas coisas. O escopo de qualquer ferramenta costuma ficar limitado às tarefas que se espera que ela execute. Por exemplo, suponhamos que você precisasse integrar um pré-processador de código (para implementar um projeto por contrato, fazer o multiprocessamento de pragmas ou algo desse tipo) a seu IDE. A menos que o projetista do IDE tenha fornecido explicitamente ganchos para esse recurso, não haverá como fazê-lo.

Você pode já estar familiarizado com o trabalho a partir do prompt de comando, caso em que poderá saltar seguramente esta seção. Caso contrário, talvez precise ser convencido de que o shell é seu amigo.

Como programador pragmático, constantemente você vai querer executar operações ad hoc – coisas que a GUI pode não suportar. A linha de comando é mais adequada quando queremos combinar rapidamente alguns comandos para executar uma consulta ou alguma outra tarefa. Aqui estão alguns exemplos.

Encontrar todos os arquivos .c modificados mais recentemente do que seu Makefile.

    Shell...   find . -name '*.c' -newer Makefile -print

    GUI....   Abra o Explorer, navegue até o diretório correto, clique no Makefile e anote a hora da modificação. Em seguida, acesse Tools/Find e insira *.c para a especificação do arquivo. Selecione a guia de datas e insira a data que anotou para o Makefile no primeiro campo de data. Agora, clique em OK.

Construir um arquivo zip/tar de minha fonte.

    Shell...   zip archive.zip *.h *.c   –ou–
               tar cvf archive.tar *.h *.c

    GUI....   Acesse um utilitário ZIP (como o shareware WinZip [URL 41]). Selecione "Create New Archive", insira seu nome, selecione o diretório-fonte na caixa de diálogo "adicionar", configure o filtro com "*.c", clique em "Add", configure o filtro com "*.h", clique em "Add", e, em seguida, feche o arquivo.

Que arquivos Java não foram alterados na última semana?

    Shell...   find . -name '*.java' -mtime +7 -print

    GUI....   Clique e navegue em "Find files", clique no campo "Named" e digite "*.java", selecione a guia "Date Modified". Em seguida, selecione "Between". Clique na data inicial e digite a data inicial do começo do projeto. Clique na data final e digite a data de uma semana atrás a partir de hoje (certifique-se de ter um calendário à mão). Clique em "Find Now".

Desses arquivos, qual usa as bibliotecas awt?

    Shell...   find . -name '*.java' -mtime +7 -print |
                  xargs grep 'java.awt'

    GUI....   Carregue cada arquivo da lista do exemplo anterior em um editor e procure a string "java.awt". Anote o nome de cada arquivo que for uma ocorrência.

É claro que a lista poderia continuar. Os comandos de shell podem ser obscuros ou abreviados, mas são poderosos e concisos. E, já que podem ser combinados em arquivos de script (ou arquivos de comandos em sistemas Windows), você pode construir sequências de comandos para automatizar coisas que faz com frequência.

> **DICA 21**
> Use o poder dos shells de comando

Familiarize-se com o shell e verá sua produtividade aumentar. Precisa criar uma lista de todos os nomes de pacotes exclusivos importados explicitamente por seu código Java? O código a seguir a armazenará em um arquivo chamado "list".

```
grep '^import ' *.java |
   sed -e's/.*import *//' -e's/;.*$//' |
   sort -u >list
```

Se ainda não examinou com cuidado os recursos do shell de comando dos sistemas que você usa, isso pode parecer intimidante. No entanto, invista algum esforço em se familiarizar com seu shell e as coisas logo começarão a se encaixar. Faça testes com seu shell de comando e ficará surpreso com quanto ele lhe tornará mais produtivo.

Utilitários de shell e sistemas Windows

Embora os shells de comando fornecidos com sistemas Windows estejam melhorando gradualmente, os utilitários de linha de comando do Windows ainda são inferiores a seus equivalentes no Unix. No entanto, nem tudo está perdido.

A Cygnus Solutions tem um pacote chamado Cygwin [URL 31]. Além de fornecer uma camada de compatibilidade Unix para o Windows, o Cygwin vem com um conjunto de mais de 120 utilitários Unix, inclusive alguns dos prediletos como o ls, grep e find. Os utilitários e bibliotecas podem ser baixados e usados gratuitamente, mas se certifique de ler sua licença.[3] A distribuição do Cygwin vem com o shell Bash.

---

[3] A GNU General Public License [URL 57] é um tipo de vírus legal que os desenvolvedores de fonte aberta usam para proteger seus direitos (e os dos outros). Tente arrumar algum tempo para ler essa licença. Na verdade, ela diz que você pode usar e modificar software protegido pela GPL, mas se distribuir qualquer modificação, ela também deve ser licenciada de acordo com a GPL (e marcada como tal) e é preciso disponibilizar a fonte. Essa é a parte do vírus – sempre que você obtiver um trabalho derivado de outro trabalho licenciado pela GPL, seu trabalho também deve ser protegido pela GPL. No entanto, ele não o impede de simplesmente usar as ferramentas – a propriedade e o licenciamento de software desenvolvido com o uso das ferramentas só dizem respeito a você.

> **Usando ferramentas Unix no Windows**
>
> Gostamos da disponibilidade de ferramentas Unix de alta qualidade no Windows e as usamos diariamente. No entanto, fique alerta porque há problemas de integração. Diferente de seus equivalentes no MS-DOS, esses utilitários diferenciam maiúsculas de minúsculas nos nomes de arquivo, logo, `ls a*.bat` não encontrará `AUTOEXEC.BAT`. Você também pode encontrar problemas em nomes de arquivo contendo espaços e em diferenças nos separadores de caminhos. Para concluir, há problemas interessantes na execução de programas MS-DOS que esperam argumentos no estilo MS-DOS nos shells Unix. Por exemplo, os utilitários Java do JavaSoft usam dois pontos como seu separador da CLASSPATH no Unix, mas usam um ponto e vírgula no MS-DOS. Como resultado, um script Bash ou ksh sendo executado em uma máquina Unix será executado identicamente no Windows, mas a linha de comando que ele passará para a Java será interpretada incorretamente.

Alternativamente, David Korn (famoso pelo shell Korn) reuniu um pacote chamado UWIN. Ele tem os mesmos objetivos da distribuição do Cygwin – é um ambiente de desenvolvimento Unix no Windows. O UWIN vem com uma versão do shell Korn. Versões comerciais estão disponíveis na Global Technologies, Ltd. [URL 30]. Além disso, a AT&T permite o download gratuito do pacote para avaliação e uso acadêmico. Novamente, leia sua licença antes de usar.

Por fim, Tom Christiansen está (no momento em que este texto foi redigido) reunindo o *Perl Power Tools*, uma tentativa de implementar de maneira portável em Perl todos os utilitários Unix familiares [URL 32].

As seções relacionadas são:
- *Automação onipresente,* página 252

Desafios
- Há alguma coisa que você esteja fazendo manualmente hoje em dia em uma GUI? Costuma passar instruções para colegas que envolvam várias etapas individuais "clique nesse botão", "selecione esse item"? Elas poderiam ser automatizadas?
- Sempre que passar para um novo ambiente, não deixe de ver que shells estão disponíveis. Veja se consegue trazer seu shell atual com você.
- Examine alternativas a seu shell atual. Se encontrar um problema que seu shell não consiga resolver, veja se um shell alternativo lidaria melhor com isso.

16 | EDIÇÃO AVANÇADA

Falamos anteriormente sobre as ferramentas serem uma extensão de suas mãos. Bem, isso se aplica aos editores mais do que a qualquer outra ferramenta de software. Você tem de poder manipular texto com o menor esforço possível, porque o texto é a matéria-prima básica da programação. Examinemos alguns recursos comuns que o ajudarão a tirar o máximo de seu ambiente de edição.

Um único editor

Achamos melhor conhecer um único editor muito bem e usá-lo em todas as tarefas de edição: código, documentação, memorandos, administração de sistemas e assim por diante. Sem um editor exclusivo, você se verá diante de uma possível Babel dos tempos modernos. Pode ter de usar o editor embutido no IDE de cada linguagem para codificar, um produto de escritório "tudo-em-um" para a documentação e talvez um editor embutido diferente para enviar email. Até mesmo os pressionamentos de teclas que usar para editar linhas de comando no shell podem ser diferentes.[4] Será difícil ser proficiente em qualquer um desses ambientes se você tiver um conjunto diferente de comandos e convenções de edição em cada um.

Você tem de ser proficiente. Apenas digitar linearmente e usar um mouse para recortar e colar não é o bastante. Dessa maneira, simplesmente não dá para ser tão eficiente quanto você poderia ser com um editor poderoso sob seus dedos. Pressionar (←) ou (BACKSPACE) 10 vezes para mover o cursor para a esquerda até o começo de uma linha não é tão eficiente quanto pressionar uma única tecla como (^A), (HOME) ou (0).

> **DICA 22**
> Use um único editor bem

Selecione um editor, conheça-o integralmente e use-o para todas as tarefas de edição. Se você usar um único editor (ou conjunto de atalhos de teclado) em todas as atividades de edição de texto, não terá de parar e pensar para poder manipular texto: os pressionamentos de teclas necessários se-

---

[4] O ideal é que o shell que você usar tenha atalhos de teclado que coincidam com os usadas por seu editor. O Bash, por exemplo, dá suporte a atalhos de teclado tanto do vi quanto do emacs.

rão um reflexo. O editor será uma extensão de suas mãos; você só ouvirá o barulho das teclas enquanto elas acompanham o texto e o raciocínio. Esse é nosso objetivo.

Verifique se o editor escolhido está disponível em todas as plataformas que você usa. O emacs, vi, CRISP, Brief e outros editores estão disponíveis em várias plataformas, geralmente em versões tanto de GUI quanto sem GUI (tela de texto).

Recursos do editor

Além dos recursos que você acha particularmente úteis e confortáveis, aqui estão alguns recursos básicos que achamos que todo editor decente deve ter. Se seu editor for deficiente em alguma dessas áreas, talvez seja hora de considerar o uso de um mais avançado.

- **Configurável.** Todos os aspectos do editor devem ser configuráveis de acordo com suas preferências, inclusive fontes, cores, tamanhos de janela e atalhos de teclado (que teclas executam quais comandos). Usar apenas pressionamentos de teclas para operações de edição comuns é mais eficiente do que comandos baseados em menu ou no mouse, porque suas mãos nunca sairão do teclado.
- **Extensível.** Um editor não deve se tornar obsoleto só porque surgiu uma nova linguagem de programação. Ele deve se integrar a qualquer ambiente de compilação que você estiver usando. Você tem de poder "ensinar" a ele as nuances de qualquer nova linguagem ou formato de texto (XML, HTML versão 9 e assim por diante).
- **Programável.** Você tem de poder programar o editor para executar tarefas complexas de várias etapas. Isso pode ser feito com macros ou com uma linguagem de programação de scripts embutida (o emacs usa uma variante do Lisp, por exemplo).

Além disso, muitos editores dão suporte a recursos que são específicos de uma determinada linguagem de programação, como:

- Realce de sintaxe
- Autoconclusão
- Autorrecuo
- Texto padronizado inicial de código ou documento
- Conexão com recursos de ajuda
- Recursos como os dos IDE (compilação, depuração e assim por diante)

```
import java.util.Vector;      emacs: M-x sort-lines      import java.awt.*;
import java.util.Stack;                                  import java.net.URL;
import java.net.URL;                                     import java.util.Stack;
import java.awt.*;            vi: :.,+3!sort             import java.util.Vector;
```

Figura 3.1   Classificando linhas em um editor.

Um recurso como o realce de sintaxe pode soar como um complemento banal, mas pode ser muito útil e melhorar sua produtividade. Uma vez que você se acostumar a ver as palavras-chave aparecerem em uma cor ou fonte diferente, uma palavra-chave digitada errado que *não* aparecer dessa forma ganhará destaque bem antes de você acionar o compilador.

Poder compilar e navegar diretamente até os erros dentro do ambiente do editor é muito prático em grandes projetos. O emacs em particular é adepto desse estilo de interação.

Produtividade

Um número surpreendente de pessoas que conhecemos usa o utilitário "bloco de notas" do Windows para editar seu código-fonte. Isso é como usar uma colher de chá como enxada – apenas digitar e usar o recurso de recortar e colar baseado no mouse não é suficiente.

Que tipo de coisas você terá de fazer que *não* possam ser feitas dessa forma?

Bem, para começar, há a movimentação do cursor. Pressionamentos de teclas exclusivos que o conduzam em unidades de palavras, linhas, blocos ou funções são muito mais eficientes do que pressionar repetidamente uma tecla que o mova caractere a caractere ou linha a linha.

Ou suponhamos que você estivesse escrevendo código Java. Você gosta de manter suas instruções `import` em ordem alfabética e outra pessoa inseriu alguns arquivos que não usam esse padrão (talvez pareça exagero, mas em um grande projeto pode lhe economizar muito tempo ao percorrer uma longa lista de instruções `import`). Você gostaria de percorrer rapidamente alguns arquivos e classificar uma pequena seção deles. Em editores como o vi e o emacs é fácil fazer isso (consulte a Figura 3.1). Mas tente no bloco de notas.

Alguns editores podem ajudar a simplificar operações comuns. Por exemplo, quando você criasse um novo arquivo em uma linguagem específica, o editor poderia lhe fornecer um modelo. Ele poderia incluir:

- Fornecimento do nome da classe ou módulo (derivado do nome do arquivo)
- Seu nome e/ou declarações de direitos autorais
- Esqueletos de estruturas dessa linguagem (declarações de construtor e destruidor, por exemplo)

Outro recurso útil é o autorrecuo. Em vez de ser preciso recuar manualmente (usando espaço ou tabulação), o editor recua automaticamente para você na hora apropriada (após a digitação de uma chave de abertura, por exemplo). A parte interessante desse recurso é que você pode usar o editor para dar um estilo de recuo consistente a seu projeto.[5]

Para onde ir daqui

Esse tipo de conselho é particularmente difícil de dar, porque praticamente todos os leitores têm um nível diferente de familiaridade e experiência com o(s) editor(es) que estão usando atualmente. Portanto, para resumir, e para fornecer uma noção de para onde ir a seguir, encontre seu perfil na coluna esquerda da tabela e examine na coluna direita o que achamos que você deve fazer.

Se isso tem a sua cara...	*Então tente...*
Só uso recursos básicos de muitos editores diferentes.	Selecionar um editor poderoso e aprender a usá-lo com destreza.
Tenho um editor favorito, mas não uso todos os seus recursos.	Aprender a usá-los. Reduza a quantidade de teclas que você tem de pressionar.
Tenho um editor favorito e uso-o onde possível.	Expandir isso e usar para mais tarefas do que já usa.
Acho que você é maluco. O bloco de notas é o melhor editor já criado.	Contanto que você esteja feliz e seja produtivo, use-o! Mas, se perceber que está sentindo "inveja" de outros editores, talvez tenha de reavaliar sua posição.

---

[5] O kernel do Linux foi desenvolvido dessa forma. Aqui, você tem desenvolvedores geograficamente dispersos, muitos trabalhando nos mesmos trechos de código. Há uma lista de configurações publicada (nesse caso, para o emacs) que descreve o estilo de recuo requerido.

Que editores estão disponíveis?

Tendo recomendado que você domine um editor decente, qual recomendamos? Bem, vamos nos esquivar dessa pergunta; a escolha do editor é pessoal (alguém poderia dizer sagrada!). No entanto, no Apêndice A, página 288, listamos vários editores populares e onde obtê-los.

Desafios

- Alguns editores usam linguagens prontas para a personalização e a criação de scripts. O emacs, por exemplo, usa o Lisp. Como uma das novas linguagens que você vai aprender neste ano, aprenda a linguagem que seu editor usa. Para qualquer coisa que perceber que está fazendo repetidamente, desenvolva um conjunto de macros (ou algo equivalente) para manipular isso.
- Você sabe o que seu editor pode fazer? Pergunte a seus colegas que usam o mesmo editor. Tente executar uma determinada tarefa com o menor número de teclas possível.

17 CONTROLE DO CÓDIGO-FONTE

Em vez de advir da mudança, o progresso depende da lembrança. Aqueles que não conseguem se lembrar do passado estão condenados a repeti-lo.

George Santayana, *Life of Reason*

Uma das coisas importantes que procuramos em uma interface de usuário é a tecla UNDO – um simples botão que nos redime de nossos erros. É ainda melhor quando o ambiente dá suporte a vários níveis de "desfazer" e "refazer", assim podemos voltar e consertar algo que ocorreu há minutos. Mas, e se o erro ocorreu nesta semana e você ligou e desligou seu computador várias vezes desde então? Bem, esse é um dos muitos benefícios de usar um sistema de controle de código-fonte: é uma tecla UNDO gigante – uma máquina do tempo com abrangência de projeto que pode levá-lo de volta àqueles prósperos dias da semana passada, quando o código era realmente compilado e executado.

Os sistemas de controle de código-fonte, ou os sistemas de *gerenciamento de configurações* que têm escopo mais amplo, registram cada alteração feita no código-fonte e na documentação. Os melhores também podem registrar versões de compilador e sistema operacional. Com um sistema de controle de código-fonte apropriadamente configurado, *você sempre poderá voltar a uma versão anterior de seu software.*

Mas um sistema de controle de código-fonte (SCCS[6], source code control system) faz muito mais do que desfazer erros. Um bom SCCS permitirá que você rastreie alterações e responda perguntas como: "Quem fez alterações nessa linha de código?", "Qual é a diferença entre a versão atual e a da última semana?", "Quantas linhas de código alteramos nessa versão?", "Que arquivos foram alterados com mais frequência?". Esse tipo de informação é inestimável para fins de rastreio de erros, auditoria, desempenho e qualidade.

Um SCCS também permitirá que você identifique versões de seu software. Uma vez identificada, você sempre poderá voltar e gerar novamente a versão, independente das alterações que possam ter ocorrido posteriormente.

Com frequência, usamos um SCCS para gerenciar ramificações da árvore de desenvolvimento. Por exemplo, uma vez que você tiver lançado algum software, provavelmente vai querer continuar a desenvolvê-lo visando a uma próxima versão. Ao mesmo tempo, terá de lidar com erros na versão atual, enviando versões corrigidas para os clientes. Você vai querer que essas correções de erros se estendam à próxima versão (se apropriado), mas não vai querer enviar código em desenvolvimento para os clientes. Com um SCCS, poderá gerar ramificações da árvore de desenvolvimento sempre que gerar uma versão. Você poderá aplicar correções de erros a códigos da ramificação e continuar o desenvolvimento no tronco principal. Já que as correções de erros também podem ser relevantes para o tronco principal, alguns sistemas permitem que alterações selecionadas na ramificação sejam mescladas ao tronco principal automaticamente.

Os sistemas de controle de código-fonte podem manter os arquivos que armazenam em um depósito central – um ótimo candidato a arquivo-morto.

Para concluir, alguns produtos podem permitir que dois ou mais usuários trabalhem concorrentemente no mesmo conjunto de arquivos, até mesmo fazendo alterações concorrentes no mesmo arquivo. O sistema gerenciará então a mesclagem dessas alterações quando os arquivos forem enviados de volta ao depósito. Embora pareça arriscado, na prática esses sistemas funcionam bem em projetos de todos os tamanhos.

---

[6] Usamos as letras maiúsculas SCCS para nos referir a sistemas de controle de código-fonte genéricos. Também há um sistema específico chamado "sccs", originalmente lançado com o System V Unix da AT&T.

> **DICA 23**
> Use sempre o controle do código-fonte

Sempre. Mesmo se você for uma equipe de uma pessoa em um projeto de uma semana. Mesmo no caso de um protótipo "descartável". E mesmo se aquilo em que você estiver trabalhando não for código-fonte. Certifique-se de que *tudo* esteja sob o controle do código-fonte – documentação, listas telefônicas, memorandos para fornecedores, makefiles, procedimentos de construção e lançamento, aquele pequeno script de shell que grava o CD mestre – tudo. Usamos rotineiramente o controle de código-fonte em praticamente tudo que digitamos (inclusive o texto deste livro). Mesmo se não estivermos trabalhando em um projeto, nosso trabalho diário fica protegido em um depósito.

O controle do código-fonte e as construções

Há um ótimo benefício oculto em se ter um projeto inteiro sob a tutela de um sistema de controle de código-fonte: você pode ter construções de produto que sejam *automáticas* e *repetíveis*.

O mecanismo de construção do projeto pode extrair a fonte mais recente do depósito automaticamente. Ele pode ser executado no meio da noite após todos (esperamos) terem ido para casa. Você pode executar testes de regressão automáticos para verificar se a codificação do dia não estragou nada. A automação da construção assegura consistência – não há procedimentos manuais, e você não precisará que os desenvolvedores se lembrem de copiar código em alguma área de construção especial.

A construção é repetível porque você sempre poderá reconstruir a fonte na forma em que ela estava em uma data específica.

Mas minha equipe não está usando controle de código-fonte

Que vergonha! Soa como uma oportunidade de evangelização! No entanto, enquanto você espera que eles vejam a luz, talvez devesse implementar seu próprio controle de fonte privado. Use uma das ferramentas disponíveis gratuitamente que listamos no Apêndice A e ganhe pontos mantendo seu trabalho pessoal seguramente guardado em um depósito (além de fazer o que seu projeto requer). Embora possa parecer duplicação de trabalho, podemos garantir que isso lhe economizará aborrecimentos (e economizará o dinheiro de seu projeto) na primeira vez em que tiver de responder a perguntas como "o que fez com o módulo *xyz*?" e "o que estragou a construção?". Essa abordagem também pode ajudar a convencer sua gerência de que o controle do código-fonte realmente funciona.

Não esqueça que um SCCS é igualmente aplicável às coisas que você faz fora do trabalho.

Produtos de controle de código-fonte

O Apêndice A, página 271, fornece URLs de alguns tipos de sistemas de controle de código-fonte, alguns comerciais e outros disponíveis gratuitamente. Muitos outros produtos estão disponíveis – procure ponteiros para as FAQ de gerenciamento de configurações. Para ver uma introdução ao sistema de controle de versões CVS disponível gratuitamente, leia nosso livro *Pragmatic Version Control* [TH03].

As seções relacionadas são:
- *Ortogonalidade,* página 56
- *O poder do texto simples,* página 95
- *Tudo se resume a escrever,* página 270

Desafios
- Mesmo se não puder usar um SCCS no trabalho, instale o RCS ou o CVS em um sistema pessoal. Use-o para gerenciar seus projetos favoritos, documentos que redigir e (possivelmente) alterações na configuração aplicadas ao próprio sistema de computador.
- Examine alguns dos projetos de fonte aberta para os quais arquivos acessíveis publicamente estão disponíveis na Web (como o Mozilla, [URL 51], o KDE [URL 54] e o Gimp [URL 55]). Como você pode obter atualizações da fonte? Como pode fazer alterações – o projeto regula o acesso ou avalia a inclusão de alterações?

18 DEPURANDO

*É algo incômodo
Olhar para seus próprios problemas e saber
Que ninguém além de você mesmo os criou*

Sófocles, *Ajax*

A palavra *bug* tem sido usada para descrever um "objeto de terror" desde o século XIV. A contra-almirante Dra. Grace Hopper, a inventora do COBOL, é creditada por ter encontrado o primeiro *bug de computador* – literalmente, uma traça capturada em um relé de um sistema de computador antigo. Quando solicitado a explicar porque a máquina não estava se comportando como deveria, um técnico relatou que havia "um bug no sistema" e obedientemente colou-o com fita adesiva – asas e tudo – no livro de registros.

Lamentavelmente, ainda temos "bugs" no sistema, embora não do tipo voador. Mas o significado da palavra no século XIV – um fantasma – talvez seja ainda mais aplicável agora. Defeitos no software se manifestam de várias maneiras, de requisitos mal compreendidos a erros de codificação. Infelizmente, os sistemas de computador modernos ainda estão limitados a fazer o que *pedimos* que eles façam e não necessariamente o que *queremos* que façam.

Ninguém cria software perfeito, portanto, a depuração ocupará grande parte de seu dia. Examinemos algumas das questões envolvidas na depuração e algumas estratégias gerais para a descoberta de bugs esquivos.

Psicologia da depuração

A própria depuração é um assunto delicado e incômodo para muitos desenvolvedores. Em vez de vê-la sendo enfrentada como um enigma a ser resolvido, você pode encontrar recusa, transferência de culpa, desculpas esfarrapadas ou apenas pura apatia.

Aceite o fato de que a depuração é apenas *resolução de problemas* e encare-a como tal.

Tendo encontrado um bug causado por outra pessoa, você pode gastar tempo e energia culpando o descuidado que o criou. Em alguns locais de trabalho, isso faz parte da cultura e pode ser catártico. No entanto, no aspecto técnico, você tem de se concentrar em corrigir o problema e não em encontrar o culpado.

> **DICA 24**
> Corrija o problema, esqueça o culpado

Não importa se você ou outra pessoa foi o culpado pelo bug. Ele continuará sendo seu problema.

Uma mentalidade para a depuração

A pessoa mais fácil de enganar é a si mesmo.

Edward Bulwer-Lytton, *The Disowned*

Antes de começar a depurar, é importante adotar a mentalidade correta. Você tem de desarmar muitas das defesas que usa diariamente para proteger seu ego, estar preparado para qualquer pressão que possa estar sofrendo no projeto e se sentir confortável. Acima de tudo, lembre-se da primeira regra da depuração:

> **DICA 25**
> Não entre em pânico

É fácil entrar em pânico, principalmente se você estiver diante do fim de um prazo ou tiver um chefe nervoso ou um cliente lhe cobrando enquanto tenta encontrar a causa do bug. Mas é muito importante manter a calma e *pensar* realmente no que poderia estar causando os sintomas que você acha que indicam um bug.

Se sua primeira reação ao encontrar um bug ou ouvir o relato de um bug é "isso é impossível", é claro que está equivocado. Não gaste nem mesmo um neurônio na linha de raciocínio que começa com "mas isso não pode acontecer", porque é óbvio que *pode*, e aconteceu.

Cuidado com a miopia ao depurar. Resista ao ímpeto de corrigir apenas os sintomas que está vendo; é mais provável que a falha real esteja bem longe daquilo que você está observando e pode envolver outras coisas relacionadas. Tente sempre descobrir a causa raiz de um problema e não apenas um aspecto específico dele.

Onde começar

Antes de *começar* a examinar o bug, certifique-se de estar trabalhando em um código que tenha sido totalmente compilado – sem avisos. Configuramos rotineiramente os níveis de aviso do compilador o mais alto possível. Não faz sentido perder tempo tentando encontrar um problema que o compilador não pôde encontrar para você! Temos de nos concentrar nos problemas mais difíceis que estejam ocorrendo.

Ao tentar resolver qualquer problema, é preciso coletar todos os dados relevantes. Infelizmente, a descoberta de bugs não é uma ciência exata. É fácil ser enganado por coincidências e você não pode se dar ao luxo de perder tempo depurando coincidências. Acima de tudo, tem de ser preciso em suas observações.

A precisão nos relatos de bugs é ainda menor quando eles são comunicados por terceiros – você pode ter de *observar* realmente o usuário que relatou o bug em ação para obter um nível de detalhe satisfatório.

Houve uma ocasião em que Andy trabalhou em um grande aplicativo gráfico. Perto do lançamento, os testadores relataram que o aplicativo falhava sempre que eles desenhavam um traço com um pincel específico. O programador responsável afirmou que não havia nada errado com o aplicativo: ele tinha tentado usá-lo para desenhar e tudo funcionou como deveria. Esse diálogo ocorreu repetidamente por vários dias, com os humores se alterando rapidamente.

Finalmente, conseguimos reuni-los na mesma sala. O testador selecionou a ferramenta "pincel" e desenhou um traço do canto superior direito ao canto inferior esquerdo. O aplicativo travou. "Oh", disse o programador, com uma voz fraca, e então admitiu timidamente que tinha feito testes com traços somente do canto inferior esquerdo ao canto superior direito, o que não expôs o bug.

Há dois pontos importantes nessa história:

- Você pode ter de entrevistar o usuário que relatou o bug para coletar mais dados do que recebeu inicialmente.
- Testes artificiais (como o traço único com o pincel feito pelo programador de baixo para cima) não exercitam um aplicativo suficientemente. Você deve testar exaustivamente tanto condições limítrofes quanto padrões de uso realistas do usuário final. Tem de fazer isso sistematicamente (consulte *Testando incansavelmente*, página 259).

Estratégias de depuração

Uma vez que *você* achar que sabe o que está ocorrendo, é hora de descobrir o que o *programa* acha que está ocorrendo.

> **Reprodução de bugs**
>
> Não, nossos bugs não estão se multiplicando realmente (embora alguns possam ser velhos o suficiente para fazê-lo legalmente). Estamos falando sobre um tipo diferente de reprodução.
>
> A melhor maneira de começar a corrigir um bug é torná-lo reprodutível. Afinal, se você não puder reproduzi-lo, como saberá se um dia ele será corrigido?
>
> Mas queremos mais do que um bug que possa ser reproduzido ao seguirmos alguma longa série de etapas; queremos um bug que possa ser reproduzido com um *único comando*. É muito mais difícil corrigir um bug quando temos de percorrer 15 etapas para chegar ao ponto em que ele aparece. Às vezes, ao forçar o isolamento das circunstâncias que exibem o bug, obtemos uma percepção ainda maior de como corrigi-lo.
>
> Consulte *Automação onipresente*, página 252, para ver outras ideias equivalentes.

Visualize seus dados

Com frequência, a maneira mais fácil de saber o que um programa está fazendo – ou o que ele vai fazer – é dar uma boa olhada nos dados com os quais ele está operando. O exemplo mais simples disso é uma abordagem direta do tipo "nome da variável – valor dos dados", que pode ser implementada como texto impresso ou como campos na lista ou caixa de diálogo de uma GUI.

Mas você pode obter uma percepção muito mais profunda de seus dados usando um depurador que lhe permita *visualizar* os dados e todos os relacionamentos existentes entre eles. Há depuradores que podem representar dados como uma vista aérea em 3D em uma paisagem de realidade virtual, como um gráfico em forma de onda em 3D ou apenas na forma de simples diagramas estruturais, como mostrado na Figura 3.2 da próxima página. À medida que você percorrer seu programa passo a passo, visões como essas podem valer muito mais do que mil palavras, já que o bug que estava procurando se mostrará repentinamente.

Mesmo se seu depurador der suporte limitado à visualização de dados, você ainda pode fazer isso por sua própria conta – manualmente, com papel e lápis ou com programas de plotagem externos.

O depurador DDD tem alguns recursos de visualização e está disponível gratuitamente (consulte [URL 19]). É interessante notar que o DDD funcio-

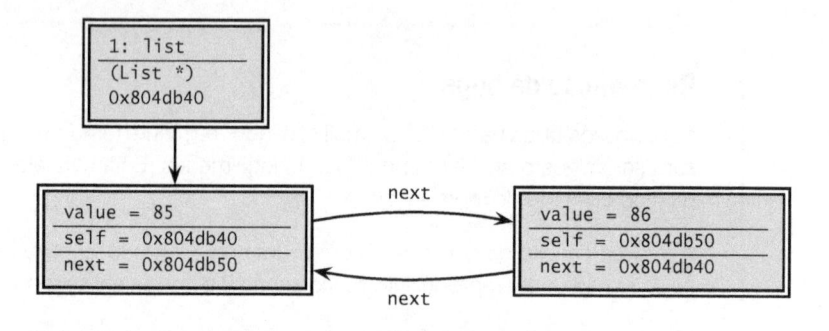

```
┌─────────────┐
│ 1: list     │
│  (List *)   │
│  0x804db40  │
└─────────────┘
       │
       ▼                next
┌──────────────────┐  ────────▶  ┌──────────────────┐
│ value = 85       │              │ value = 86       │
│ self  = 0x804db40│              │ self  = 0x804db50│
│ next  = 0x804db50│  ◀────────   │ next  = 0x804db40│
└──────────────────┘    next      └──────────────────┘
```

Figura 3.2 Exemplo de diagrama de depurador com uma lista encadeada circular. As setas representam ponteiros que conduzem a nós.

na com várias linguagens, inclusive Ada, C, C++, Fortran, Java, Modula, Pascal, Perl e Python (é claramente um projeto ortogonal).

Rastreando

Geralmente, os depuradores enfocam o estado do programa *agora*. Às vezes, precisamos de mais – você tem de observar o estado de um programa ou uma estrutura de dados com o tempo. Ver um rastreamento de pilha só pode lhe mostrar como você chegou aqui diretamente. Não pode lhe mostrar o que estava fazendo antes dessa cadeia de chamadas, principalmente em sistemas baseados em eventos.

Instruções de rastreamento são aquelas pequenas mensagens de diagnóstico que você envia para a tela ou para um arquivo e que dizem coisas como "cheguei aqui" e "valor de x = 2". É uma técnica primitiva comparada com os depuradores de estilo IDE, mas é particularmente eficaz em diagnosticar vários tipos de erros que os depuradores não conseguem. O rastreamento é inestimável em qualquer sistema em que o próprio tempo seja um fator relevante: processos concorrentes, sistemas de tempo real e aplicativos baseados em eventos.

Você pode usar instruções de rastreamento para fazer "drill down" no código. Isto é, pode adicionar instruções de rastreamento à medida que desce pela árvore de chamadas.

As mensagens de rastreamento devem estar em um formato regular consistente; você pode querer analisá-las automaticamente. Por exemplo, se tivesse de rastrear uma perda de recursos (como aberturas/fechamentos de arquivo desbalanceados), poderia rastrear cada instrução open e cada instrução close de um arquivo de log. Processando o arquivo de log com

> **Variáveis corrompidas? Verifique a vizinhança**
>
> Em algumas situações, você examinará uma variável, esperando ver um pequeno valor inteiro – e, em vez disso, verá algo como 0x6e69614d. Antes de arregaçar as mangas e começar uma depuração rigorosa, dê uma olhada rápida na memória próxima a essa variável corrompida. Geralmente, ela dá uma pista. Em nosso caso, a verificação da memória próxima na forma de caracteres nos mostrou
>
> ```
> 20333231 6e69614d 2c745320 746f4e0a
>  1 2 3    M a i n   S t ,  \n N o t
> 2c6e776f 2058580a 31323433 00000a33
>  o w n ,  \n X X   3 4 2 1  3\n\0\0
> ```
>
> Parece que alguém enxertou um endereço acima de nosso contador. Agora sabemos onde olhar.

Perl, poderia identificar facilmente onde a instrução open inadequada estaria ocorrendo.

Rubber ducking

Uma técnica muito fácil, mas particularmente útil, para encontrar a causa de um problema é explicá-lo para alguém. A outra pessoa deve olhar para a tela por cima de seus ombros e balançar a cabeça constantemente (como um pato de borracha subindo e descendo nas águas de uma banheira). Ela não precisa dizer nenhuma palavra; o simples ato de explicar, passo a passo, como o código deve agir costuma fazer o problema saltar da tela e se anunciar.[7]

Parece simples, mas, ao explicar o problema para outra pessoa, você terá de declarar explicitamente coisas que tomou como aceitáveis quando você mesmo percorreu o código. Ao verbalizar algumas dessas suposições, pode repentinamente obter uma nova percepção do problema.

---

[7] Por que "rubber ducking"? Quando era um estudante no Imperial College em Londres, Dave trabalhou muito com um assistente de pesquisa chamado Greg Pugh, um dos melhores desenvolvedores que ele conheceu. Por vários meses, Greg andou com um pequeno pato de borracha (rubber duck) amarelo, que ele colocava em seu terminal enquanto codificava. Levou algum tempo até Dave ter coragem para perguntar por que...

Processo de eliminação

Na maioria dos projetos, o código em depuração pode ser uma combinação de código de aplicativo escrito por você e outras pessoas de sua equipe de projeto, produtos de terceiros (banco de dados, conectividade, bibliotecas gráficas, algoritmos ou comunicações especializados e assim por diante) e o ambiente da plataforma (sistema operacional, bibliotecas do sistema e compiladores).

É possível que exista um bug no sistema operacional, no compilador ou em um produto de terceiros – mas esse não deve ser seu primeiro palpite. É muito mais provável que o bug esteja no código do aplicativo em desenvolvimento. Geralmente, é mais lucrativo assumir que o código do aplicativo está chamando incorretamente uma biblioteca do que assumir que a própria biblioteca apresenta falhas. Mesmo se o problema for *realmente* de terceiros, você ainda terá de descartar seu código antes de enviar o relatório de erro.

Trabalhamos em um projeto em que um engenheiro sênior estava convencido de que a chamada de sistema `select` estava com defeito no Solaris. Não havia elementos de persuasão ou lógica suficientes que o fizessem mudar de ideia (o fato de que todos os outros aplicativos de rede da máquina estavam funcionando bem era irrelevante). Ele passou semanas criando soluções, que, por alguma razão desconhecida, não pareciam corrigir o problema. Quando finalmente se viu forçado a se sentar e ler a documentação sobre `select`, descobriu o problema e o corrigiu em questão de minutos. Agora, usamos a expressão "select está com defeito" como um lembrete sutil sempre que um de nós começa a culpar o sistema por uma falha que provavelmente é nossa.

> **DICA 26**
> "select" não está com defeito

Lembre-se, se encontrar pegadas feitas por cascos, pense em cavalos – não em zebras. Provavelmente, o sistema operacional não está com defeito. E o banco de dados deve estar funcionando bem.

Se você "alterou apenas uma coisa" e o sistema parou de funcionar, provavelmente essa única coisa é a responsável, direta ou indiretamente, não importa o quanto não pareça possível. Às vezes, não podemos controlar o que mudou: novas versões do sistema operacional, compilador, banco de dados ou outro software de terceiros podem danificar um código anteriormente correto. Novos bugs podem surgir. Bugs para os quais você tinha definido uma solução podem contornar a solução. APIs mudam, funcionalidades mudam; resumindo, é uma situação inteiramente nova e você deve testar mais uma vez o sistema sob essas novas condições. Portanto, examine bem o cronograma ao considerar uma atualização; talvez queira deixar para *depois* da próxima versão.

Se, no entanto, você não tiver um local óbvio para começar a procurar, sempre poderá confiar na velha e boa busca binária. Veja se os sintomas estão presentes em dois locais distantes do código. Então, olhe no meio deles. Se o problema estiver presente, o bug estará entre o ponto inicial e o intermediário; caso contrário, estará entre o ponto intermediário e o final. Você pode continuar a agir assim até estreitar o local suficientemente para identificar o problema.

O elemento surpresa

Quando for surpreendido por um bug (talvez até mesmo murmurando "isso é impossível" contidamente onde não possamos ouvi-lo), você deve reavaliar verdades que ache incontestáveis. Naquela rotina de lista encadeada – a que você sabia que era à prova de falha e não poderia ser a causa desse bug – você testou *todas* as condições limítrofes? Aquele outro código que você vem usando há anos – não é possível que ainda haja um bug nele. Ou é?

É claro que é. O tamanho do susto que tomamos quando algo dá errado é diretamente proporcional ao nível de confiança e fé que temos no código que está sendo executado. É por isso que, quando diante de uma falha "surpresa", você deve perceber que está errado em uma ou mais de suas suposições. Não ignore uma rotina ou bloco de código envolvido no bug porque "sabe" que ele funciona. Teste-o. Teste-o *nesse* contexto, com *esses* dados, com *essas* condições limítrofes.

> **DICA 27**
> Não suponha – teste

Ao deparar com um bug inesperado, além de corrigi-lo, você precisa determinar por que essa falha não foi detectada antes. Considere se é preciso aperfeiçoar os testes de unidade ou outros testes de um modo que eles pudessem tê-la detectado.

Além disso, se o bug for resultado de dados inválidos que foram propagados por vários níveis antes de causar o dano, veja se uma melhor verificação de parâmetros nessas rotinas o teria isolado antes (consulte as discussões sobre encerramento antecipado e asserções nas páginas 144 e 146, respectivamente).

Aproveitando o ensejo, há algum outro local no código que seja suscetível a esse mesmo bug? Essa é a hora de encontrar e corrigi-los. Certifique-se de que, o que quer que tenha ocorrido, você saiba se ocorrer novamente.

Se a correção desse bug demorou, pergunte a si próprio por que demorou. Há algo que você possa fazer para tornar a correção desse bug mais fácil na próxima vez? Talvez você pudesse construir ganchos de teste melhores ou criar um analisador de arquivos de log.

Para concluir, se o bug foi resultado da suposição errada de alguém, discuta o problema com a equipe toda: se uma pessoa entendeu mal, pode ocorrer com outras pessoas.

Faça tudo isso e não deve ser pego de surpreso da próxima vez.

Lista de verificação da depuração

- O problema que está sendo relatado é resultado direto do bug subjacente ou um sintoma?
- O bug está *realmente* no compilador? Está no sistema operacional? Ou está em seu código?
- Se fosse explicar esse problema detalhadamente para um colaborador, o que você diria?
- Se o código suspeito passa em seus testes de unidade, os testes estão suficientemente completos? O que acontece quando você executa o teste de unidade com *esses* dados?
- As condições que causaram esse bug estão presentes em outro local do sistema?

As seções relacionadas são:
- *Programação assertiva*, página 144
- *Programação baseada no acaso*, página 194
- *Automação onipresente*, página 252
- *Testando incansavelmente*, página 259

Desafios
- Depurar já é desafio suficiente.

19 MANIPULAÇÃO DE TEXTO

Programadores pragmáticos manipulam texto da mesma forma que marceneiros modelam a madeira. Em seções anteriores, discutimos algumas ferramentas específicas – shells, editores, depuradores – que usamos. Elas são semelhantes aos formões, serrotes e plainas de um marceneiro – ferramentas especializadas que realizam bem uma ou duas tarefas. No entanto, de vez em quando temos de fazer alguma transformação não prontamente manipulável pelo conjunto básico de ferramentas. Precisamos de uma ferramenta de manipulação de texto de uso geral.

As linguagens de manipulação de texto são para a programação o que as fresas são para a marcenaria. São ruidosas, complicadas e usam um pouco de força bruta. Cometa erros com elas e peças inteiras podem ficar arruinadas. Algumas pessoas acham que não há lugar para elas na caixa de ferramentas. Mas, nas mãos certas, tanto as fresas quanto as linguagens de manipulação de texto podem ser incrivelmente poderosas e versáteis. Você pode dar rapidamente um bom acabamento em algo, encaixar coisas e modelar. Usadas apropriadamente, essas ferramentas têm destreza e sutileza surpreendentes. Mas leva tempo dominá-las.

Há um número cada vez maior de boas linguagens de manipulação de texto. Geralmente, desenvolvedores do Unix gostam de usar o poder de seus shells de comando, ampliado com ferramentas como o awk e o sed. Pessoas que preferem uma ferramenta mais estruturada gostam da natureza orientada a objetos da linguagem Python [URL 9]. Algumas pessoas usam o Tcl [URL 23] como sua ferramenta preferida. Em nosso caso, preferimos usar Ruby [TFH04] e Perl [URL 8] para criar scripts curtos.

Essas linguagens são importantes tecnologias de capacitação. Usando-as, você pode criar rapidamente utilitários e protótipos de ideias – tarefas que poderiam demorar cinco ou 10 vezes mais com o uso de linguagens convencionais. E esse fator multiplicador é crucialmente importante para o tipo de experimentação que fazemos. Gastar 30 minutos testando uma ideia maluca é muito melhor do que gastar cinco horas. Gastar um dia automatizando componentes importantes de um projeto é aceitável; gastar uma semana pode não ser. Em seu livro *The Practice of Programming* [KP99], Kerninghan e Pike construíram o mesmo programa em cinco linguagens diferentes. A versão em Perl foi a mais curta (17 linhas, em comparação com as 150 em C). Com Perl, você pode manipular texto, interagir com programas, conversar através de redes, controlar páginas da Web, executar uma aritmética de precisão arbitrária e escrever programas parecidos com os resmungos do Snoopy.

> **DICA 28**
> Aprenda uma linguagem de manipulação de texto

Para demonstrar a ampla aplicabilidade das linguagens de manipulação de texto, aqui está uma amostra de alguns aplicativos que desenvolvemos nos últimos anos.

- **Manutenção de um esquema de banco de dados.** Um conjunto de scripts Perl demandou um arquivo de texto simples contendo a definição de um esquema de banco de dados e a partir dele gerou:
  - As instruções SQL para a criação do banco de dados
  - Arquivos de dados simples para o preenchimento de um dicionário de dados
  - Bibliotecas de código C para o acesso ao banco de dados
  - Scripts para a verificação da integridade do banco de dados
  - Páginas da Web contendo descrições e diagramas do esquema
  - Uma versão XML do esquema
- **Acesso a propriedades Java.** É bom estilo de programação OO restringir o acesso às propriedades de um objeto, forçando as classes externas a examiná-las e configurá-las por meio de métodos. No entanto, no caso comum em que uma propriedade é representada dentro da classe por uma simples variável-membro, a criação de um método get e set para cada variável é entediante e mecânica. Temos um script Perl que modifica os arquivos-fonte e insere as definições de método corretas para todas as variáveis apropriadamente marcadas.
- **Geração de dados de teste.** Tínhamos dezenas de milhares de registros de dados de teste espalhadas em vários arquivos e formatos diferentes, que precisavam ser reunidas e convertidas em uma forma adequada para a carga em um banco de dados relacional. A linguagem Perl fez isso em algumas horas (e, durante o processo, encontrou alguns erros de consistência nos dados originais).
- **Redação de livros.** Achamos importante que qualquer código apresentado em um livro tenha sido testado primeiro. Grande parte dos

códigos deste livro foi. No entanto, seguindo o princípio *NSR* (consulte *Os males da duplicação,* página 48) não quisemos copiar e colar no livro linhas de código dos programas testados. Isso significaria que o código foi duplicado, praticamente garantindo que deixaríamos de atualizar um exemplo quando o programa correspondente fosse alterado. Em alguns exemplos, também não quisemos incomodá-lo com todo o código estrutural necessário para fazer nosso exemplo ser compilado e executado. Adotamos a linguagem Perl. Um script relativamente simples é chamado na formatação do livro – ele extrai um segmento nomeado de um arquivo-fonte, faz o realce da sintaxe e converte o resultado para a linguagem de composição de tipos que usamos.

- **Interface entre C e Object Pascal.** Um cliente tinha uma equipe de desenvolvedores criando Object Pascal em PCs. Seu código precisava de uma interface com um corpo de código escrito em C. Desenvolvemos um curto script em Perl que analisava os arquivos de cabeçalho C, extraindo as definições de todas as funções exportadas e as estruturas de dados que elas usavam. Em seguida, geramos unidades em Object Pascal com registros em Pascal para todas as estruturas C e importamos definições de procedimentos para todas as funções C. Esse processo de geração se tornou parte da construção, para que sempre que o cabeçalho C mudasse, uma nova unidade Object Pascal fosse construída automaticamente.

- **Gerando documentação da Web.** Muitas equipes de projeto estão publicando sua documentação para sites da Web internos. Escrevemos vários programas Perl que analisam esquemas de bancos de dados, arquivos-fonte C ou C++, makefiles e outras fontes de projeto para produzir a documentação HTML necessária. Também usamos Perl para inserir os documentos entre cabeçalhos e rodapés padrão e para transferi-los para o site da Web.

Usamos linguagens de manipulação de texto quase todo dia. Muitas das ideias deste livro podem ser implementadas mais simplesmente nelas do que em qualquer outra linguagem que conhecemos. Essas linguagens tornam fácil criar geradores de código, o que examinaremos a seguir.

As seções relacionadas são:

- *Os males da duplicação,* página 48

Exercícios

Resposta na p. 307

11. Seu programa C usa um tipo enumerado para representar um entre cem estados. Você gostaria de poder exibir o estado como uma string (e não como um número) para fins de depuração. Escreva um script que leia na entrada padrão um arquivo contendo

```
name
state_a
state_b
  :    :
```

Produza o arquivo *name.h*, que contém

```
extern const char* NAME_names[];
typedef enum {
   state_a,
   state_b,
     :    :
} NAME;
```

e o arquivo *name.c*, que contém

```
const char* NAME_names[] = {
   "state_a",
   "state_b",
     :    :
};
```

Resposta na p. 308

12. Tendo chegado na metade da redação deste livro, percebemos que não tínhamos inserido a diretiva use strict em muitos de nossos exemplos de Perl. Escreva um script que percorra os arquivos .pl de um diretório e adicione uma diretiva use strict no fim do bloco de comentário inicial de todos os arquivos que ainda não tiverem uma. Lembre-se de manter um backup de todos os arquivos que você alterar.

20 GERADORES DE CÓDIGO

Quando marceneiros deparam com a tarefa de produzir a mesma coisa repetidamente, eles trapaceiam. Constroem eles mesmos um gabarito ou um modelo. Se construírem o gabarito corretamente uma vez, poderão reproduzir uma peça repetidamente. O gabarito elimina a complexidade e reduz as chances de ocorrência de erros, deixando o artesão livre para se concentrar na qualidade.

Como programadores, com frequência nos vemos em uma posição semelhante. Temos de obter a mesma funcionalidade, mas em diferentes contextos.

Precisamos repetir informações em diferentes locais. Às vezes, só temos de nos proteger da síndrome do túnel carpal reduzindo a digitação repetitiva.

Da mesma forma que um marceneiro investe tempo em um gabarito, um programador pode construir um gerador de códigos. Uma vez construído, ele pode ser usado durante toda a vida do projeto a praticamente nenhum custo.

> **DICA 29**
> Escreva um código que crie códigos

Há dois tipos principais de geradores de código:

1. Os *geradores de código passivos* são executados uma vez para produzir um resultado. Desse momento em diante, o resultado se torna independente – é separado do gerador de código. Os assistentes discutidos em *Assistentes do mal*, página 220, com algumas ferramentas CASE, são exemplos de geradores de código passivos.

2. Os *geradores de código ativos* são usados sempre que seus resultados são necessários. O resultado é descartável – ele pode ser reproduzido novamente pelo gerador de código. Com frequência, os geradores de código ativos leem algum tipo de script ou arquivo de controle para produzir seus resultados.

Geradores de código passivos

Os geradores de código passivos economizam digitação. São basicamente modelos parametrizados, gerando uma determinada saída a partir de um conjunto de entradas. Uma vez que o resultado é produzido, ele se torna um arquivo-fonte habilitado no projeto; será editado, compilado e colocado sob o controle de fontes como qualquer outro arquivo. Suas origens serão esquecidas.

Os geradores de código passivos têm muitas aplicações:

- *Criação de novos arquivos-fonte*. Um gerador de código passivo pode produzir modelos, diretivas de controle de código-fonte, avisos de direitos autorais e blocos de comentário padrão para cada novo arquivo de um projeto. Nossos editores estão configurados para fazer isso sempre que criamos um novo arquivo: edite um novo programa Java e o novo buffer do editor conterá automaticamente um bloco de comentário, a diretiva do pacote e a declaração de classe padrão, todos preenchidos.

- *Execução de conversões exclusivas* entre linguagens de programação. Começamos a redigir este livro usando o sistema troff, mas mudamos para o LaTeX após 15 seções terem sido concluídas. Criamos um gerador de código que leu a fonte troff e a converteu para LaTeX. Obtivemos perto de 90% de precisão; o resto fizemos manualmente. Esse é um recurso interessante dos geradores de código passivos: eles não têm de ser totalmente precisos. Você pode selecionar o nível de esforço que gastará no gerador de acordo com a energia gasta na correção de suas saídas.

- *Produção de tabelas de pesquisa e outros recursos* de processamento dispendioso no tempo de execução. Em vez de calcular funções trigonométricas, muitos sistemas gráficos antigos usavam tabelas pré-calculadas com valores de seno e cosseno. Normalmente, essas tabelas eram produzidas por um gerador de código passivo e então copiadas na fonte.

Geradores de código ativos

Embora os geradores de código passivos sejam simplesmente uma conveniência, seus equivalentes ativos são uma necessidade se quisermos seguir o princípio *NSR*. Com um gerador de código ativo, você pode pegar a mesma representação de alguma informação e convertê-la em todas as formas que seu aplicativo precisar. Isso *não é* duplicação, porque as formas derivadas são descartáveis e são geradas quando necessário pelo gerador de código (daí a palavra *ativo*).

Sempre que tiver de fazer dois ambientes discrepantes funcionarem em conjunto, você deve considerar o uso de geradores de código ativos.

Você poderia estar desenvolvendo um aplicativo de banco de dados. Aqui, estaria lidando com dois ambientes – o banco de dados e a linguagem de programação que está usando para acessá-lo. Você tem um esquema e precisa definir estruturas de baixo nível que espelhem o layout de certas tabelas do banco de dados. Poderia apenas codificá-las diretamente, mas isso violaria o princípio *NSR*: as informações do esquema seriam expressas em dois locais. Quando o esquema mudasse, você teria de lembrar de alterar o código correspondente. Se uma coluna for removida de uma tabela, mas a base de código não for alterada, talvez você não veja nem mesmo um erro de compilação. Só perceberá algo quando seus testes começarem a falhar (ou quando o usuário chamar).

Uma alternativa é usar um gerador de código ativo – pegue o esquema e use-o para gerar o código-fonte das estruturas, como mostrado na Figura 3.3. Agora, sempre que o esquema mudar, o código usado para acessá-lo também muda-

```
Esquema                                              struct EmployeeRow
• tabela de funcionários        gerador              ...
• tabela de empregadores    →   de código    →       struct EmployerRow
• tabela de benefícios          ativo                ...
  ...                                                struct BenefitRow
                                                     ...
```

Figura 3.3 Gerador de código ativo cria código a partir de um esquema de banco de dados.

rá, automaticamente. Se uma coluna for removida, o campo correspondente na estrutura desaparecerá e qualquer código de nível mais alto que fizer uso dessa coluna não será compilado. Você capturou o erro no tempo de compilação e não na produção. É claro que esse esquema só funcionará se você mesmo fizer a parte do processo de construção referente à geração do código.[8]

Outro exemplo de comunicação entre ambientes com o uso de geradores de código ocorre quando diferentes linguagens de programação são usadas no mesmo aplicativo. Para se comunicar, cada base de código precisará de alguma informação em comum – estruturas de dados, formatos de mensagem e nomes de campos, por exemplo. Em vez de duplicar essas informações, use um gerador de código. Às vezes, é possível analisar as informações fora dos arquivos-fonte de uma linguagem e usá-las para gerar código em uma segunda linguagem. Geralmente, no entanto, é mais fácil expressá-las em uma representação mais simples e neutra em relação à linguagem e gerar o código para as duas linguagens, como mostrado na Figura 3.4 da página seguinte. Consulte também a resposta ao Exercício 13 na página 308 para ver um exemplo de como separar a análise da representação em arquivo simples e a geração de código.

Geradores de código não precisam ser complexos

Toda essa conversa de *ativo* isso e *passivo* aquilo pode levá-lo a pensar que os geradores de código são monstros complexos. Não precisam ser. Normalmente, a parte mais complexa é o analisador, que analisa o arquivo

---

[8] *Como* você pode construir código a partir de um esquema de banco de dados? Há várias maneiras. Se o esquema estiver em um arquivo simples (por exemplo, como instruções create table), um script relativamente simples pode analisá-lo e gerar a fonte. Alternativamente, se você usar uma ferramenta para criar o esquema diretamente no banco de dados, tem de poder extrair as informações que precisa diretamente do dicionário de dados do banco de dados. A linguagem Perl fornece bibliotecas que dão acesso à maioria dos principais bancos de dados.

```
                    # Adiciona um produto
                    # à lista do 'pedido'
                    M AddProduct
                    F id          int
                    F name        char[30]
                    F order_code  int
                    E
```

gera C   *gera Pascal*

```
/* Adiciona um produto */        { Add a product }
/* à lista do 'pedido' */        { to the 'on-order' list }
typedef struct    {              AddProductMsg =    packed record
    int    id;                       id:            LongInt;
    char   name[30];                 name :         array [0..29] of char;
    int    order_code;               order_code:    LongInt;
} AddProductMsg;                 end ;
```

Figura 3.4 Gerando código a partir de uma representação neutra em relação à linguagem. No arquivo de entrada, as linhas que começam com 'M' marcam o início de uma definição de mensagem, as linhas com 'F' definem campos e 'E' é o fim da mensagem.

de entrada. Mantenha o formato da entrada simples e obterá um gerador de código simples. Dê uma olhada na resposta ao Exercício 13 (página 308): a geração de código real se dá basicamente em instruções `print`.

Geradores de código não precisam gerar código

Embora muitos dos exemplos desta seção mostrem geradores de código que produzem fontes de programa, nem sempre isso precisa ocorrer. Você pode usar geradores para criar quase qualquer saída: HTML, XML, texto simples – qualquer texto que possa ser uma entrada em algum local de seu projeto.

As seções relacionadas são:

- *Os males da duplicação,* página 48
- *O poder do texto simples,* página 95
- *Assistentes do mal,* página 220
- *Automação onipresente,* página 252

Exercícios

Resposta na p. 308

13. Crie um gerador de código que pegue o arquivo de entrada da Figura 3.4 e gere saída em duas linguagens à sua escolha. Tente tornar fácil adicionar novas linguagens.

Capítulo **4**

Paranoia Pragmática

> **DICA 30**
> Você não conseguirá criar um software perfeito

Essa afirmação doeu? Não deveria. Aceite-a como um axioma da vida. Abrace-a. Celebre-a. Porque o software perfeito não existe. Ninguém na breve história da computação jamais criou um software perfeito. É improvável que você seja o primeiro. E, a menos que aceite isso como um fato, acabará desperdiçando tempo e energia perseguindo um sonho impossível.

Portanto, dada essa deprimente realidade, como um programador pragmático a transforma em vantagem? É esse o tópico deste capítulo.

Todas as pessoas acham que elas próprias são as únicas que dirigem bem no planeta Terra. O resto do mundo está aí para alcançá-las, passando sinais vermelhos, costurando entre pistas, não sinalizando que vão virar, falando no telefone, lendo o jornal e quase sempre não estando à altura de nossos padrões. Portanto, dirigimos defensivamente. Tentamos prever problemas antes que ocorram, antecipamos o inesperado e nunca nos colocamos em uma posição da qual não possamos nos livrar.

A semelhança com a codificação é bem óbvia. Estamos constantemente interagindo com o código de outras pessoas – códigos que podem não estar à altura de nossos altos padrões – e lidando com entradas que podem ou não ser válidas. Logo, aprendemos a codificar defensivamente. Quando há alguma dúvida, validamos todas as informações que recebemos. Usamos asserções para detectar dados inválidos. Verificamos a consistência, impomos restrições a colunas de bancos de dados e geralmente nos sentimos o máximo.

Mas os programadores pragmáticos levam isso um passo adiante. *Eles também não confiam neles próprios.* Sabendo que ninguém escreve códigos perfeitos, inclusive eles mesmos, os programadores pragmáticos codificam se defendendo contra seus próprios erros. Descrevemos a primeira medida defensiva em *Projeto por contrato*: clientes e fornecedores devem concordar quanto a direitos e responsabilidades.

Em *Programas mortos não contam mentiras*, queremos nos certificar de que não causaremos danos ao eliminar bugs. Portanto, tentamos verificar tudo com frequência e damos o programa por encerrado quando algo dá errado.

Programação assertiva descreve um método fácil de fazer verificações continuamente – escreva códigos que verifiquem ativamente suas suposições.

As exceções, como qualquer outra técnica, podem causar mais danos do que benefícios se não forem usadas apropriadamente. Discutiremos os problemas em *Quando usar exceções*.

À medida que seus programas se tornarem mais dinâmicos, você se verá fazendo malabarismo com os recursos do sistema – memória, arquivos, dispositivos e coisas do tipo. Em *Como balancear recursos*, sugeriremos maneiras de assegurar que você não deixe cair nenhuma das bolas.

Em um mundo de sistemas imperfeitos, cronogramas absurdos, ferramentas risíveis e requisitos impossíveis, o melhor é se precaver.

> *Quando todos estão realmente atrás de você, a paranoia passa a ser uma mentalidade saudável.*
>
> Woody Allen

21 PROJETO POR CONTRATO

Nada surpreende mais os homens do que o senso comum e a boa-fé.

Ralph Waldo Emerson, *Ensaios*

Lidar com sistemas de computador é difícil. Lidar com pessoas é ainda mais difícil. Mas, como espécie, já há muito tempo tivemos de tratar de problemas de interação humana. Algumas das soluções que descobrimos durante os últimos milênios também podem ser aplicadas a criação de software. Uma das melhores soluções para assegurar a boa-fé é o *contrato*.

Um contrato é que definirá seus direitos e responsabilidades, assim como os da outra parte. Além disso, haverá um acordo quanto às repercussões se uma das partes não seguir o contrato.

Talvez você tenha um contrato de trabalho que especifique as horas que trabalhará e as regras de conduta que deve seguir. Como contrapartida, a empresa lhe paga um salário e outras vantagens. Cada parte cumpre suas obrigações e todos saem ganhando.

É uma ideia usada no mundo todo – tanto formal quanto informalmente – para ajudar as pessoas a interagirem. Podemos usar o mesmo conceito para ajudar módulos de software a interagirem? A resposta é "sim".

DBC

Bertrand Meyer [Mey97b] desenvolveu o conceito de *Design by Contract* (Projeto por Contrato) para a linguagem Eiffel.[1] É uma técnica simples porém poderosa que enfoca a documentação (e aceitação) dos direitos e responsabilidades de módulos de software para assegurar a precisão do programa. O que é um programa preciso? Aquele que não faz nem mais nem menos do que alega fazer. A documentação e a verificação dessa alegação é a essência do *Design by Contract* (DBC na abreviação).

Todas as funções e métodos de um sistema de software *fazem algo*. Antes de começar esse *algo*, a rotina deve ter alguma expectativa do estado das coisas e, ao ser concluída, tem de ser capaz de fazer uma afirmação sobre o estado das coisas. Meyer descreve essas expectativas e afirmações como descrito a seguir:

---

[1] Em parte baseado em trabalho anterior de Dijksta, Floyd, Hoare, Wirth e outros. Para obter mais informações sobre a linguagem Eiffel, consulte [URL 10] e [URL 11].

- **Pré-condições.** O que deve ser verdadeiro para a rotina ser chamada; os requisitos da rotina. Uma rotina nunca deve ser chamada se suas pré-condições forem violadas. É responsabilidade do chamador passar dados válidos (consulte a caixa da página 133).
- **Pós-condições.** O que é certo que a rotina fará; o estado das coisas quando a rotina for concluída. O fato de a rotina ter uma póscondição implica que ela *será* concluída: loops infinitos não são permitidos.
- **Invariantes de classe.** Uma classe deve assegurar que essa condição seja sempre verdadeira do ponto de vista de um chamador. Durante o processamento interno de uma rotina, a invariante pode não ser mantida, mas quando a rotina terminar e o controle retornar para o chamador, a invariante deve ser verdadeira. (É bom ressaltar que uma classe não pode conceder acesso de gravação irrestrito para nenhum dado membro que participe da invariante).

Examinemos o contrato de uma rotina que insere um valor de dados em uma lista ordenada. No iContract, um pré-processador para Java disponível em [URL 17], você o especificaria como

```
/**
 * @invariant forall Node n in elements() |
 *    n.prev() != null
 *      implies
 *        n.value().compareTo(n.prev().value()) > 0
 */
public class dbc_list {
  /**
   * @pre contains(aNode) == false
   * @post contains(aNode) == true
   */
  public void insertNode(final Node aNode) {
    // ...
```

Aqui, estamos dizendo que os nós dessa lista devem sempre estar em ordem crescente. Quando você inserir um novo nó, ele não pode já existir, e estamos garantindo que o nó será encontrado após ser inserido.

Você deve escrever essas pré-condições, pós-condições e invariantes na linguagem de programação de destino, talvez com algumas extensões. Por exemplo, o iContract fornece operadores da lógica de predicados – `forall`, `exists` e `implies` – além das estruturas Java comuns. Suas asserções poderão consultar o estado de qualquer objeto que o método possa acessar, mas certifique-se de que a consulta não cause nenhum efeito colateral (consulte a página 146).

> **O DBC e os parâmetros constantes**
>
> Com frequência, uma pós-condição usa parâmetros passados em um método para verificar se um comportamento está correto. Mas, se a rotina tiver permissão para alterar o parâmetro que é passado, você pode ter de burlar o contrato. A linguagem Eiffel não permite que isso ocorra, mas em Java é permitido. Aqui, usamos a palavra-chave Java `final` para indicar nossas intenções de que o parâmetro não deve ser alterado dentro do método. Isso não é à prova de erros – subclasses podem redeclarar o parâmetro como não final. Alternativamente, você pode usar a sintaxe do iContract `variável@pre` para usar o valor original que a variável tinha quando o método foi alcançado.

O contrato entre uma rotina e qualquer possível chamador pode então ser lido como

> *Se todas as pré-condições da rotina forem atendidas pelo chamador, ela deve garantir que todas as pós-condições e invariantes sejam verdadeiras quando for concluída.*

Se uma das partes não cumprir os termos do contrato, uma solução (já combinada) será chamada – uma exceção será lançada ou o programa será encerrado, por exemplo. Independente do que ocorra, não confunda o não cumprimento do contrato com um bug. Não é algo que poderia ocorrer e é por isso que as pré-condições não devem ser usadas na execução de coisas como a validação de entradas de usuário.

> **DICA 31**
> Projete com contratos

Em *Ortogonalidade*, página 56, recomendamos a criação de códigos "cautelosos". Aqui, damos ênfase a um código "preguiçoso": seja rigoroso quanto ao que aceitará antes de começar e prometa o mínimo possível em retorno. Lembre-se, se seu contrato indicar que você aceitará qualquer coisa e prometer o mundo em retorno, você terá de escrever um código enorme!

A herança e o polimorfismo são as bases das linguagens orientadas a objetos e uma área em que os contratos podem realmente se destacar. Suponhamos que você estivesse usando a herança para criar um relacionamento "é-um-tipo-de", em que uma classe "é-um-tipo-de" outra classe. Provavelmente, iria querer aderir ao *Princípio de Substituição de Liskov* [Lis88]:

> *As subclasses devem poder ser usadas por meio da interface da classe base sem o usuário precisar saber a diferença.*

Em outras palavras, você quer se certificar de que o novo subtipo que criou realmente "seja um tipo" do tipo base – que ele dê suporte aos mesmos métodos e que os métodos tenham o mesmo significado. Podemos fazer isso com contratos. Só precisamos especificar um contrato uma vez, na classe base, para que ele seja aplicado a cada futura subclasse automaticamente. Uma subclasse pode, opcionalmente, aceitar um conjunto maior de entradas, ou dar garantias maiores. Mas ela deve aceitar pelo menos o mesmo, e garantir o mesmo, que seu pai.

Por exemplo, considere a classe base Java java.awt.Component. Você pode tratar qualquer componente visual do AWT ou Swing como um objeto Component, sem saber se a subclasse real é um botão, uma tela, um menu ou o que quer que seja. Cada componente individual pode fornecer uma funcionalidade específica adicional, mas tem de fornecer pelo menos os recursos básicos definidos por Component. Porém, não há nada que o impeça de criar um subtipo de Component que forneça métodos nomeados corretamente que façam a coisa errada. Você pode facilmente criar um método paint que não pinte ou um método setFont que não configure a fonte. O AWT não tem contratos que detectem o fato de que você não cumpriu o acordo.

Sem um contrato, tudo que o compilador pode fazer é assegurar que uma subclasse obedeça a uma assinatura de método específica. Mas, se definirmos um contrato de classe base, teremos como assegurar que nenhuma futura subclasse consiga alterar os *significados* de nossos métodos. Por exemplo, você poderia estabelecer um contrato para setFont como o descrito a seguir, que assegura que a fonte que você definiu seja a fonte que obterá:

```
/**
 * @pre f != null
 * @post getFont() == f
 */
public void setFont(final Font f) {
   // ...
```

Implementando o DBC

Talvez o maior benefício do uso do DBC seja que ele traz os requisitos e garantias para o primeiro plano. Simplesmente enumerar na hora do projeto qual é a abrangência do domínio das entradas, quais são as condições limítrofes e o que a rotina promete distribuir – ou, mais importante, o que ela *não* promete distribuir – é um grande passo adiante na criação de software melhor. Não declarando essas coisas, você estará de volta à *programação baseada no acaso* (consulte a página 194), que é onde muitos projetos começam, terminam e falham.

Em linguagens que não derem suporte ao DBC no código, isso pode ser o máximo que você vai conseguir – e não é tão ruim. Afinal, o DBC é uma técnica de *projeto*. Mesmo sem verificação automática, você pode inserir o contrato no código como comentário e ainda obter um benefício muito real. No mínimo, os contratos comentados lhe darão um local para começar a procurar quando ocorrerem problemas.

Asserções

Embora documentar essas suposições seja um ótimo começo, você pode obter um benefício muito maior fazendo o compilador verificar seu contrato para você. Você pode emular parcialmente isso em algumas linguagens usando *asserções* (consulte *Programação assertiva*, página 144). Por que só parcialmente? Você não pode usar asserções para fazer tudo que o DBC pode fazer?

Infelizmente, a resposta é não. Para começar, não há o suporte à propagação de asserções para baixo em uma hierarquia de herança. Isso significa que, se você sobrepuser um método de classe base que tiver um contrato, as asserções que implementam esse contrato não serão chamadas corretamente (a menos que você as duplique manualmente no novo código). Você deve lembrar de chamar a invariante da classe (e todas as invariantes de classes base) manualmente antes de sair de cada método. O problema básico é que o contrato não é imposto automaticamente.

Além disso, não há um conceito interno de valores "antigos"; isto é, os valores que existiam na entrada de um método. Se você estiver usando asserções para impor contratos, deve adicionar código à pré-condição para manter qualquer informação que quiser usar na pós-condição. Compare isso com o iContract, onde a pós-condição pode simplesmente referenciar "`variável@pre`", ou com o Eiffel, que dá suporte a "`old expressão`".

Para concluir, as bibliotecas e o sistema de tempo de execução não são projetados para dar suporte a contratos, portanto, essas chamadas não são verificadas. Isso é uma grande perda, porque, com frequência, é no limite entre o código e as bibliotecas que ele usa que a maioria dos problemas é detectada (consulte *Programas mortos não contam mentiras*, página 142, para ver uma discussão mais detalhada).

Suporte da linguagem

Linguagens que apresentam suporte interno ao DBC (como o Eiffel e Sather [URL 12]) verificam pré e pós-condições automaticamente no compilador e no sistema de tempo de execução. Essa é a situação que traz mais benefícios porque *toda* a base do código (bibliotecas também) deve honrar seus contratos.

Mas e quanto a linguagens mais populares como C, C++ e Java? Para essas linguagens, há pré-processadores que processam contratos embutidos no código-fonte original como comentários especiais. O pré-processador estende esses comentários ao código que verifica as asserções.

Para C e C++, talvez você queira examinar o Nana [URL 18]. O Nana não manipula herança, mas usa o depurador no tempo de execução para monitorar asserções de uma maneira nova.

Para Java, há o iContract [URL 17]. Ele pega comentários (na forma JavaDoc) e gera um novo arquivo-fonte com a lógica de asserção incluída.

Os pré-processadores não são tão bons quanto um recurso embutido. Eles podem ser difíceis de integrar ao seu projeto e se você usar outras bibliotecas elas não terão contatos. Mas, mesmo assim, podem ser muito úteis; quando um problema é descoberto dessa forma – principalmente um que você *nunca* teria encontrado – é quase como um passe de mágica.

O DBC e o travamento antecipado

O DBC se enquadra perfeitamente em nosso conceito de travamento antecipado (consulte *Programas mortos não contam mentiras*, página 142). Suponhamos que você tivesse um método que calculasse raízes quadradas (como na classe DOUBLE do Eiffel). Ele precisa de uma pré-condição que restrinja o domínio a números positivos. Uma pré-condição do Eiffel é declarada com a palavra-chave require e uma pós-condição é declarada com ensure, portanto, você poderia escrever

```
sqrt: DOUBLE is
    -- Rotina da raiz quadrada
  require
    sqrt_arg_must_be_positive: Current >= 0;
  --- ...
  --- calcula a raiz quadrada aqui
  --- ...
  ensure
    ((Result*Result) -Current).abs <= epsilon*Current.abs;
    -- O resultado deve estar dentro da margem de tolerância de erros
  end;
```

> ### Quem é responsável?
>
> Quem é responsável por verificar a pré-condição, o chamador ou a rotina que está sendo chamada? Quando implementada como parte da linguagem, a resposta é nenhum dos dois: a pré-condição é testada em segundo plano após o chamador invocar a rotina, mas antes que essa seja executada. Portanto, se houver alguma verificação de parâmetros explícita a ser feita, ela deve ser executada pelo *chamador*, porque a rotina nunca verá parâmetros que violem sua pré-condição. (Para linguagens sem suporte interno, você teria de inserir em parênteses a rotina *chamada* com uma parte anterior e/ou posterior que verificasse essas asserções).
>
> Considere um programa que leia um número no console, calcule sua raiz quadrada (chamando `sqrt`) e exiba o resultado. A função sqrt tem uma pré-condição – seu argumento não deve ser negativo. Se o usuário inserir um número negativo no console, é responsabilidade do código chamador assegurar que ele nunca seja passado para `sqrt`. Esse código chamador tem muitas opções: ele poderia ser encerrado, poderia emitir um aviso e ler outro número ou poderia tornar o número positivo e acrescentar um "i" ao resultado retornado por `sqrt`. Independente do que for feito, isso definitivamente não é problema da função `sqrt`.
>
> Ao expressar o domínio da função de raiz quadrada na pré-condição da rotina sqrt, você transferirá a responsabilidade da precisão para o chamador – que é o local certo. Poderá, então, projetar a rotina sqrt seguro de que sua entrada *estará* dentro do intervalo correto.

Se seu algoritmo de cálculo da raiz quadrada falhar (ou não estiver dentro da margem de tolerância de erros especificada), você verá uma mensagem de erro e um rastreamento de pilha mostrando a cadeia de chamadas.

Se você passar para sqrt um parâmetro negativo, o tempo de execução do Eiffel exibirá o erro "sqrt_arg_must_be_positive", com um rastreamento de pilha. Isso é melhor do que a alternativa em linguagens como Java, C e C++, em que a passagem de um número negativo para sqrt retorna o valor especial Nan (Not a Number). Pode demorar algum tempo no programa até algum cálculo ser feito com NaN, com resultados surpreendentes.

É muito mais fácil encontrar e diagnosticar o problema encerrando antecipadamente, no local do problema.

Outros usos de invariantes

Até agora, discutimos pré e pós-condições que se aplicam a métodos individuais e invariantes que se aplicam a todos os métodos dentro de uma classe, mas há outras maneiras úteis de usar invariantes.

Invariantes de loop

Detectar corretamente as condições limítrofes em um loop incomum pode ser problemático. Os loops estão sujeitos ao problema da banana (sei como soletrar "banana", mas não sei quando parar), aos erros das estacas de cerca (devem ser contadas as estacas da cerca ou os espaços entre elas?) e ao onipresente erro "off by one" [URL 52].

As invariantes podem ajudar nessas situações: uma *invariante de loop* é uma declaração do eventual objetivo de um loop, mas é generalizada para que também seja válida antes do loop ser executado e a cada iteração pelo loop. Você pode considerá-la como um tipo de contrato em miniatura. O exemplo clássico é uma rotina que encontra o valor máximo de uma matriz.

```
int m = arr[0];    // o exemplo assume que arr.length > 0
int i = 1;
// Invariante de loop: m = max(arr[0:i-1])
while (i < arr.length) {
  m = Math.max(m, arr[i]);
  i= i+1;
}
```

(*arr[m:n]* é uma conveniência notacional que indica uma parte da matriz que vai do índice *m* a *n*). A invariante deve ser verdadeira antes do loop ser executado, e o corpo do loop deve assegurar que ela permaneça verdadeira à medida que esse for executado. Dessa forma, saberemos que a invariante continuará sendo verdadeira quando o loop terminar e, portanto, que nosso resultado é válido. As invariantes de loop podem ser codificadas explicitamente como asserções, mas também são úteis como ferramentas de projeto e documentação.

Invariantes semânticas

Você pode usar *invariantes semânticas* para expressar requisitos invioláveis, um tipo de "contrato filosófico".

Uma vez, criamos um switch de transações de cartão de débito. Um requisito importante era que o usuário de um cartão de débito nunca tivesse a mesma transação aplicada à sua conta duas vezes. Em outras palavras, independente do tipo de falha que pudesse ocorrer, o erro deveria estar no *não* processamento de uma transação em vez de no processamento de uma transação duplicada.

Essa norma simples, baseada diretamente nos requisitos, mostrou-se muito útil em resolver cenários complexos de recuperação de erro e direcionou o projeto e a implementação detalhados de muitas áreas.

Certifique-se de não confundir os requisitos que forem normas fixas invioláveis com os que forem simplesmente políticas passíveis de mudança em um novo regime gerencial. É por isso que usamos o termo invariantes *semânticas* – elas devem estar voltadas para o *significado* verdadeiro de algo e não estar sujeitas a caprichos políticos (nesse caso, existem as regras de negócio que são mais dinâmicas).

Ao deparar com um requisito qualificador, certifique-se de que ele se torne uma parte bem conhecida de qualquer documentação que você estiver produzindo – seja uma lista de itens do documento de requisitos triplamente assinada ou apenas uma grande nota no quando branco que todos veem. Tente expressá-lo claramente e sem ambiguidade. Por exemplo, no exemplo do cartão de débito, poderíamos escrever

> O ERRO FAVORECE O CONSUMIDOR.

Essa é uma declaração clara, concisa e sem ambiguidade que é aplicável em muitas áreas diferentes do sistema. É nosso contrato com todos os usuários do sistema, nossa garantia de comportamento.

Agentes e contratos dinâmicos

Até agora, falamos sobre contratos como especificações fixas e imutáveis. Mas, no contexto de agentes autônomos, isso não precisa ser assim. Pela definição de "autônomo", os agentes podem *rejeitar* solicitações que não quiserem honrar. Eles têm liberdade para negociar o contrato – "Não posso fornecer aquilo, mas se você me der isso, posso fornece algo mais".

É claro que qualquer sistema que usar a tecnologia de agentes terá uma dependência crítica de arranjos contratuais – mesmo se eles forem gerados dinamicamente.

Imagine: com componentes e agentes suficientes podendo negociar seus contratos entre eles próprios para atingir um objetivo, poderíamos resolver a crise de produtividade do software deixando que o software a resolvesse por nós.

Mas se não pudermos usar contratos manualmente, não poderemos usá-los automaticamente. Portanto, na próxima vez em que você projetar um software, projete também seu contrato.

As seções relacionadas são:

- *Ortogonalidade*, página 56
- *Programas mortos não contam mentiras*, página 142
- *Programação assertiva*, página 144
- *Como balancear recursos*, página 151
- *A desvinculação e a Lei de Deméter*, página 160
- *Vinculação temporal*, página 172
- *Programação baseada no acaso*, página 194
- *Código que seja fácil de testar*, página 211
- *Equipes pragmáticas*, página 246

Desafios

- Pontos a ponderar: Se o DBC é tão poderoso, por que não é usado mais amplamente? É difícil criar o contrato? Ele o fará pensar em problemas que seria melhor ignorar por enquanto? Ele o forçará a PENSAR!? Está claro que essa é uma ferramenta perigosa!

Exercícios

Resposta na p. 310

14. O que gera um bom contrato? Qualquer pessoa pode adicionar pré e pós-condições, mas elas serão úteis? Pior ainda, poderiam causar mais danos do que benefícios? Para o exemplo abaixo e para os dos Exercícios 15 e 16, decida se o contrato especificado é bom, ruim ou péssimo e explique por que.

Primeiro, examinemos um exemplo no Eiffel. Aqui, temos uma rotina para a inclusão de uma STRING em uma lista circular duplamente encadeada (lembre-se de que as pré-condições são rotuladas com require e a pós-condições com ensure).

```
-- Adiciona um item exclusivo a uma lista duplamente encadeada
-- e retorna o NODE recém-criado.
add_item (item : STRING) : NODE is
    require
        item /= Void                    -- '/=' é 'não igual'.
        find_item(item) = Void          -- Deve ser exclusivo
    deferred                            -- Classe base abstrata
    ensure
        result.next.previous = result   -- Verifica os links
```

```
            result.previous.next = result    -- do nó recém-adicionado.
            find_item(item) = result         -- Deve encontrá-lo.
        end
```

Resposta na p. 310

15. Agora, examinemos um exemplo em Java – ele se parece um pouco com o exemplo do Exercício 14. insertNumber insere um inteiro em uma lista ordenada. As pré e pós-condições são rotuladas como no iContract (consulte [URL 17]).

```
private int data[];
/**
 * @post data[index-1] < data[index] &&
 * data[index] == aValue
 */
public Node insertNumber (final int aValue)
{
  int index = findPlaceToInsert(aValue);
  ...
```

Resposta na p. 311

16. Aqui está um fragmento de uma classe de pilha em Java. Esse é um bom contrato?

```
/**
 * @pre anItem != null  // Requer dados reais
 * @post pop() == anItem // Verifica se ele está
 *                      // na pilha
 */
public void push(final String anItem)
```

Resposta na p. 311

17. Os exemplos clássicos do DBC (como nos Exercícios 14-16) mostram uma implementação de um TAD (Tipo de Dado Abstrato) – normalmente, uma pilha ou fila. Mas não são muitas pessoas que criam esses tipos de classes de baixo nível.

Portanto, nesse exercício, projete uma interface para um liquidificador de cozinha. Podemos acabar obtendo um liquidificador criado com CORBA, habilitado para a Internet e baseado na Web, mas, por enquanto, só precisamos da interface que o controla. Ele tem 10 configurações de velocidade (0 significa desligado). Você não pode operá-lo vazio e só pode alterar a velocidade uma unidade de cada vez (isto é, de 0 para 1 e de 1 para 2 e não de 0 para 2).

Aqui estão os métodos. Adicione pré e pós-condições apropriadas e uma invariante.

```
int getSpeed()
void setSpeed(int x)
boolean isFull()
void fill()
void empty()
```

Resposta na p. 312

18. Quantos números existem na série 0, 5, 10, 15, ..., 100?

22 | PROGRAMAS MORTOS NÃO CONTAM MENTIRAS*

Já notou que às vezes outras pessoas conseguem detectar que as coisas não vão bem com você antes mesmo que você tome conhecimento do problema? O mesmo ocorre com o código dos outros. Quando algo começa a dar errado em um de nossos programas, uma rotina de biblioteca pode detectar isso primeiro. Talvez um ponteiro dispersso nos tenha feito sobrepor um identificador de arquivo com algo irrelevante. A próxima chamada a read detectará isso. Um estouro de buffer pode ter inutilizado um contador que iríamos usar para determinar quanta memória alocar. Talvez malloc nos informe da falha. Um erro de lógica ocorrido alguns milhões de instruções atrás pode significar que o seletor de uma instrução case não é mais o 1, 2, ou 3 esperado. Alcançaremos a case default (e essa é uma razão para todas as instruções case/switch terem uma cláusula padrão – queremos saber quando o "impossível" ocorreu).

É fácil se deixar levar pela mentalidade "isso não pode acontecer". Quase todos nós já escrevemos códigos que não verificavam se um arquivo foi fechado com sucesso ou se uma instrução de rastreamento foi criada como esperávamos. E, com tudo se mantendo normal, provavelmente não precisaríamos fazê-lo – o código em questão não falharia sob condições normais. Mas estamos codificando defensivamente. Estamos procurando ponteiros inválidos em outras partes de nosso programa danificando a pilha. Estamos verificando se as versões corretas de bibliotecas compartilhadas foram realmente carregadas.

Todos os erros fornecem informações. Você poderia se convencer de que o erro não pode ocorrer e optar por ignorá-lo. Em vez disso, os programadores pragmáticos pensam consigo mesmos que, se há um erro, algo muito, muito ruim aconteceu.

DICA 32
Encerre antecipadamente

Encerre, não falhe

Um dos benefícios de detectar problemas assim que possível é que você pode encerrar antecipadamente. E muitas vezes, encerrar seu programa é

---

* N. de T.: Em inglês, há a expressão "dead men tell no tales" ("os mortos não delatam") usada em contextos do tipo filmes "noir" ou "western". O autor usa "dead programs tell no lies" querendo dizer que o encerramento de programas evita resultados inesperados.

a melhor coisa que você pode fazer. A alternativa pode ser dar prosseguimento, gravando dados corrompidos em algum banco de dados vital ou usando a máquina de lavar em seu vigésimo ciclo giratório consecutivo.

A linguagem e as bibliotecas Java adotaram essa filosofia. Quando algo inesperado ocorre dentro do sistema de tempo de execução, ele lança uma RuntimeException. Se não for capturada, essa exceção subirá para o nível superior do programa e o fará ser interrompido, exibindo um rastreamento de pilha.

Você pode fazer o mesmo em outras linguagens. Se não tiver um mecanismo de exceção, ou se suas bibliotecas não lançarem exceções, certifique-se de manipular os erros você mesmo. Em C, as macros podem ser muito úteis para isso:

```
#define CHECK(LINE, EXPECTED) n
  { int rc = LINE; n
    if (rc != EXPECTED) n
      ut_abort(__FILE__, __LINE__, #LINE, rc, EXPECTED); }
void ut_abort(char *file, int ln, char *line, int rc, int exp) {
  fprintf(stderr, "%s line %dnn'%s': expected %d, got %dnn",
                  file, ln, line, exp, rc);
  exit(1);
}
```

Assim, você poderá proteger chamadas que nunca poderiam falhar usando

```
CHECK(stat("/tmp", &stat_buff), 0);
```

Se ela falhar, você verá uma mensagem gravada no stderr:

```
source.c line 19
'stat("/tmp", &stat_buff)': expected 0, got -1
```

É claro que às vezes é inapropriado encerrar um programa em execução. Você pode ter solicitado recursos que podem não ser liberados, pode ter de gravar mensagens de log, remover transações abertas ou interagir com outros processos. As técnicas que discutimos em *Quando usar exceções*, página 125, ajudarão aqui. No entanto, o princípio básico permanece o mesmo – quando seu código perceber que algo considerado impossível acabou de ocorrer, seu programa não é mais viável. Qualquer coisa que ele fizer a partir desse ponto será suspeito, portanto, encerre-o assim que puder. Normalmente, um programa morto causa muito menos danos do que um aleijado.

As seções relacionadas são:
- *Projeto por contrato*, página 131
- *Quando usar exceções*, página 147

23 PROGRAMAÇÃO ASSERTIVA

> *Há magnificência no remorso. Quando nos sentimos culpados achamos que ninguém mais tem o direito de nos culpar.*
>
> Oscar Wilde, *O retrato de Dorian Gray*

Parece que há um mantra que todo programador deve memorizar no início de sua carreira. É um princípio fundamental da computação, uma crença básica que aprendemos a aplicar a requisitos, projetos, códigos, comentários, quase tudo que fazemos. Ele diz

ISSO NÃO VAI ACONTECER NUNCA...

"Esse código não será usado daqui a 30 anos, portanto, posso usar datas de dois dígitos". "Esse aplicativo nunca será usado no exterior, logo, por que internacionalizá-lo?" "count não pode ser negativo". "Esse comando printf não pode falhar".

Não pratiquemos esse tipo de autoengano, principalmente ao codificar.

> **DICA 33**
> Se não pode acontecer, use asserções para assegurar que não aconteça

Sempre que se pegar pensando "mas é claro que isso nunca poderia ocorrer", adicione código para verificar. A maneira mais fácil de fazê-lo é com asserções. Na maioria das implementações de C e C++, você encontrará algum tipo de macro assert ou _assert para verificar uma condição booleana. Essas macros podem ser inestimáveis. Se um ponteiro passado para seu procedimento nunca puder ser NULL, verifique isso:

```
void writeString(char *string) {
    assert(string != NULL);
    ...
```

As asserções também são verificações úteis da operação de um algoritmo. Você pode ter escrito um algoritmo de classificação engenhoso. Verifique se ele funciona:

```
for (int i = 0; i < num_entries-1; i++) {
    assert(sorted[i] <= sorted[i+1]);
}
```

É claro que a condição passada para uma asserção não deve ter um efeito colateral (consulte a caixa da página 146). Lembre-se também de que as asserções podem ser desativadas no tempo de compilação – nunca insira código que *tenha* de ser executado em uma instrução assert.

Não use asserções em substituição à verdadeira manipulação de erros. As asserções procuram coisas que nunca devem ocorrer: você não vai querer escrever um código como esse:

```
printf("Enter 'Y' or 'N': ");
ch = getchar();
assert((ch == 'Y') || (ch == 'N')); /* bad idea! */
```

E só porque as macros assert fornecidas chamam exit quando uma asserção falha, não há razão para as versões criadas por você fazerem o mesmo. Se precisar liberar recursos, faça uma falha na asserção gerar uma exceção, use longjmp para acessar um ponto de saída ou chame um manipulador de erros. Apenas se certifique de que o código executado nesses últimos milissegundos não dependa das informações que acionaram a falha na asserção.

Deixe as asserções ativadas

Há um mal-entendido comum no que diz respeito às asserções, divulgado pelas pessoas que criam compiladores e ambientes de linguagens. Ele diz algo assim:

> *As asserções adicionam alguma sobrecarga ao código. Já que procuram coisas que nunca deveriam ocorrer, só serão acionadas por um erro no código. Uma vez que o código tiver sido testado e distribuído, elas não serão mais necessárias e devem ser desativadas para que o código seja executado mais rapidamente. As asserções são um recurso de depuração.*

Há duas suposições obviamente erradas aqui. Em primeiro lugar, elas assumem que os testes encontrarão todos os erros. Na verdade, em qualquer programa complexo, provavelmente você não testará nem mesmo um minúsculo percentual das permutações pelas quais seu código passará (consulte *Testando incansavelmente*, página 259). Em segundo lugar, os otimistas estão esquecendo que seu programa será executado em um mundo perigoso. Durante os testes, é improvável que ratos roam um cabo de comunicações, uma pessoa jogando esgote a memória e arquivos de log encham a unidade de disco rígido. Essas coisas podem ocorrer quando seu programa for executado em um ambiente de produção. Sua primeira linha de defesa deve ser procurar qualquer erro possível e a segunda usar asserções para tentar detectar os erros que não encontrou.

Desativar as asserções ao distribuir um programa para produção é como andar em uma corda bamba sem uma rede porque você já fez isso uma vez. Há o valor do drama, mas será difícil obter um seguro de vida.

> ### As asserções e os efeitos colaterais
>
> É embaraçoso quando o código que adicionamos para detectar erros acaba na verdade criando novos erros. Isso pode ocorrer com as asserções se a avaliação da condição tiver efeitos colaterais. Por exemplo, em Java seria uma má ideia codificar algo como
>
> ```
> while (iter.hasMoreElements()) {
>   Test.ASSERT(iter.nextElement() != null);
>   Object obj = iter.nextElement();
>   // ....
> }
> ```
>
> A chamada .nextElement() de ASSERT apresenta o efeito colateral de mover o iterador para depois do elemento que está sendo buscado e, portanto, o loop só processará metade dos elementos do conjunto. Seria melhor escrever
>
> ```
> while (iter.hasMoreElements()) {
>   Object obj = iter.nextElement();
>   Test.ASSERT(obj != null);
>   // ....
> }
> ```
>
> Esse problema é um tipo de "Heisenbug" – depuração que altera o comportamento do sistema que está sendo depurado (consulte [URL 52]).

Mesmo se você tiver *realmente* problemas de desempenho, desative apenas as asserções que o afetam. O exemplo da classificação mostrado acima pode ser uma parte crítica de seu aplicativo e pode ter de ser executado rapidamente. A inclusão de verificações significaria outra passagem pelos dados, o que pode ser inaceitável. Torne opcional[2] essa verificação específica, mas deixe o resto funcionando.

As seções relacionadas são:

- *Depurando*, página 112
- *Projeto por contrato*, página 131
- *Como balancear recursos*, página 151
- *Programação baseada no acaso*, página 194

---

[2] Em linguagens baseadas em C, você pode usar o pré-processador ou instruções if para tornar as asserções opcionais. Muitas implementações desativam a geração de código para a macro assert quando um flag de tempo de compilação é ativado (ou não). Caso contrário, você pode inserir o código dentro de uma instrução if com uma condição constante, que muitos compiladores (inclusive os sistemas Java mais comuns) otimizarão.

Exercícios

Resposta na p. 312

19. Uma rápida verificação da realidade. Quais dessas coisas "impossíveis" podem ocorrer?

1. Um mês com menos de 28 dias
2. `stat(".",&sb) == -1` (isto é, não é possível acessar o diretório atual)
3. Em C++: `a = 2; b = 3; if (a + b != 5) exit(1);`
4. Um triângulo com soma dos ângulos internos ≠ 180°
5. Um minuto que não tenha 60 segundos
6. Em Java: `(a + 1) <= a`

Resposta na p. 313

20. Desenvolva uma classe simples de verificação de asserções para Java.

24 QUANDO USAR EXCEÇÕES

Em *Programas mortos não contam mentiras*, página 142, sugerimos que é boa prática procurar qualquer erro possível – particularmente os inesperados. No entanto, na prática isso pode levar a um código muito deselegante; a lógica comum de seu programa pode acabar sendo totalmente obscurecida pela manipulação de erros, principalmente se você for adepto da escola de programação "uma rotina deve ter apenas uma instrução de retorno" (nós não somos). Já vimos códigos que se parecem com o descrito a seguir:

```
retcode = OK;
if (socket.read(name) != OK) {
  retcode = BAD_READ;
}
else {
  processName(name);
  if (socket.read(address) != OK) {
    retcode = BAD_READ;
  }
  else {
    processAddress(address);
    if (socket.read(telNo) != OK) {
      retcode = BAD_READ;
    }
    else {
      // etc, etc...
    }
  }
}
return retcode;
```

Felizmente, se a linguagem de programação der suporte a exceções, você poderá reescrever esse código de uma maneira bem mais clara:

```
retcode = OK;
try {
  socket.read(name);
  process(name);
  socket.read(address);
  processAddress(address);
  socket.read(telNo);
  // etc, etc...
}
catch (IOException e) {
  retcode = BAD_READ;
  Logger.log("Error reading individual: " + e.getMessage());
}
return retcode;
```

Agora, o fluxo de controle normal ficou claro, com toda a manipulação de erros sendo inserida no mesmo local.

O que é excepcional?

Um dos problemas das exceções é saber quando usá-las. Achamos que raramente as exceções devem ser usadas como parte do fluxo normal de um programa; elas devem ser reservadas para eventos inesperados. Suponhamos que uma exceção não capturada encerrasse seu programa e lhe perguntasse "esse código continuará sendo executado se eu remover todos os manipuladores de exceções?". Se a resposta for "não", talvez as exceções estejam sendo usadas em circunstâncias não excepcionais.

Por exemplo, se seu código tentar abrir um arquivo para leitura e esse arquivo não existir, uma exceção deve ser lançada?

Nossa resposta é "depende". Se o arquivo *tivesse* de estar aí, uma exceção é justificada. Algo inesperado ocorreu – um arquivo que você esperava que existisse parece ter desaparecido. Por outro lado, se você não souber se o arquivo tinha ou não de existir, não parece algo excepcional você não conseguir encontrá-lo e um retorno de erro é apropriado.

Examinemos um exemplo do primeiro caso. O código a seguir abre o arquivo /etc/passwd, que deve existir em todos os sistemas Unix. Se ele falhar, passará uma `FileNotFoundException` para seu chamador.

```
public void open_passwd() throws FileNotFoundException {
  // Pode lançar FileNotFoundException...
  ipstream = new FileInputStream("/etc/passwd");
  // ...
}
```

No entanto, o segundo caso pode envolver a abertura de um arquivo especificado pelo usuário na linha de comando. Aqui, uma exceção não é justificada e o código tem outra aparência:

```
public boolean open_user_file(String name)
  throws FileNotFoundException {
  File f = new File(name);
  if (!f.exists()) {
    return false;
  }
  ipstream = new FileInputStream(f);
  return true;
}
```

Observe que a chamada de FileInputStream ainda pode gerar uma exceção, que a rotina passará adiante. Porém, a exceção só será gerada sob circunstâncias excepcionais; simplesmente tentar abrir um arquivo que não existe gerará um retorno de erro convencional.

> **DICA 34**
> Use exceções para problemas excepcionais

Por que sugerimos essa abordagem para as exceções? Bem, uma exceção representa uma transferência de controle não local imediata – é um tipo de instrução goto em cascata. Programas que usam exceções como parte de seu processamento normal sofrem de todos os problemas de legibilidade e manutenção dos emaranhados de códigos clássicos. Esses programas rompem o encapsulamento: as rotinas e seus chamadores ficam mais fortemente acoplados pela manipulação de exceções.

Os manipuladores de erros são uma alternativa

Um manipulador de erros é uma rotina que é chamada quando um erro é detectado. Você pode registrar uma rotina para manipular uma categoria de erros específica. Quando um desses erros ocorrer, o manipulador será chamado.

Em algumas situações, você pode querer usar manipuladores de erros, em vez de exceções ou junto delas. É claro que, se estiver usando uma linguagem como a C, que não dá suporte a exceções, essa será uma das suas poucas opções (consulte o desafio da próxima página). No entanto, às vezes os manipuladores de erros podem ser usados até mesmo em linguagens (como em Java) que têm um bom esquema interno de manipulação de exceções.

Considere a implementação de um aplicativo cliente-servidor que use o recurso Remote Method Invocation (RMI) da linguagem Java. Devido à maneira como o RMI é implementado, cada chamada a uma rotina remota deve ser preparada para manipular uma `RemoteException`. A inclusão de código para a manipulação dessas exceções pode se tornar entediante, o que significa que é difícil escrever um código que funcione com rotinas tanto locais quanto remotas. Uma solução possível é encapsular seus objetos remotos em uma classe que não seja remota. Essa classe implementará então uma interface de manipulação de erros, permitindo que o código cliente registre uma rotina para ser chamada quando uma exceção remota for detectada.

As seções relacionadas são:

- *Programas mortos não contam mentiras*, página 142

Desafios

- Linguagens que não dão suporte a exceções costumam ter algum outro mecanismo de transferência de controle não local (a linguagem C tem `logjmp/setjmp`, por exemplo). Considere como você poderia implementar algum tipo de mecanismo de exceção sucedâneo usando esses elementos. Quais são os benefícios e perigos? Que medidas especiais você precisa tomar para assegurar que os recursos não fiquem órfãos? Faz sentido usar esse tipo de solução sempre que você codificar em C?

Exercícios

Resposta na p. 314

21. Ao projetar uma nova classe contêiner, você identificou as possíveis condições de erro a seguir:

1. Nenhuma memória disponível para um novo elemento na rotina add.
2. Entrada solicitada não encontrada na rotina `fetch`
3. Ponteiro `null` passado para a rotina add

Como cada uma deve ser manipulada? Um erro deve ser gerado, uma exceção deve ser lançada ou a condição deve ser ignorada?

25 | COMO BALANCEAR RECURSOS

"Eu o trouxe para esse mundo", meu pai diria, "e posso tirá-lo dele. Não faz diferença para mim. Só terei que fazer outro igual a você".

Bill Cosby, *Fatherhood*

Todos nós gerenciamos recursos sempre que codificamos: memória, transações, segmentos, arquivos, timers – todos os tipos de coisas com disponibilidade limitada. Quase sempre, o uso de recursos segue um padrão previsível: você aloca o recurso, usa-o e então o desaloca.

Porém, muitos desenvolvedores não têm um plano consistente para lidar com a alocação e desalocação de recursos. Então, nos deixe sugerir uma dica simples:

> **DICA 35**
> Acabe o que começou

Essa dica é fácil de aplicar na maioria dos casos. Significa que a rotina ou o objeto que alocar um recurso deve ser responsável por desalocá-lo. Vejamos como ela é aplicada examinando o exemplo de um código inadequado – um aplicativo que abre um arquivo, lê informações de clientes, atualiza um campo e grava o resultado. Eliminamos a manipulação de erros para tornar o exemplo mais claro.

```c
void readCustomer(const char *fName, Customer *cRec) {
  cFile = fopen(fName, "r+");
  fread(cRec, sizeof(*cRec), 1, cFile);
}
void writeCustomer(Customer *cRec) {
  rewind(cFile);
  fwrite(cRec, sizeof(*cRec), 1, cFile);
  fclose(cFile);
}
void updateCustomer(const char *fName, double newBalance) {
  Customer cRec;
  readCustomer(fName, &cRec);
  cRec.balance = newBalance;
  writeCustomer(&cRec);
}
```

À primeira vista, a rotina updateCustomer parece bem satisfatória. Ela parece implementar a lógica que precisamos – ler um registro, atualizar o saldo e gravar o registro novamente. No entanto, essa perfeição oculta um problema maior. As rotinas `readCustomer` e `writeCustomer` estão rigidamente associadas[3] – elas compartilham a variável global `cFile`. `readCustomer` abre o arquivo e armazena seu ponteiro em `cFile` e `writeCustomer` usa o ponteiro armazenado para fechar o arquivo ao terminar. Essa variável global nem mesmo aparece na rotina `updateCustomer`.

Por que isso é ruim? Consideremos o infeliz programador da manutenção que foi informado que a especificação mudou – o saldo só deve ser atualizado se o novo valor não for negativo. Ele acessa a fonte e muda `updateCustomer`:

```
void updateCustomer(const char *fName, double newBalance) {
  Customer cRec;
  readCustomer(fName, &cRec);
  if (newBalance >= 0.0) {
    cRec.balance = newBalance;
    writeCustomer(&cRec);
  }
}
```

Tudo parece bem durante os testes. No entanto, quando o código entra em produção, ele trava após várias horas, reclamando de *muitos arquivos abertos*. Já que `writeCustomer` não está sendo chamada em algumas circunstâncias, o arquivo não está sendo fechado.

Uma solução muito ruim para esse problema seria lidar com o caso especial em `updateCustomer`:

```
void updateCustomer(const char *fName, double newBalance) {
  Customer cRec;
  readCustomer(fName, &cRec);
  if (newBalance >= 0.0) {
    cRec.balance = newBalance;
    writeCustomer(&cRec);
  }
  else
    fclose(cFile);
}
```

Isso corrigirá o problema – agora, o arquivo será fechado independente do novo saldo – mas essa correção significa que *três* rotinas foram acopladas por meio da variável global `cFile`. Estamos caindo em uma armadilha, e as coisas vão começar a descer rapidamente ladeira abaixo se continuarmos indo nessa direção.

---

[3] Para ver uma discussão dos perigos dos códigos associados, consulte *A desvinculação e a Lei de Deméter*, página 138.

A dica *acabe o que começou* nos diz que, idealmente, a rotina que alocar um recurso também deve liberá-lo. Podemos aplicá-la aqui refatorando um pouco o código:

```
void readCustomer(FILE *cFile, Customer *cRec) {
  fread(cRec, sizeof(*cRec), 1, cFile);
}
void writeCustomer(FILE *cFile, Customer *cRec) {
  rewind(cFile);
  fwrite(cRec, sizeof(*cRec), 1, cFile);
}
void updateCustomer(const char *fName, double newBalance) {
  FILE *cFile;
  Customer cRec;
  cFile = fopen(fName, "r+");         // >---
  readCustomer(cFile, &cRec);         //    /
  if (newBalance >= 0.0) {            //    /
    cRec.balance = newBalance;        //    /
    writeCustomer(cFile, &cRec);      //    /
  }                                   //    /
  fclose(cFile);                      // <---
}
```

Agora, toda a responsabilidade pelo arquivo está na rotina `updateCustomer`. Ela abre o arquivo e (terminando o que começou) fecha-o antes de sair. A rotina dá equilíbrio ao uso do arquivo: a abertura e o fechamento estão no mesmo local e fica evidente que, para cada abertura, haverá um fechamento correspondente. A refatoração também remove uma variável global inadequada.

Aninhe alocações

O padrão básico para a alocação de recursos pode ser estendido a rotinas que precisem de mais de um recurso de cada vez. Há apenas mais duas sugestões:

1. Desaloque recursos na ordem oposta em que os alocou. Dessa forma, não deixará recursos órfãos se um recurso fizer referências a outro.

2. Ao alocar o mesmo conjunto de recursos em diferentes locais de seu código, aloque-os sempre na mesma ordem. Isso reduzirá a possibilidade de deadlock. (Se o processo A reclamar o `recurso1` e estiver prestes a reclamar o `recurso2`, enquanto o processo B tiver reclamado o `recurso2` e estiver tentando obter o `recurso1`, os dois processos esperarão indefinidamente).

Independentemente do tipo de recursos que estivermos usando – transações, memória, arquivos, segmentos, janelas – o padrão básico é aplicável:

quem quer que aloque um recurso deve ser responsável por desalocá-lo. No entanto, em algumas linguagens podemos desenvolver ainda mais o conceito.

Objetos e exceções

O equilíbrio entre alocações e desalocações lembra o construtor e o destruidor de uma classe. A classe representa um recurso, o construtor fornece um objeto específico desse tipo de recurso e o destruidor o remove do escopo.

Se você estiver programando em uma linguagem orientada a objetos, pode achar útil encapsular recursos em classes. Sempre que precisar de um tipo de recurso específico, deve instanciar um objeto dessa classe. Quando o objeto sair do escopo, ou for reclamado pelo coletor de lixo, o destruidor desalocará o recurso encapsulado.

Essa abordagem apresentará benefícios específicos quando você estiver trabalhando com linguagens como a C++, em que as exceções podem interferir na desalocação de recursos.

Equilíbrio e exceções

Linguagens que dão suporte a exceções podem tornar a desalocação de recursos complicada. Se uma exceção for lançada, como garantir que todos os recursos alocados antes dela serão removidos? Até certo ponto, a resposta depende da linguagem.

Balanceando recursos com exceções C++

A linguagem C++ dá suporte a um mecanismo de exceções `try...catch`. Infelizmente, isso significa que há sempre pelo menos dois caminhos possíveis quando saímos de uma rotina que captura e então lança novamente uma exceção:

```
void doSomething(void) {
  Node *n = new Node;
  try {
     // faz algo
  }
  catch (...) {
    delete n;
    throw;
  }
  delete n;
}
```

Observe que o nó que criamos é liberado em dois locais – uma vez no caminho de saída normal da rotina e outra no manipulador de exceções. Essa é uma violação clara do princípio *NSR* e um problema de manutenção prestes a ocorrer.

No entanto, podemos usar a semântica da C++ a nosso favor. Objetos locais são destruídos automaticamente quando o bloco que os contém é abandonado. Isso nos dá algumas opções. Se as circunstâncias permitirem, podemos alterar "n" de um ponteiro para um objeto Node real na pilha:

```
void doSomething1(void) {
  Node n;
  try {
    // faz algo
  }
  catch (...) {
    throw;
  }
}
```

Aqui, usamos a C++ para manipular a destruição do objeto Node automaticamente, sendo ou não lançada uma exceção.

Se a alteração de um ponteiro não for possível, o mesmo efeito pode ser obtido pelo encapsulamento do recurso (nesse caso, um ponteiro Node) dentro de outra classe.

```
// Classe encapsuladora de recursos Node
class NodeResource {
  Node *n;
 public:
  NodeResource() { n = new Node; }
  ~NodeResource() { delete n; }
  Node *operator->() { return n; }
};
void doSomething2(void) {
  NodeResource n;
  try {
    // faz algo
  }
  catch (...) {
    throw;
  }
}
```

Agora a classe encapsuladora, `NodeResource`, está assegurando que, quando seus objetos forem destruídos, os nós correspondentes também serão. Por conveniência, a classe encapsuladora fornece um operador de desreferenciamento (→) para que seus usuários possam acessar diretamente os campos do objeto Node interno.

Já que essa técnica é tão útil, a biblioteca C++ padrão disponibiliza a classe de modelo auto-ptr, que fornece encapsuladores automáticos para objetos alocados dinamicamente.

```
void doSomething3(void) {
  auto_ptr<Node> p (new Node);
  // Acessa Node como p->...
  // Node é excluído automaticamente no final
}
```

Balanceando recursos em Java

Diferente da C++, a linguagem Java implementa uma forma preguiçosa de destruição automática de objetos. Objetos não referenciados são considerados candidatos à coleta de lixo e seu método finalize será chamado se a coleta de lixo os reclamar. Embora conveniente para os desenvolvedores, que deixam de ser culpados pela maioria dos vazamentos de memória, isso torna difícil implementar a remoção de recursos usando o esquema da C++. Felizmente, os projetistas da linguagem Java foram espertos adicionando como compensação um recurso de linguagem, a cláusula finally. Quando um bloco try tiver uma cláusula finally, o código dessa cláusula terá execução garantida se alguma instrução do bloco try for executada. Não importa se uma exceção for lançada (ou mesmo se o código do bloco try executar uma instrução return) – o código da cláusula finally será executado. Isso significa que poderíamos balancear nosso uso de recursos com um código como

```
public void doSomething() throws IOException {
  File tmpFile = new File(tmpFileName);
  FileWriter tmp = new FileWriter(tmpFile);
  try {
    // executa alguma tarefa
  }
  finally {
    tmpFile.delete();
  }
}
```

A rotina usa um arquivo temporário que queremos excluir independentemente de como sairemos dela. O bloco finally nos permite expressar isso concisamente.

Quando não é possível balancear recursos

Há situações em que o padrão básico de alocação de recursos simplesmente não é apropriado. Normalmente, isso ocorre em programas que usam estruturas de dados dinâmicas. Uma rotina alocará uma área de memória e a vinculará a alguma estrutura maior, na qual ela pode ficar por algum tempo.

O truque aqui é estabelecer uma invariante semântica para a alocação de memória. Você deve decidir quem é responsável pelos dados de uma estrutura de dados agregada. O que ocorrerá quando você desalocar a estrutura de nível superior? Há três opções básicas:

1. A estrutura de nível superior também será responsável por liberar qualquer subestrutura contida nela. Em seguida, essas estruturas excluirão recursivamente os dados contidos nelas e assim por diante.

2. A estrutura de nível superior será desalocada. Qualquer estrutura para a qual ela estivesse apontando (que não for referenciada em nenhum outro local) ficará órfã.

3. A estrutura de nível superior se recusará a ser desalocada se tiver alguma subestrutura.

A escolha aqui depende das circunstâncias de cada estrutura de dados individualmente. No entanto, você tem de torná-la explícita para cada uma delas e implementar sua decisão consistentemente. A implementação de qualquer uma dessas opções em uma linguagem procedural como a C pode ser um problema: as estruturas de dados não são ativas. Nessas circunstâncias, preferimos criar um módulo para cada estrutura principal, que forneça recursos padrão de alocação e desalocação para essa estrutura (esse módulo também pode fornecer recursos como o debug printing, a serialização, a desserialização e ganchos atravessadores).

Para concluir, se ficar complicado controlar os recursos, você pode criar seu próprio tipo de coleta de lixo automática limitada implementando um esquema de contagem de referências em seus objetos alocados dinamicamente. O livro *More Effective C++* [Mey96] dedica uma seção a esse tópico.

Verificando o equilíbrio

Já que os programadores pragmáticos não confiam em ninguém, nem neles próprios, achamos sempre uma boa ideia construir um código que verifique se os recursos estão sendo liberados apropriadamente Na maioria dos aplicativos, isso significa produzir encapsuladores para cada tipo de recurso e usar esses encapsuladores para rastrear todas as alocações e desalocações. Em certos pontos de seu código, a lógica do programa exigirá que os recursos estejam em um certo estado; use os encapsuladores para verificar isso.

Por exemplo, um programa de execução contínua que atenda solicitações provavelmente terá um único ponto no início de seu loop de processamento principal onde aguardará a próxima solicitação chegar. Esse é um bom local para verificar se o uso de recursos não aumentou desde a última execução do loop.

Em um nível mais baixo, porém não menos útil, você pode investir em ferramentas que (entre outras coisas) procurem vazamentos de memória em seus programas em execução. O Purify (www.rational.com) e o Insure++ (www.parasoft.com) são opções populares.

As seções relacionadas são:
- *Projeto por contrato*, página 131
- *Programação assertiva*, página 144
- *A desvinculação e a Lei de Deméter*, página 160

Desafios
- Embora não haja maneiras garantidas de assegurar que você libere sempre os recursos, certas técnicas de projeto, quando aplicadas consistentemente, ajudarão. No texto, discutimos como o estabelecimento de uma invariante semântica para estruturas de dados maiores pode guiar decisões de desalocação de memória. Considere como o *Projeto por contrato*, página 131, ajudaria a aperfeiçoar essa ideia.

Exercícios

22. Alguns desenvolvedores de C e C++ gostam de configurar um ponteiro com NULL após desalocarem a memória que ele referencia. Por que essa é uma boa ideia?

23. Alguns desenvolvedores de Java gostam de configurar uma variável de objeto com NULL após terminarem de usar o objeto. Por que essa é uma boa ideia?

CAPÍTULO **5**

Seja Flexível

A vida não para.

Os códigos que escrevemos também não podem parar. Para acompanhar a quase frenética velocidade da mudança atualmente, temos de fazer de tudo para escrever códigos que sejam tão soltos – tão flexíveis – quanto possível. Caso contrário, nosso código ficará rapidamente desatualizado, ou frágil demais para ser corrigido, e será deixado para trás na louca corrida em direção ao futuro.

Em *Reversibilidade*, na página 66, falamos sobre os perigos das decisões irreversíveis. Neste capítulo, lhe ensinaremos a tomar decisões *reversíveis*, para que seu código possa permanecer flexível e adaptável diante de um mundo incerto.

Primeiro temos de examinar a *vinculação* – as dependências entre módulos de código. Em *A desvinculação e a Lei de Deméter* mostraremos como manter separados conceitos distintos e diminuir a desvinculação.

Uma boa maneira de permanecer flexível é escrever *menos* código. A alteração do código o deixará aberto à possibilidade de introdução de novos erros. *Metaprogramação* explicará como deixar os detalhes totalmente fora do código, onde eles possam ser alterados mais segura e facilmente.

Em *Vinculação temporal*, examinaremos dois aspectos do tempo relacionados à vinculação. Você depende do "tique" vindo antes do "taque"? Não se quiser permanecer flexível.

Um conceito-chave da criação de códigos flexíveis é a separação entre o *modelo* de dados e a *visualização*, ou apresentação, desse modelo. Desvincularemos os modelos das visualizações em *É apenas um modo de ver*.

Para concluir, há uma técnica que desvincula ainda mais os módulos fornecendo um ponto de encontro em que eles podem trocar dados anônima e assincronamente. Esse é o tópico de *Quadros-negros*.

Armado com essas técnicas, você poderá escrever códigos que se adaptem às circunstâncias.

26 A DESVINCULAÇÃO E A LEI DE DEMÉTER

Boas cercas formam bons vizinhos.

Robert Frost, *Mending Wall*

Em *Ortogonalidade*, página 56, e *Projeto por contrato*, página 131, sugerimos que a criação de um código "cauteloso" é benéfica. Mas a "cautela" funciona de duas maneiras: não se revelar para os outros e não interagir com muitas pessoas.

Espiões, dissidentes, revolucionários e assemelhados com frequência são organizados em pequenos grupos de pessoas chamados *células*. Embora os indivíduos de cada célula possam conhecer uns aos outros, eles não conhecem os que estão em outras células. Se uma célula for descoberta, não haverá soro da verdade que revele os nomes de outras pessoas não pertencentes a ela. A eliminação de interações entre as células protege a todos.

Achamos que esse também é um bom princípio a se aplicar à codificação. Organize seu código em células (módulos) e limite a interação entre elas. Assim, se um módulo ficar comprometido e tiver de ser substituído, os outros devem poder continuar.

Reduza a vinculação

O que há de errado em módulos que sabem da existência uns dos outros? Em princípio, nada – não precisamos ser tão paranoicos como os espiões ou dissidentes. No entanto, temos de tomar cuidado com *quantos* módulos interagimos e, o mais importante, *como* viemos a interagir com eles.

Suponhamos que você estivesse reformando sua casa, ou construindo uma casa a partir do zero. Um plano típico envolveria uma "empreiteira encarregada". Você contrata a empreiteira para fazer o trabalho, mas ela pode ou não executar a construção pessoalmente; o trabalho pode ser oferecido a várias subempreiteiras. Mas, como cliente, você não tem envolvimento direto com as subempreiteiras – a empreiteira encarregada assume esse conjunto de dores de cabeça em seu nome.

Gostaríamos de seguir esse mesmo modelo com o software. Quando solicitássemos um serviço específico a um objeto, gostaríamos que o serviço fosse executado em nosso nome. *Não* queremos que o objeto nos forneça um objeto de terceiros com o qual teremos de lidar para obter o serviço requerido.

Por exemplo, suponhamos que você estivesse criando uma classe que gerasse um gráfico de dados de registradores científicos. Você tem registradores de dados espalhados por todo o mundo; cada objeto de registrador contém um objeto de local fornecendo sua posição e fuso horário. Você quer permitir que seus usuários selecionem um registrador e representem seus dados graficamente, com a indicação do fuso horário correto. Poderia escrever

```
public void plotDate(Date aDate, Selection aSelection) {
  TimeZone tz =
    aSelection.getRecorder().getLocation().getTimeZone();
  ...
}
```

Mas agora a rotina de plotagem foi desnecessariamente vinculada a *três* classes – Selection, Recorder e Location. Esse estilo de codificação aumenta dramaticamente a quantidade de classes das quais nossa classe depende. Por que isso não é bom? Aumenta o risco de que uma alteração não relacionada em outro local do sistema afete o *seu* código. Por exemplo, se Fred fizer uma alteração em Location para que deixe de conter diretamente um TimeZone, você também terá de alterar seu código.

Em vez de ter de você mesmo percorrer uma hierarquia, apenas solicite o que precisa diretamente:

```
public void plotDate(Date aDate, TimeZone aTz) {
  ...
}
plotDate(someDate, someSelection.getTimeZone());
```

Adicionamos um método a Selection para que obtenha o fuso horário em nosso nome: a rotina de plotagem não quer saber se o fuso horário vem diretamente de Recorder, de algum objeto contido dentro de Recorder ou se Selection gera um fuso horário totalmente diferente. A rotina de seleção, por sua vez, provavelmente só terá de solicitar ao registrador seu fuso horário, deixando a cargo do registrador obtê-lo no objeto Location contido nele.

Percorrer relacionamentos entre objetos diretamente pode levar rapidamente a uma explosão combinatória[1] de relacionamentos de dependência. Você pode ver sintomas desse fenômeno de várias maneiras:

1. Grandes projetos C ou C++ em que o comando que reúne um teste de unidade é mais longo do que o próprio programa de teste.

2. Alterações "simples" em um módulo que se propagam por módulos não relacionados do sistema.

3. Desenvolvedores que têm medo de alterar o código porque não têm certeza do que pode ser afetado.

Sistemas com muitas dependências desnecessárias são muito difíceis (e caros) de editar e tendem a ser altamente instáveis. Para manter as dependências em um nível mínimo, usaremos a *Lei de Deméter* para projetar nossos métodos e funções.

A Lei de Deméter para funções

A Lei de Deméter para funções [LH89] tenta reduzir a vinculação entre módulos de um programa específico. Ela tenta nos impedir de acessar um objeto para ganhar acesso a métodos de um terceiro objeto. A lei se encontra resumida na Figura 5.1 da próxima página.

Escrevendo códigos "cautelosos" que sigam o máximo possível a Lei de Deméter, podemos atingir nosso objetivo:

> **DICA 36**
> Reduza a vinculação entre módulos

Isso faz alguma diferença?

Embora soe bem na teoria, seguir a Lei de Deméter ajuda realmente a criar um código de melhor manutenção?

Estudos mostraram [BBM96] que classes em C++ com maiores *conjuntos de resposta* estão mais propensas a erros do que classes com menores conjuntos de resposta (um *conjunto de resposta* é definido para ser o número de funções chamadas diretamente por métodos da classe).

---

[1] Se todos os n objetos souberem da existência uns dos outros, uma alteração em apenas um pode resultar nos outros n − 1 objetos precisando de alterações.

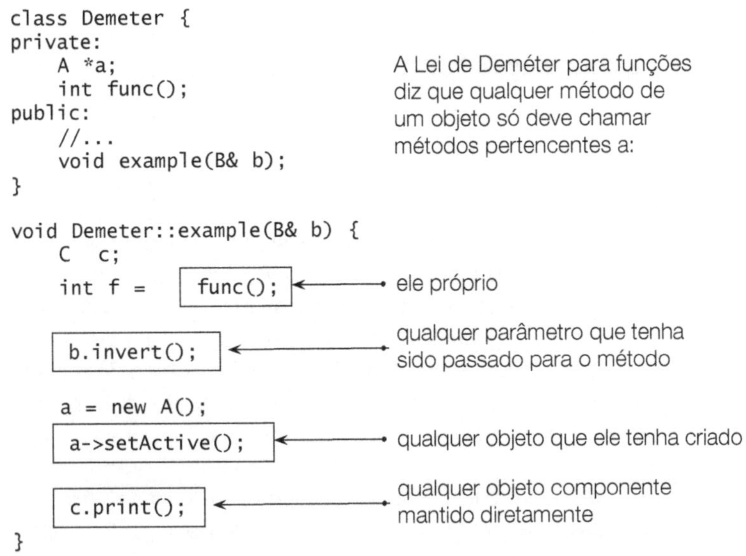

```
class Demeter {
private:
    A *a;
    int func();
public:
    //...
    void example(B& b);
}

void Demeter::example(B& b) {
    C c;
    int f = func();          ← ele próprio

    b.invert();              ← qualquer parâmetro que tenha
                                sido passado para o método

    a = new A();
    a->setActive();          ← qualquer objeto que ele tenha criado

    c.print();               ← qualquer objeto componente
                                mantido diretamente
}
```

A Lei de Deméter para funções diz que qualquer método de um objeto só deve chamar métodos pertencentes a:

Figura 5.1 Lei de Deméter para funções.

Já que seguir a Lei de Deméter reduz o tamanho do conjunto de resposta na classe chamadora, classes projetadas dessa forma também tendem a ter menos erros (consulte [URL 56] para ver mais artigos e informações sobre o projeto Deméter).

O uso da Lei de Deméter tornará seu código mais adaptável e robusto, mas a um custo: como "empreiteira encarregada", seu módulo deve delegar tarefas a e gerenciar toda e qualquer subempreiteira diretamente, sem envolver clientes do módulo. Na prática, isso significa que você estará criando uma grande quantidade de métodos encapsuladores que apenas encaminharão a solicitação para um representante. Esses métodos encapsuladores demandam tanto um custo de tempo de execução quanto uma sobrecarga de espaço, que podem ser significativos – e até mesmo proibitivos – em alguns aplicativos.

Com em qualquer técnica, você deve avaliar os prós e contras para *seu* aplicativo em particular. No projeto de esquemas de bancos de dados, é prática comum "desnormalizar" o esquema para a obtenção de uma melhoria no desempenho: violar as regras de normalização em troca de velocidade. Uma compensação semelhante também pode ser obtida aqui. Na verdade, invertendo a Lei de Deméter e vinculando rigorosamente vários módulos, você pode perceber um ganho importante no desempenho. Con-

> **Desvinculação física**
>
> Nesta seção, estamos muito preocupados em projetar mantendo as coisas desvinculadas logicamente dentro dos sistemas. No entanto, há outro tipo de interdependência que se torna altamente significativa à medida que os sistemas ficam maiores. Em seu livro *Large-Scale C++ Software Design* [Lak96], John Lakos aborda as questões correspondentes a relacionamentos entre os arquivos, diretórios e bibliotecas que compõem um sistema. Grandes projetos que ignoram esses problemas de *design físico* acabam tendo ciclos de construção que são medidos em dias e testes de unidade que podem arrastar o sistema inteiro como código de suporte, entre outros problemas. O sr. Lakos argumenta de maneira convincente que tanto o projeto lógico quanto o físico devem correr em paralelo – e que desfazer o dano causado por dependências cíclicas a um grande corpo de código é extremamente difícil. Recomendamos este livro se você estiver envolvido em desenvolvimentos de grande escala, mesmo se C++ não for sua linguagem de implementação.

tanto que seja conhecido e aceitável esses módulos serem vinculados, seu projeto estará correto.

Caso contrário, você pode se ver indo em direção a um futuro incerto e inflexível. Ou em direção a absolutamente nenhum futuro.

As seções relacionadas são:
- *Ortogonalidade*, página 56
- *Reversibilidade*, página 66
- *Projeto por contrato*, página 131
- *Como balancear recursos*, página 151
- *Apenas um modo de ver*, página 179
- *Equipes pragmáticas*, página 246
- *Testando incansavelmente*, página 259

Desafios
- Discutimos como o uso da delegação torna mais fácil obedecer a Lei de Deméter e, consequentemente, reduzir a vinculação. Porém, criar todos os métodos necessários para encaminhar chamadas a classes delegadas é entediante e propenso a erros. Quais são as vantagens e

desvantagens de criar um pré-processador que gere essas chamadas automaticamente? Esse pré-processador só deve ser executado uma vez ou deve ser usado como parte da construção?

Exercícios

24. Discutimos o conceito de desvinculação física na caixa da página anterior. Qual dos arquivos de cabeçalho C++ está mais rigorosamente vinculado ao resto do sistema?

person1.h:
```
#include "date.h"
class Person1 {
private:
  Date myBirthdate;
public:
  Person1(Date &birthDate);
  // ...
```

person2.h:
```
class Date;
class Person2 {
private:
  Date *myBirthdate;
public:
  Person2(Date &birthDate);
  // ...
```

Resposta na p. 315

25. No exemplo abaixo e nos dos Exercícios 26 e 27, determine se as chamadas de método mostradas são permitidas de acordo com a Lei de Deméter. Este primeiro é em Java.

```java
public void showBalance(BankAccount acct) {
  Money amt = acct.getBalance();
  printToScreen(amt.printFormat());
}
```

Resposta na p. 315

26. Este exemplo também é em Java.

```java
public class Colada {
  private Blender myBlender;
  private Vector myStuff;
  public Colada() {
    myBlender = new Blender();
    myStuff = new Vector();
  }
  private void doSomething() {
    myBlender.addIngredients(myStuff.elements());
  }
}
```

Resposta na p. 316

27. Este exemplo é em C++.

```cpp
void processTransaction(BankAccount acct, int) {
  Person *who;
  Money amt;

  amt.setValue(123.45);
  acct.setBalance(amt);
  who = acct.getOwner();
  markWorkflow(who->name(), SET_BALANCE);
}
```

Resposta na p. 316

27 | METAPROGRAMAÇÃO

> *Não há nível de genialidade que supere a preocupação com os detalhes.*
> Oitava Lei de Levy

Os detalhes bagunçam nosso código imaculado – principalmente quando mudam com frequência. Sempre que temos de alterar o código para acomodar alguma mudança na lógica de negócio, na lei ou nos gostos pessoais da gerência naquele dia, corremos o risco de danificar o sistema – ou introduzir um novo erro.

Portanto, nosso lema é "fora com os detalhes!". Tire-os do código. Ao fazer isso, tornaremos nosso código altamente configurável e "leve" – isto é, facilmente adaptável a mudanças.

Configuração dinâmica

Primeiro, queremos tornar nossos sistemas altamente configuráveis. Não só em coisas como as cores da tela e o texto de avisos, mas em itens profundamente inerentes como a escolha de algoritmos, produtos de bancos de dados, tecnologia de middleware e estilo da interface de usuário. Esses itens devem ser implementados como opções de configuração e não por meio de integração ou engenharia.

> **DICA 37**
> Configure, não integre

Use *metadados* para descrever as opções de configuração de um aplicativo: parâmetros de ajuste, preferências do usuário, o diretório de instalação e assim por diante.

O que exatamente são metadados? No sentido exato da palavra, metadados são dados sobre dados. Provavelmente, o exemplo mais comum seja um esquema de banco de dados ou um dicionário de dados. Um esquema contém dados que descrevem campos (colunas) em termos de nomes, espaço de armazenamento e outros atributos. Você deve poder acessar e manipular essas informações como acessaria qualquer outro dado no banco de dados.

Usamos o termo em seu sentido amplo. Metadado é qualquer dado que descreva o aplicativo – como ele deve ser executado, que recursos deve usar e assim por diante. Normalmente, os metadados são acessados e usados no tempo de execução e não no tempo de compilação. Você usa metadados o tempo todo – pelo menos seus programas usam. Suponhamos que você clicasse em uma opção para ocultar a barra de ferramentas de seu navegador da Web. O navegador armazenará essa preferência, como metadado, em algum tipo de banco de dados interno.

Esse banco de dados pode estar em um formato proprietário ou usar um mecanismo padrão. No Windows, um arquivo de inicialização (usando o sufixo .ini) ou entradas do Registro do sistema são típicos. No Unix, o X Window System fornece funcionalidade semelhante usando arquivos Application Default. A linguagem Java usa arquivos Property. Em todos esses ambientes, temos de especificar uma chave para recuperar um valor. Alternativamente, implementações de metadados mais poderosas e flexíveis usam uma linguagem de script embutida (consulte *Linguagens de domínio*, página 57, para ver detalhes).

O navegador Netscape implementou preferências usando essas duas técnicas. Na versão 3, as preferências eram salvas como simples pares chave/valor:

```
SHOW_TOOLBAR: False
```

Posteriormente, as preferências da versão 4 pareciam mais com JavaScript:

```
user_pref("custtoolbar.Browser.Navigation_Toolbar.open", false);
```

Aplicativos baseados em metadados

Mas queremos ir além do uso de metadados para simples preferências. Queremos configurar e conduzir o aplicativo o máximo possível por meio de metadados. Nosso objetivo é pensar declarativamente (especificando *o que* deve ser feito e não *como*) e criar programas altamente dinâmicos e adaptáveis. Podemos fazer isso adotando uma regra geral: programe pensando no cenário como um todo e coloque os detalhes em algum outro local – fora da base de código compilada.

> **DICA 38**
> Coloque as abstrações no código e os detalhes em metadados

Há vários benefícios nessa abordagem:

- Ela o forçará a desvincular seu projeto, o que resultará em um programa mais flexível e adaptável.
- Ela o fará criar um projeto mais robusto e abstrato ao deixar os detalhes para depois – levando-os totalmente para fora do programa.

- Você poderá personalizar o aplicativo sem compilá-lo novamente. Também poderá usar esse nível de personalização para fornecer soluções fáceis para erros críticos em sistemas de produção ativos.
- Os metadados podem ser expressos de uma maneira muito mais próxima do domínio do problema do que uma linguagem de programação de uso geral (consulte *Linguagens de domínio,* página 79).
- Talvez você possa até implementar vários projetos diferentes usando o mesmo mecanismo de aplicativo, mas com metadados diferentes.

Queremos adiar a definição da maioria dos detalhes até o último momento e deixá-los tão flexíveis – tão fáceis de mudar – quanto possível. Elaborando uma solução que nos permita fazer alterações rapidamente, teremos uma chance melhor de lidar com a inundação de mudanças direcionais que afundam muitos projetos (consulte *Reversibilidade,* página 66).

Lógica de negócio

Então você preferiu tornar o mecanismo de banco de dados uma opção de configuração e forneceu metadados para determinar o estilo da interface de usuário. Podemos fazer mais? Certamente.

Já que a política e as regras do negócio têm mais probabilidades de mudar do que qualquer outro aspecto do projeto, faz sentido mantê-las em um formato bem flexível.

Por exemplo, seu aplicativo de compras pode incluir várias políticas empresariais. Você poderia pagar pequenos fornecedores em 45 dias e os grandes em 90. Torne as definições dos tipos de fornecedor, assim como os próprios períodos de tempo, configuráveis. Aproveite a oportunidade para generalizar.

Você poderia estar criando um sistema com requisitos de fluxo de trabalho complicados. As ações começam e terminam de acordo com regras de negócio complexas (e mutáveis). Considere codificá-las em algum tipo de sistema baseado em regras (ou especialista), embutido dentro de seu aplicativo. Dessa forma, você o configurará escrevendo regras e não criando código.

Uma lógica menos complexa pode ser expressa com o uso de uma minilinguagem, o que elimina a necessidade de compilar e implantar novamente quando o ambiente mudar. Consulte a página 80 para ver um exemplo.

> **Quando configurar**
>
> Como mencionado em *O poder do texto simples*, página 95, recomendamos a representação de metadados de configuração em texto simples – isso torna a vida muito mais fácil.
>
> Mas quando um programa deve ler essa configuração? Muitos programas só examinam esses itens na inicialização, o que é inadequado. Se você tiver de alterar a configuração, isso o forçará a reiniciar o aplicativo. Uma abordagem mais flexível é criar programas que possam recarregar sua configuração enquanto são executados. Essa flexibilidade tem um preço: é mais complexa de implementar.
>
> Portanto, considere como seu aplicativo será usado: se for um processo de servidor de execução demorada, você vai querer fornecer alguma maneira de reler e aplicar metadados enquanto o programa está sendo executado. Para um pequeno aplicativo cliente de GUI que seja reiniciado rapidamente, talvez isso não seja preciso.
>
> Esse fenômeno não está restrito ao código do aplicativo. Todos nós ficamos aborrecidos com sistemas operacionais que nos forçam a reinicializar quando instalamos algum aplicativo simples ou alteramos um parâmetro inofensivo.

Um exemplo: Enterprise Java Beans

O Enterprise Java Beans (EJB) é uma estrutura para simplificar a programação em um ambiente distribuído baseado em transações. Ele está sendo mencionado aqui porque ilustra como os metadados podem ser usados, tanto para configurar aplicativos *quanto* para reduzir a complexidade na criação de códigos.

Suponhamos que você quisesse criar um software Java que participasse de transações em diferentes máquinas, entre bancos de dados de diferentes fornecedores e com diferentes modelos de balanceamento de carga e segmentos.

A boa notícia é que você não precisa se preocupar com tudo isso. É só criar um *bean* – um objeto autônomo que segue certas convenções – e inseri-lo no *contêiner de bean* que gerenciará grande parte dos detalhes de baixo nível em seu nome. Você pode escrever o código de um bean sem incluir nenhuma operação de transação ou gerenciamento de segmentos; o EJB usa metadados para especificar como as transações devem ser manipuladas.

A alocação de segmentos e o balanceamento de carga são especificados como metadados para o serviço de transações subjacente que o contêiner usa. Essa separação nos dá grande flexibilidade para configurar o ambiente dinamicamente, no tempo de execução.

O contêiner pode gerenciar transações em nome do bean usando um entre vários estilos diferentes (inclusive uma opção em que você pode controlar suas próprias confirmações e reversões). Todos os parâmetros que afetam o comportamento do bean são especificados em seu *descritor de implantação* – um objeto serializado contendo os metadados que precisamos.

Sistemas distribuídos como o EJB estão mostrando o caminho para um novo mundo de sistemas dinâmicos configuráveis.

Configuração cooperativa

Falamos sobre usuários e desenvolvedores configurando aplicativos dinâmicos. Mas o que aconteceria se você permitisse que os aplicativos configurassem uns aos outros – software que se adaptasse a seu ambiente? A configuração não planejada automática de software existente é um conceito poderoso.

Os sistemas operacionais já configuram a si próprios para o hardware quando são inicializados e os navegadores da Web atualizam a si próprios com novos componentes automaticamente.

Seus aplicativos maiores já devem estar enfrentando problemas para manipular diferentes versões de dados e diferentes versões de bibliotecas e sistemas operacionais. Talvez uma abordagem mais dinâmica ajude.

Não crie códigos dodós

Sem metadados, seu código não será tão adaptável ou flexível como poderia ser. Isso é ruim? Bem, no mundo real, espécies que não se adaptam morrem.

O dodó não se adaptou à presença de humanos e suas criações na ilha Maurício e rapidamente se extinguiu.[2] Foi a primeira extinção documentada de uma espécie causada pelo homem.

Não deixe seu projeto (ou sua carreira) seguir o mesmo caminho do dodó.

---

[2] Não ajudou os colonizadores surrarem as pacíficas (leia-se *estúpidas*) aves até a morte com porretes por esporte.

As seções relacionadas são:
- *Ortogonalidade*, página 56
- *Reversibilidade*, página 66
- *Linguagens de domínio*, página 79
- *O poder do texto simples*, página 95

Desafios
- Em seu projeto atual, considere quanto do aplicativo pode ser tirado do programa e inserido em metadados. Como ficaria a aparência do "mecanismo" resultante? Você poderia reutilizar esse mecanismo no contexto de um aplicativo diferente?

Exercícios

Resposta na p. 317

28. Quais dos itens a seguir seriam representados melhor como código dentro de um programa e quais externamente como metadados?

1. Atribuições de portas de comunicação
2. Suporte de um editor para o realce da sintaxe de várias linguagens
3. Suporte de um editor para diferentes dispositivos gráficos
4. Uma máquina de estado para um analisador ou scanner
5. Amostras de valores e resultados para uso em testes de unidade

28 | VINCULAÇÃO TEMPORAL

Você deve estar se perguntando do que trata a *vinculação temporal*. Ela trata do tempo.

O tempo é um aspecto frequentemente ignorado nas arquiteturas de software. O único tempo que nos preocupa é o do cronograma, o tempo que falta para a entrega – mas não é dele que estamos falando aqui. Em vez disso, estamos falando do papel do tempo como um elemento de projeto do próprio software. Há dois aspectos do tempo que são importantes para nós: concorrência (coisas ocorrendo ao mesmo tempo) e ordem (as posições relativas das coisas com o tempo).

Geralmente, não começamos a programar com um desses aspectos em mente. Quando as pessoas se sentam para projetar uma arquitetura ou criar um programa, as coisas tendem a ser lineares. É assim que a maioria das pessoas pensa – *fazem* isso e depois sempre *fazem* aquilo. Mas pensar desse modo leva à *vinculação temporal*: a vinculação ao tempo. O método A deve sempre ser chamado antes do método B; só um relatório pode ser executado de cada vez; você deve esperar a tela ser redesenhada antes do clique no botão ser recebido. Tique tem de vir antes de taque.

Essa abordagem não é muito flexível, e nem muito realista.

Temos de permitir a concorrência[3] e tentar desvincular qualquer dependência de tempo ou ordem. Ao fazer isso, ganharemos flexibilidade e reduziremos qualquer dependência baseada no tempo em muitas áreas de desenvolvimento: análise de fluxo de trabalho, arquitetura, projeto e implantação.

Fluxo de trabalho

Em muitos projetos, temos de modelar e analisar os fluxos de trabalho dos usuários como parte da análise de requisitos. Queremos descobrir o que *pode* ocorrer ao mesmo tempo e o que deve ocorrer em uma ordem rigorosa. Uma maneira de fazer isso é capturar a descrição do fluxo de trabalho usando uma notação como o *diagrama de atividades UML*.[4]

Um diagrama de atividades é composto por um conjunto de ações desenhadas na forma de caixas arredondadas. A seta que sai de uma ação leva a uma

---

[3] Não entraremos em detalhes sobre a programação concorrente ou paralela aqui; um bom livro de ciência da computação deve abordar os aspectos básicos, inclusive agendamento, deadlocks, inanição, exclusão mútua/semáforos e assim por diante.

[4] Para obter mais informações sobre todos os tipos de diagramas UML, consulte [FS97].

das outras ações (que pode começar assim que a primeira ação termina) ou a uma linha grossa chamada *barra de sincronização*. Uma vez que *todas* as ações que levarem a uma barra de sincronização forem concluídas, você poderá prosseguir ao longo de qualquer seta que estiver deixando a barra. Uma ação sem setas levando a ela pode ser iniciada a qualquer momento.

Você pode usar diagramas de atividades para maximizar o paralelismo identificando atividades que *poderiam ser* executadas em paralelo, mas não são.

DICA 39
Analise o fluxo de trabalho para melhorar a concorrência

Por exemplo, em nosso projeto de liquidificador (Exercício 17, página 141), inicialmente os usuários poderiam descrever seu fluxo de trabalho atual conforme a lista a seguir:

1. Abrir o liquidificador
2. Abrir a mistura de pinha colada
3. Colocar a mistura no liquidificador
4. Medir meia xícara de rum branco
5. Colocar o rum
6. Adicionar 2 xícaras de gelo
7. Fechar o liquidificador
8. Liquidificar por 2 minutos
9. Abrir o liquidificador
10. Pegar copos
11. Pegar enfeite de sombrinha rosa
12. Servir

Ainda que elas descrevam essas ações sequencialmente, e podem até mesmo executá-las sequencialmente, notamos que muitas delas poderiam ser executadas em paralelo, como mostrado no diagrama de atividades da Figura 5.2 da próxima página.

Pode ser revelador ver onde as dependências realmente estão. Nesse exemplo, as tarefas de nível superior (1, 2, 4, 10 e 11) podem todas ocorrer concorrentemente, logo no início. As tarefas 3, 5 e 6 podem ocorrer em paralelo posteriormente.

Se você estivesse em um concurso de preparação de pinha colada, essas otimizações poderiam fazer toda a diferença.

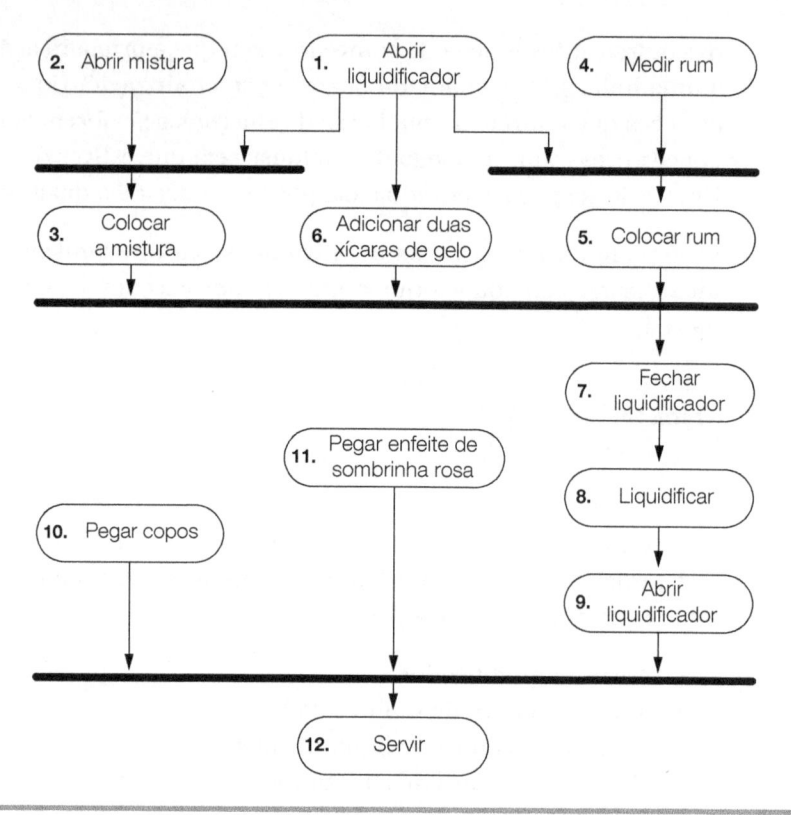

Figura 5.2 Diagrama de atividades UML: preparando uma pinha colada.

Arquitetura

Criamos um sistema de processamento de transações online (OLTP, On-Line Transaction Processing) alguns anos atrás. Em sua forma mais simples, tudo que o sistema tinha que fazer era ler uma solicitação e processar a transação no banco de dados. Mas criamos um aplicativo de três camadas, distribuído e com multiprocessamento: cada componente era uma entidade independente que era executada concorrentemente com todos os outros componentes. Embora isso dê a impressão de mais trabalho, não foi o que ocorreu: tirar vantagem da desvinculação temporal tornou *mais fácil* criá-lo. Examinemos mais detalhadamente esse projeto.

O sistema recebe solicitações de um grande número de transações de processos e linhas de comunicação de dados para uso de um banco de dados back-end.

O projeto aborda as restrições a seguir:

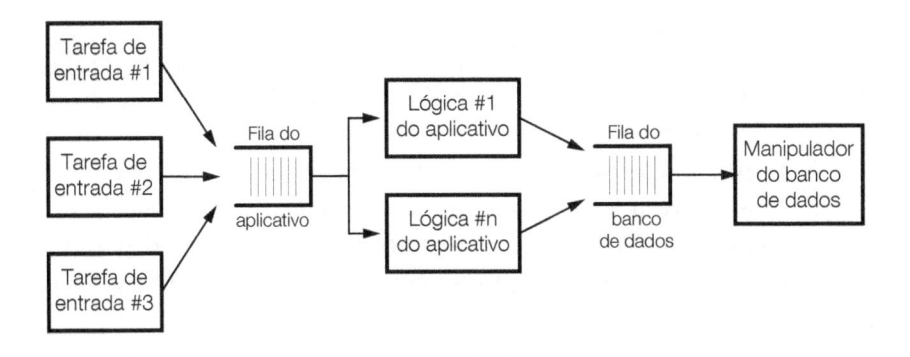

Figura 5.3 Visão geral da arquitetura OLTP.

- As operações do banco de dados levam um tempo relativamente longo para serem concluídas.
- Para cada transação, não devemos bloquear serviços de comunicação enquanto uma transação de banco de dados estiver sendo processada.
- O desempenho do banco de dados diminui com muitas sessões concorrentes.
- Várias transações estão em andamento concorrentemente em cada linha de dados.

A solução que nos deu o melhor desempenho e a arquitetura mais simples ficou com uma aparência semelhante a da Figura 5.3.

Cada caixa representa um processo separado; os processos se comunicam pelas filas de trabalho. Cada processo de entrada monitora uma linha de comunicação de chegada e faz solicitações para o servidor do aplicativo. Todas as solicitações são assíncronas: assim que o processo de entrada faz sua solicitação atual, ele volta a monitorar o tráfego na linha. Da mesma forma, o servidor do aplicativo faz solicitações do processo do banco de dados[5] e é notificado quando a transação individual é concluída.

Esse exemplo também mostra uma maneira de obter um balanceamento de carga rápido e complexo entre vários processos consumidores: o modelo do *consumidor faminto*.

---

[5] Ainda que tenhamos mostrado o banco de dados como uma entidade individual monolítica, ele não é assim. O software do banco de dados é dividido em vários processos e segmentos clientes, mas isso é manipulado internamente pelo software e não faz parte de nosso exemplo.

Em um modelo de consumidor faminto, substituímos o agendador central por várias tarefas consumidoras independentes e uma fila de trabalho centralizada. Cada tarefa consumidora pega uma parcela da fila de trabalho e se encarrega de processá-la. À medida que cada tarefa termina seu trabalho, ela volta para a fila para começar tudo de novo. Dessa forma, se alguma tarefa específica ficar travada, as outras poderão assumir por ela e cada componente individual poderá prosseguir em seu próprio ritmo. Cada componente fica temporariamente desvinculado dos outros.

> **DICA 40**
> Projete usando serviços

Em vez de componentes, criamos serviços – objetos independentes e concorrentes por trás de interfaces consistentes e bem definidas.

Projete pensando na concorrência

A crescente aceitação da linguagem Java como plataforma tem exposto muitos desenvolvedores à programação com vários segmentos. Mas a programação com segmentos impõe algumas restrições de projeto – e isso é bom. Essas restrições são tão úteis que queremos segui-las sempre que programarmos. Elas nos ajudarão a desvincular nosso código e a lutar contra a *programação baseada no acaso* (consulte a página 194).

Com um código linear, é fácil fazer suposições que levem a uma programação malfeita. Mas a concorrência o forçará a ponderar as coisas um pouco mais cuidadosamente – você não está mais sozinho na festa. Já que agora as ações podem ocorrer ao "mesmo tempo", subitamente você pode encontrar algumas dependências baseadas no tempo.

Para começar, qualquer variável global ou estática deve ser protegida do acesso concorrente. Agora pode ser um bom momento para você se perguntar *porque* precisa de uma variável global. Além disso, você tem de se certificar de apresentar informações de estado consistentes, independentemente da ordem das chamadas. Por exemplo, quando é válido consultar o estado de seu objeto? Se seu objeto estiver em um estado inválido entre certas chamadas, você pode estar contando com a coincidência de que ninguém pode chamar seu objeto naquele momento no tempo.

Suponhamos que você tivesse um subsistema de janelas em que os widgets fossem primeiro criados e então exibidos na tela em duas etapas separadas. Você não pode configurar o estado no widget até ele ser exibido. Dependendo de como o código for configurado, você pode estar confiando no fato de que nenhum outro objeto pode usar o widget criado até você tê-lo exibido na tela.

Mas isso pode não ser verdade em um sistema concorrente. Os objetos devem sempre estar em um estado válido quando chamados e podem ser chamados nos momentos mais inadequados. Você deve assegurar que um objeto esteja em um estado válido a *qualquer* momento em que ele possa ser chamado. Com frequência, esse problema surge em classes que definem rotinas de construtor e inicialização separadas (onde o construtor não deixa o objeto em um estado inicializado). O uso de invariantes de classe, discutido em *Projeto por contrato*, página 131, o ajudará a evitar essa armadilha.

Interfaces mais limpas

Pensar na concorrência e em dependências de ordenação temporal também pode levá-lo a projetar interfaces mais limpas. Considere a rotina de biblioteca C strtok, que divide uma string em tokens.

O projeto de strtok não é thread safe,[6] mas essa não é a pior parte: considere a dependência do tempo. Você deve fazer a primeira chamada a strtok com a variável que deseja analisar e todas as chamadas sucessivas com NULL. Se passar um valor diferente de NULL, ela reiniciará a análise naquele buffer. Sem considerar os segmentos, suponhamos que você quisesse usar strtok para analisar duas strings separadas ao mesmo tempo:

```c
char buf1[BUFSIZ];
char buf2[BUFSIZ];
char *p, *q;
strcpy(buf1, "this is a test");
strcpy(buf2, "this ain't gonna work");
p = strtok(buf1, " ");
q = strtok(buf2, " ");
while (p && q) {
  printf("%s %s\n", p, q);
  p = strtok(NULL, " ");
  q = strtok(NULL, " ");
}
```

---

[6] Ele usa dados estáticos para manter a posição atual no buffer. Os dados estáticos não são protegidos contra acesso concorrente, portanto, não são thread safe. Além disso, ele remove o primeiro argumento passado, o que pode levar a algumas surpresas desagradáveis.

Como mostrado, o código não funcionará: há um estado implícito retido em `strtok` entre chamadas. Você tem que usar `strtok` em apenas um buffer de cada vez.

Mas em Java, o projeto de um analisador de strings tem de ser diferente. Ele deve ser thread safe e apresentar um estado consistente.

```
StringTokenizer st1 = new StringTokenizer("this is a test");
StringTokenizer st2 = new StringTokenizer("this test will work");
while (st1.hasMoreTokens() && st2.hasMoreTokens()) {
  System.out.println(st1.nextToken());
  System.out.println(st2.nextToken());
}
```

`StringTokenizer` é uma interface muito mais limpa e de melhor manutenção. Ela não contém surpresas e não causará erros misteriosos no futuro, como pode ocorrer com `strtok`.

> **DICA 41**
> Projete sempre pensando na concorrência

Implantação

Uma vez que você tiver projetado uma arquitetura com um elemento de concorrência, será mais fácil pensar na manipulação de *muitos* serviços concorrentes: o modelo passará a ser difuso.

Agora você pode ser flexível em relação a como o aplicativo será implantado: de modo autônomo, cliente-servidor ou com n camadas. Projetando seu sistema como serviços independentes, você também pode tornar a configuração dinâmica. Ao planejar pensando na concorrência, e ao desvincular as operações e o tempo, terá todas essas opções – inclusive a autônoma, em que poderá optar por *não* ser concorrente.

Trilhar o outro caminho (tentar adicionar concorrência a um aplicativo não concorrente) é *muito* mais difícil. Se projetarmos para permitir concorrência, poderemos atender mais facilmente requisitos de escalabilidade ou desempenho quando chegar a hora – e se a hora nunca chegar, mesmo assim teremos o benefício de um projeto mais limpo.

Não é chegada a hora?

As seções relacionadas são:
- *Projeto por contrato*, página 131
- *Programação baseada no acaso*, página 194

Desafios
- Quantas tarefas você executa em paralelo quando se arruma para trabalhar de manhã? Poderia expressar isso em um diagrama de atividades UML? Consegue encontrar alguma maneira de se arrumar mais rapidamente aumentando a concorrência?

29 | APENAS UM MODO DE VER

> *Mesmo assim, um homem ouve*
> *O que ele quer ouvir*
> *E desconsidera o resto*
> *La la la...*
>
> Simon and Garfunkel, "The Boxer"

No início, somos ensinados a não criar um programa como um único e grande bloco e que devemos "dividir para vencer" e separar um programa em módulos. Cada módulo tem suas próprias responsabilidades; uma boa definição de um módulo (ou classe) é que ele deve ter apenas uma responsabilidade bem estabelecida.

Mas, uma vez que você separar um programa em diferentes módulos baseados em responsabilidades, terá um novo problema. No tempo de execução, como os objetos se comunicarão uns com os outros? Como gerenciar as dependências lógicas entre eles? Isto é, como sincronizar alterações no estado (ou atualizações em valores de dados) nesses diferentes objetos? Isso tem de ser feito de uma maneira limpa e flexível – não queremos que eles saibam muito uns sobre os outros. Queremos que cada módulo seja como o homem da canção e só ouça o que quiser ouvir.

Começaremos com o conceito de um *evento*. Um evento é simplesmente uma mensagem especial que diz "algo interessante acabou de ocorrer" (interessante, é claro, segundo quem está observando). Podemos usar eventos para sinalizar alterações em um objeto nas quais algum outro objeto possa estar interessado.

O uso de eventos dessa forma reduz a vinculação entre esses objetos – o emitente do evento não precisa ter nenhum conhecimento explícito sobre o destinatário. Na verdade, poderíamos ter vários destinatários, cada um dedicado a seus próprios afazeres (sobre os quais o emitente está feliz em nada saber).

No entanto, temos de tomar algum cuidado ao usar eventos. Em uma versão antiga da linguagem Java, por exemplo, uma rotina recebia *todos* os eventos destinados a um aplicativo específico. Esse não é exatamente o melhor caminho para uma fácil manutenção ou evolução.

Publicação/assinatura

Por que não é bom receber todos os eventos através da mesma rotina? Isso viola o encapsulamento de objetos – agora essa rotina tem de conhecer detalhadamente as interações entre muitos objetos. Também aumenta a vinculação – e estamos tentando *diminuí-la*. Já que os próprios objetos também terão de conhecer esses eventos, provavelmente você vai violar o princípio *NSR*, a ortogonalidade e até mesmo seções da Convenção de Genebra. Você já deve ter visto esse tipo de código – geralmente, ele é controlado por uma imensa instrução case ou uma instrução if-then ramificada em várias direções. Podemos fazer melhor.

Os objetos têm de poder se registrar para receber só os eventos que precisem e nunca devem receber eventos que não precisem. Não queremos tornar nossos objetos alvos de spam! Em vez disso, podemos usar um protocolo de *publicação/assinatura*, ilustrado com o uso do *diagrama de sequência UML* da Figura 5.4 na próxima página.[7]

Um diagrama de sequência mostra o fluxo de mensagens entre vários objetos, com os objetos organizados em colunas. Cada mensagem é exibida como uma seta rotulada partindo da coluna do emitente para a do destinatário. Um asterisco no rótulo significa que mais de uma mensagem desse tipo pode ser enviada.

Se estivermos interessados em certos eventos gerados por um Publisher, tudo que temos de fazer é nos registrar. O Publisher controla todos os objetos Subscriber interessados; quando gera um evento de interesse, ele chama cada Subscriber sequencialmente e os notifica que o evento ocorreu.

---

[7] Consulte também o padrão Observer em [GHJV95] para obter mais informações.

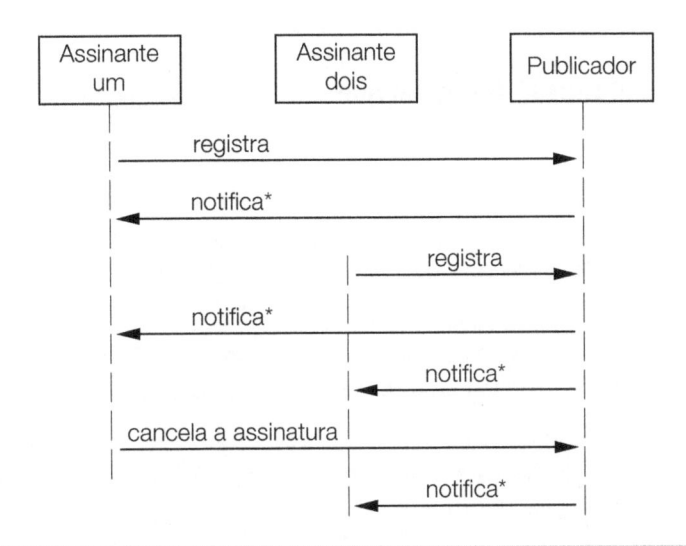

```
┌──────────┐      ┌──────────┐         ┌──────────┐
│ Assinante│      │ Assinante│         │Publicador│
│    um    │      │   dois   │         │          │
└────┬─────┘      └────┬─────┘         └────┬─────┘
     │      registra   │                    │
     │────────────────────────────────────▶│
     │      notifica*  │                    │
     │◀────────────────────────────────────│
     │                 │      registra      │
     │                 │───────────────────▶│
     │     notifica*   │                    │
     │◀────────────────│                    │
     │                 │      notifica*     │
     │                 │◀───────────────────│
     │ cancela a assinatura                 │
     │─────────────────────────────────────▶│
     │                 │      notifica*     │
     │                 │◀───────────────────│
```

Figura 5.4   Protocolo publicação/assinatura.

Há diversas variações desse tema – espelhando outros estilos de comunicação. Os objetos poderiam usar a publicação/assinatura em um esquema ponto a ponto (como vimos acima); eles poderiam usar um "barramento de software" em que um objeto centralizado mantém o banco de dados de ouvintes e despacha as mensagens apropriadamente. Você poderia até mesmo ter um esquema em que eventos críticos fossem transmitidos para todos os ouvintes – registrados ou não. Uma implementação de eventos possível em um ambiente distribuído é ilustrada pelo CORBA Event Service, descrito na caixa da próxima página.

Podemos usar esse mecanismo de publicação/assinatura para implementar um conceito de projeto muito importante: a separação entre um modelo e as visualizações do modelo. Começaremos com um exemplo baseado em GUI, usando o projeto Smalltalk em que esse conceito nasceu.

Model-view-controller

Suponhamos que você tivesse um aplicativo de planilha. Além dos números da própria planilha, você também tem um gráfico que exibe os números como um gráfico de barras e uma caixa de diálogo de total contínuo que exibe a soma de uma coluna da planilha.

É claro que não queremos ter três cópias dos dados separadas. Portanto, criamos um *modelo* – os próprios dados, com as operações para sua manipulação. Agora, podemos criar *visualizações* separadas que exibam

> **O CORBA Event Service**
>
> O CORBA Event Service permite que os objetos participantes enviem e recebam notificações de eventos por meio de um barramento comum, o *canal de eventos*. O canal de eventos controla a manipulação de eventos e também desvincula produtores de eventos de consumidores de eventos. Ele funciona de duas maneiras básicas: *inserção* e *extração*.
>
> No modo de inserção, os fornecedores de eventos informam ao canal de eventos que um evento ocorreu. O canal então distribui automaticamente esse evento para todos os objetos clientes que registraram interesse.
>
> No modo de extração, os clientes sondam periodicamente o canal de eventos, que por sua vez sonda o fornecedor que oferece dados de eventos correspondentes à solicitação.
>
> Embora o CORBA Event Service possa ser usado para implementar todos os modelos de eventos discutidos nesta seção, você também pode considerá-lo como algo diferente. O CORBA facilita a comunicação entre objetos criados em diferentes linguagens de programação sendo executados em máquinas geograficamente dispersas com diferentes arquiteturas. Valendo-se do CORBA, o serviço de eventos fornece uma maneira desvinculada de interação com aplicativos do mundo todo, criados por pessoas que você nunca encontrou, usando linguagens de programação que é melhor nem conhecer.

os dados de diferentes maneiras: como uma planilha, como um gráfico ou em uma caixa de totais. Cada uma dessas visualizações pode ter seu próprio *controlador*. A visualização em gráfico pode ter um controlador que permita que você aumente ou diminua o zoom ou examine os dados panoramicamente, por exemplo. Nada disso afeta os dados propriamente ditos, apenas a visualização.

Esse é o conceito-chave existente por trás do idioma Model-View-Controller (MVC): separar o modelo tanto da GUI que o representa *quanto* dos controles que gerenciam a visualização.[8]

Ao fazer isso, você pode se beneficiar de algumas possibilidades interessantes. Pode dar suporte a várias visualizações do mesmo modelo de dados. Pode usar os mesmos visualizadores em muitos modelos de dados

---

[8] A visualização e o controlador ficam totalmente integrados e, em algumas implementações do MVC, são um único componente.

diferentes. Pode até dar suporte a vários controladores para fornecer mecanismos de entrada não tradicionais.

> **DICA 42**
> Separe as visualizações dos modelos

Ao afrouxar a vinculação entre o modelo e a visualização/controlador, você obterá grande flexibilidade a baixo custo. Na verdade, essa técnica é uma das maneiras mais importantes de manter a reversibilidade (consulte *Reversibilidade*, página 66).

Visualização em árvore Java

Um bom exemplo de um projeto MVC pode ser encontrado no widget de árvore Java. O widget de árvore (que exibe uma árvore clicável que pode ser percorrida) é um conjunto de várias classes diferentes organizadas em um padrão MVC.

Para produzir um widget de árvore totalmente funcional, você precisa fornecer uma fonte de dados adaptável à interface `TreeModel`. Agora, seu código passará a ser o modelo para a árvore.

A visualização é criada pelas classes `TreeCellRenderer` e `TreeCellEditor`, que podem ser personalizadas e ter suas características herdadas para fornecer diferentes cores, fontes e ícones no widget. `JTree` age como o controlador do widget de árvore e fornece algumas funcionalidades gerais de visualização.

Já que desvinculamos o modelo e a visualização, simplificamos muito a programação. Você não precisa mais se preocupar em programar um widget de árvore. Em vez disso, só precisa fornecer uma fonte de dados.

Suponhamos que o vice-presidente fosse procurá-lo querendo um aplicativo rápido que permitisse a navegação pelo organograma da empresa, que é mantido em um banco de dados legado no mainframe. Você só terá de criar um encapsulador para receber os dados do mainframe, apresentá-lo como um `TreeModel` e *voilà*: criou um widget de árvore totalmente navegável.

Agora, pode usar a imaginação e começar a empregar as classes de visualização; pode alterar como os nós são gerados e usar ícones, fontes ou cores especiais. Se o vice-presidente voltar e disser que os novos padrões empresariais impõem o uso de um ícone de caveira e ossos cruzados para certos funcionários, você poderá fazer as alterações em `TreeCellRenderer` sem mexer em qualquer outro trecho de código.

Além das GUIs

Embora normalmente o MVC seja ensinado no contexto do desenvolvimento de GUIs, trata-se de uma técnica de programação de uso geral. A visualização é uma interpretação do modelo (talvez um subconjunto) – não precisa ser gráfica. O controlador é um mecanismo de coordenação e não precisa estar relacionado a nenhum tipo de dispositivo de entrada.

- **Modelo.** O modelo de dados abstrato que representa o objeto-alvo. O modelo não tem conhecimento direto de nenhuma visualização ou controlador.
- **Visualização.** Uma maneira de interpretar o modelo. Ela se adapta a alterações no modelo e a eventos lógicos provenientes do controlador.
- **Controlador.** Uma maneira de controlar a visualização e fornecer novos dados para o modelo. Ele publica eventos tanto para o modelo quanto para a visualização.

Examinemos um exemplo não gráfico.

O beisebol é uma instituição única. Onde mais você poderia ouvir pérolas de trívia como "esse se tornou o jogo de placar mais alto disputado em uma terça-feira, na chuva, sob luzes artificiais, entre times cujos nomes começam com uma vogal"? Suponhamos que nos encarregassem de desenvolver um software para dar suporte a esses intrépidos locutores que têm de irradiar o placar, as estatísticas e a trívia.

É claro que precisamos de informações sobre o jogo que está em andamento – os times que estão jogando, as condições, o jogador que vai rebater, o placar e assim por diante. Esses fatos formarão nossos modelos; eles serão atualizados à medida que novas informações chegarem (um lançador é substituído, um jogador rebate a bola, começa a chover...).

Teremos então vários objetos de visualização que usarão esses modelos. Uma visualização poderia obter os pontos marcados para atualizar o placar atual. Outra poderia receber notificações de novos rebatedores e recuperar um breve resumo de suas estatísticas do início do ano até o momento. Um terceiro visualizador poderia examinar os dados e procurar novos recordes mundiais. Poderíamos até ter um visualizador de trívia,

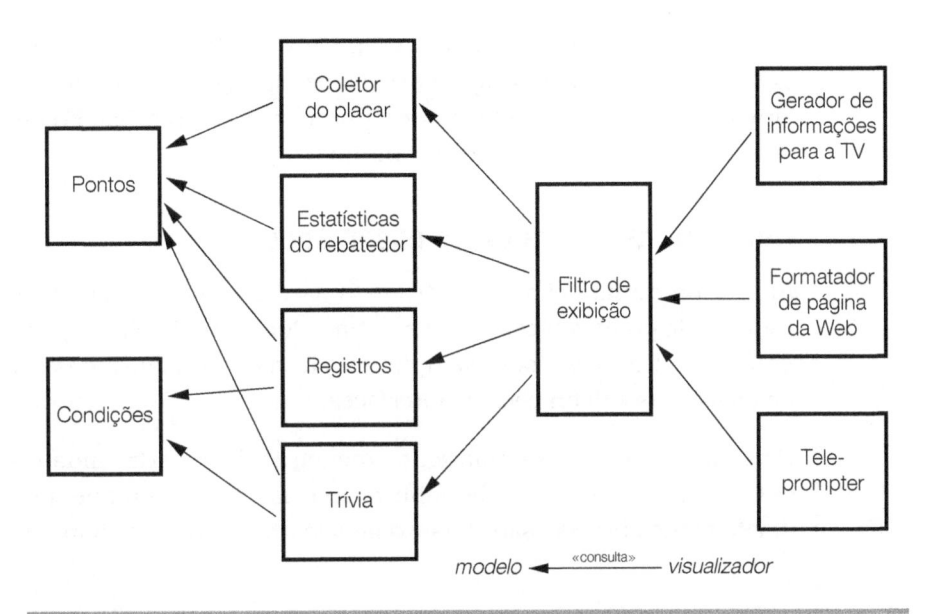

Figura 5.5 Locução de jogo de beisebol. Os visualizadores *consultam* os modelos.

responsável por fabricar aqueles fatos estranhos e inúteis que emocionam o público espectador.

Mas não queremos enlouquecer o pobre locutor com todas essas visualizações diretamente. Em vez disso, faremos cada visualização gerar notificações de eventos "interessantes" e deixaremos algum objeto de nível superior agendar o que será mostrado.[9]

Esses objetos de visualização subitamente se tornaram modelos para o objeto de nível superior, que por sua vez pode ser o modelo para diferentes visualizadores de formatação. Um visualizador de formatação poderia criar o script do teleprompter para o locutor, outro poderia gerar legendas de vídeo diretamente sobre as imagens via satélite e ainda outro atualizaria as páginas da Web da rede ou do time (consulte a Figura 5.5).

Esse tipo de rede modelo-visualizador é uma técnica de projeto comum (e valiosa). Cada vínculo desassocia os dados brutos e os eventos que o criaram – cada novo visualizador é uma abstração. E já que os relacionamentos são uma rede (e não penas uma cadeia linear), temos muita flexibilidade. Cada modelo pode ter *muitos* visualizadores, e um visualizador pode trabalhar com vários modelos.

---

[9] O fato de um avião estar passando não será interessante a menos que ele seja o 100° avião a passar essa noite.

Em sistemas avançados como esse, pode ser prático termos *visualizações de depuração* – visualizações especializadas que exibam detalhes minuciosos do modelo. A inclusão de um recurso que rastreie eventos individuais também pode economizar muito tempo.

Ainda juntos (após todos esses anos)

Apesar da diminuição que obtivemos na vinculação, os ouvintes e os geradores de eventos (assinantes e publicadores) ainda têm *alguma* relação entre eles. Em Java, por exemplo, eles devem ter as mesmas convenções de chamadas e definições de interfaces.

Na próxima seção, examinaremos maneiras de reduzir ainda mais a vinculação usando um tipo de publicação e assinatura em que *nenhum* dos participantes precisa saber da existência dos outros ou chamá-los diretamente.

As seções relacionadas são:
- *Ortogonalidade,* página 56
- *Reversibilidade,* página 66
- *A vinculação e a Lei de Deméter,* página 160
- *Quadros-negros,* página 187
- *Tudo se resume a escrever,* página 270

Exercícios

Resposta na p. 318

29. Suponhamos que você tivesse um sistema de reservas de passagens aéreas que incluísse o conceito de voo:

```java
public interface Flight {
    // Retorna falso se o voo estiver cheio.
    public boolean addPassenger(Passenger p);
    public void addToWaitList(Passenger p);
    public int getFlightCapacity();
    public int getNumPassengers();
}
```

Se você adicionar um passageiro à lista de espera, ele será inserido no voo automaticamente quando uma vaga estiver disponível.

Há uma pesada tarefa de emissão de relatórios que procura voos com excesso de reservas ou cheios para sugerir quando voos adicionais podem ser agendados. Ela funciona bem, mas leva horas para ser executada.

Gostaríamos de ter um pouco mais de flexibilidade no processamento dos passageiros da lista de espera e temos de fazer algo com relação a esse grande relatório – ele demora demais para ser executado. Use as ideias desta seção para projetar novamente essa interface.

30 QUADROS-NEGROS

A escrita está na parede...

Talvez você não costume associar *elegância* a detetives de polícia e, em vez disso, pense em algum clichê do tipo rosquinhas e café. Mas considere como os detetives usam o *quadro-negro* para coordenar e resolver uma investigação de assassinato.

Suponhamos que o chefe de polícia começasse colocando um grande quadro-negro na sala de reuniões e nele escrevesse uma única pergunta:

H. DUMPTY (SEXO MASCULINO, OVO): ACIDENTE OU ASSASSINATO?

Humpty caiu ou foi empurrado? Cada detetive pode fazer suas contribuições para esse potencial mistério de assassinato adicionando fatos, depoimentos de testemunhas, qualquer evidência forense que surgir e assim por diante. À medida que os dados forem se acumulando, um detetive pode notar uma conexão e divulgar também essa observação ou especulação. Esse processo continuará, estendendo-se por todos os turnos e envolvendo muitas pessoas e agentes diferentes, até o caso ser fechado. Um exemplo de quadro-negro é mostrado na Figura 5.6 na próxima página.

Algumas características-chave da abordagem do quadro-negro são:

- Os detetives não precisam saber da existência uns dos outros – eles apenas procuram novas informações no quadro e adicionam suas descobertas.
- Os detetives podem ter sido treinados em diferentes disciplinas, podem ter diferentes níveis de educação e especialização e podem nem mesmo trabalhar no mesmo distrito. Eles compartilham o desejo de resolver o caso, mas só isso.
- Diferentes detetives podem passar pelo quadro durante o processo podendo ser de turnos diferentes.
- Não há restrições ao que pode ser colocado no quadro-negro. Podem ser fotos, frases, evidência física e assim por diante.

```
┌─────────────────────────────────────────────────────────┐
│   H. Dumpty (sexo masculino, ovo): acidente ou assassinato? │
│                                                          │
│   Fotos              Fragmentos da casca   Gravações    │
│   Homens do rei      Dívidas de jogo  ←─→  telefônicas  │
│   Testemunhas oculares  Grafite            Álibi da esposa │
└─────────────────────────────────────────────────────────┘
        ↑                    ↑                    ↑
   ┌─────────┐          ┌─────────┐          ┌─────────┐
   │Detetive 1│          │Detetive 2│          │Detetive 3│
   └─────────┘          └─────────┘          └─────────┘
```

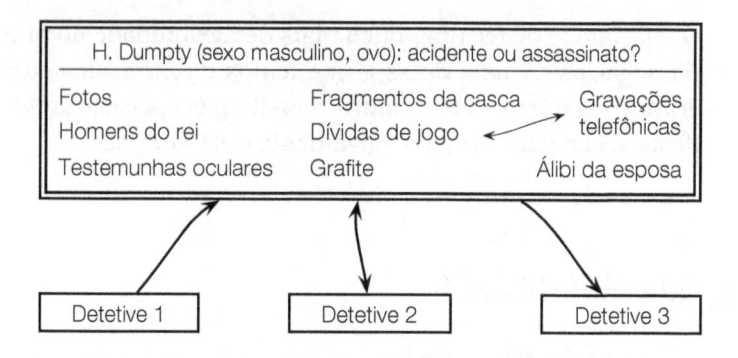

Figura 5.6 Alguém encontrou uma conexão entre as dívidas de jogo de Humpty e as gravações telefônicas. Talvez ele estivesse recebendo ameaças por telefone.

Trabalhamos em vários projetos que envolviam um processo de coleta de dados distribuídos ou de fluxo de trabalho. Em todos, projetar uma solução baseada em um simples modelo de quadro-negro nos deu uma metáfora sólida com a qual trabalhar: todas as características listadas acima com o uso de detetives são igualmente aplicáveis a objetos e módulos de código.

Um sistema de quadro-negro nos permite desvincular nossos objetos completamente uns dos outros, fornecendo um fórum em que consumidores e produtores de informações podem trocar dados anônima e assincronamente. Como você já deve ter percebido, também reduz o volume de código a ser escrito.

Implementações de quadros-negros

Sistemas de quadro-negro baseados em computador foram originalmente inventados para uso em aplicativos de inteligência artificial em que os problemas a serem resolvidos eram grandes e complexos – reconhecimento de voz, sistemas de raciocínio baseados em conhecimentos e assim por diante.

Sistemas distribuídos modernos do tipo quadro-negro como o JavaSpaces e o T Spaces [URL 50, URL 25] são baseados em um modelo de pares chave/valor popularizado primeiro no Linda [CG90], em que o conceito era conhecido como *espaço de tuplas*.

Com esses sistemas, você pode armazenar objetos Java ativos – e não apenas dados – no quadro-negro e recuperá-los pela comparação parcial de campos (através de modelos e curingas) ou por subtipos. Por exemplo, suponhamos que você tivesse um tipo Autor, que fosse subtipo de Pessoa. Poderia pesquisar um quadro-negro contendo objetos Pessoa usando um modelo Autor com o valor do sobreNome sendo "Shakespeare". Obteria Bill Shakespeare, o autor, mas não Fred Shakespeare, o jardineiro.

As principais operações no JavaSpaces são:

Nome	Função
read	Procura e recupera dados no espaço.
write	Insere um item no espaço.
take	Semelhante a read, mas também remove o item do espaço.
notify	Configura uma notificação para ocorrer sempre que for gravado um objeto que coincida com o modelo.

O TSpaces dá suporte a um conjunto semelhante de operações, mas com outros nomes e uma semântica um pouco diferente. Os dois sistemas são construídos como um produto de banco de dados; eles fornecem operações atômicas e transações distribuídas para assegurar a integridade dos dados.

Já que podemos armazenar objetos, podemos usar um quadro-negro para projetar algoritmos baseados em um *fluxo de objetos* em vez de usar apenas dados. É como se nossos detetives pudessem pregar pessoas no quadro-negro – as próprias testemunhas e não apenas seus depoimentos. Qualquer pessoa poderia fazer perguntas a uma testemunha na busca de uma solução, divulgar a transcrição e mover essa testemunha para outra área do quadro-negro, onde ela poderia responder diferentemente (se você também permitir que a testemunha leia o quadro-negro).

Uma grande vantagem de sistemas como esses é que há uma interface consistente e exclusiva para o quadro-negro. Ao construir um aplicativo distribuído tradicional, você pode gastar muito tempo criando chamadas de APIs exclusivas para cada interação e transação distribuída do sistema. Com a explosão combinatória de interfaces e interações, o projeto pode se tornar rapidamente um pesadelo.

O estilo "quadro-negro" de programação elimina a necessidade de tantas interfaces, compondo um sistema mais elegante e consistente.

> **Organizando seu quadro-negro**
>
> Quando os detetives trabalham em casos grandes, o quadro-negro tende a ficar confuso e pode ser difícil localizar os dados. A solução é *dividi-lo* e começar a organizar os dados de alguma forma.
>
> Diferentes sistemas de software manipulam essa divisão de maneiras distintas; alguns usam *zonas* ou *grupos de interesse* bem nivelados, enquanto outros adotam uma estrutura mais hierárquica de tipo árvore.

Exemplo de aplicação

Suponhamos que estivéssemos criando um programa que aceitasse e processasse pedidos de hipoteca ou empréstimo. As leis que regulam essa área são complexas, com os governos federal, estadual e local podendo opinar. O emprestador deve se certificar de que eles esclareçam o necessário e deve pedir certas informações – mas *não* pode fazer algumas perguntas e por aí vai.

Além do incômodo da lei aplicável, também temos os seguintes problemas para resolver.

- Não há garantias quanto à ordem em que os dados chegam. Por exemplo, consultas a uma verificação de crédito ou a uma busca de título podem levar bastante tempo, enquanto itens como nome e endereço podem estar disponíveis imediatamente.
- A coleta de dados pode ser feita por pessoas diferentes, distribuídas em diferentes escritórios, em fusos horários distintos.
- Parte da coleta de dados pode ser feita automaticamente por outros sistemas. Esses dados também podem chegar assincronamente.
- No entanto, certos dados ainda podem depender de outros dados. Por exemplo, talvez você não consiga iniciar a busca de título referente a um carro até obter prova de propriedade ou seguro.
- A chegada de novos dados pode dar origem a novos problemas e regras. Suponhamos que a verificação de crédito retornasse um relatório simplesmente bombástico: agora você precisa de cinco formulários adicionais e talvez de uma amostra de sangue.

Você pode tentar manipular cada combinação e circunstância possíveis usando um sistema de fluxo de trabalho. Existem muitos desses sistemas, mas eles podem ser complexos e demandar intensa dedicação do programador. À medida que as normas mudarem, o fluxo de trabalho deve ser reorganizado: pessoas podem ter de mudar seus procedimentos e códigos embutidos fisicamente podem ter de ser reescritos.

Um quadro-negro, em conjunto com um mecanismo de regras que encapsule os requisitos legais, é uma solução elegante para as dificuldades encontradas aqui. A ordem de chegada dos dados é irrelevante: quando um fato é divulgado ele pode acionar as regras apropriadas. O feedback também é facilmente manipulado: a saída proveniente de qualquer conjunto de regras pode ser divulgada no quadro-negro e causar o acionamento de mais leis aplicáveis.

DICA 43
Use quadros-negros para coordenar o fluxo de trabalho

Podemos usar o quadro-negro para coordenar fatos e agentes diferentes e continuar mantendo a independência e até mesmo o isolamento entre os participantes.

É claro que você pode obter os mesmos resultados com métodos que empreguem força bruta, porém terá um sistema mais frágil. Quando ele travar, ninguém conseguirá fazê-lo funcionar novamente.

As seções relacionadas são:
- *O poder do texto simples*, página 95
- *É apenas um modo de ver*, página 179

Desafios
- Você usa sistemas de quadro-negro no mundo real – o quadro de avisos perto do refrigerador ou o grande quadro branco no trabalho? O que os torna eficazes? As mensagens são divulgadas em um formato consistente? Isso importa?

Exercícios
30. Em cada uma das aplicações a seguir, um sistema de quadro-negro seria apropriado ou não? Por quê?

1. **Processamento de imagens.** Você gostaria de fazer vários processos paralelos capturarem pedaços de uma imagem, processá-las e retornar o bloco concluído.
2. **Agenda de grupo.** Você tem pessoas espalhadas no mundo todo, em diferentes fusos horários e falando diferentes idiomas, tentando marcar uma reunião.
3. **Ferramenta de monitoramento de rede.** O sistema coleta estatísticas de desempenho e compõe relatórios de problemas. Você gostaria de implementar alguns agentes para usar essas informações para procurar problemas no sistema.

CAPÍTULO **6**

Enquanto Você Está Codificando

O senso comum diz quando um projeto está na fase de codificação, o trabalho é quase todo mecânico, com a transcrição do projeto para a forma de instruções executáveis. Achamos que essa atitude é a grande razão para muitos programas acabarem ficando deselegantes, ineficientes, mal estruturados, de difícil manutenção e até mesmo errados.

A codificação não é mecânica. Se fosse, todas as ferramentas CASE nas quais as pessoas colocavam suas esperanças no início dos anos 80 teriam substituído os programadores há muito tempo. Há decisões a serem tomadas a cada minuto – decisões que requerem ponderação e julgamento cuidadosos se o esperado for que o programa resultante tenha uma vida longa, precisa e produtiva.

Desenvolvedores que não pensam ativamente em seu código estão programando com base no acaso – o código pode funcionar, mas não há uma razão específica para isso ocorrer. Em *Programação baseada no acaso*, defendemos um envolvimento mais positivo com o processo de codificação.

Embora a maioria dos códigos que escrevemos seja executada rapidamente, ocasionalmente desenvolvemos algoritmos que têm o potencial de travar mesmo os processadores mais rápidos. Em *Velocidade do algoritmo*, discutimos maneiras de estimar a velocidade do código e fornecemos algumas dicas de como identificar possíveis problemas antes de eles ocorrerem.

Os programadores pragmáticos consideram criticamente todos os códigos, inclusive os de sua própria autoria. Vemos constantemente que há espaço para melhorias em nossos programas e projetos. Em *Refatoração*, examinaremos técnicas que ajudam a corrigir códigos existentes mesmo enquanto estamos no meio de um projeto.

Algo que deve ser lembrado sempre que você estiver produzindo código é que será preciso testá-lo. Torne o código fácil de testar e aumentará a probabilidade de ele ser realmente testado, um raciocínio que desenvolvemos em *Código que seja fácil de testar*.

Para concluir, em *Assistentes do mal*, recomendamos que você tome cuidado com ferramentas que criam muito código em seu nome a menos que saiba o que está fazendo.

A maioria de nós dirige um carro quase sempre no piloto automático – não mandamos explicitamente nosso pé pressionar um pedal ou nosso braço virar a direção – apenas pensamos "diminua a velocidade e vire à direita". No entanto, motoristas prudentes avaliam constantemente a situação, atentos a possíveis problemas e se preparando para o caso do inesperado ocorrer. O mesmo acontece na codificação – pode ser basicamente rotina, mas manter-se alerta ao que se faz pode evitar um desastre.

31 PROGRAMAÇÃO BASEADA NO ACASO

Já assistiu a antigos filmes de guerra em preto e branco? O soldado cansado sai cuidadosamente do mato. Há uma clareira à frente: haveria alguma mina terrestre ou é seguro passar? Não há indicação de que seja um campo minado – nenhuma placa, arame farpado ou buracos. O soldado examina minuciosamente o solo à sua frente com sua baioneta e recua, esperando uma explosão. Ela não ocorre. Portanto, ele avança cuidadosamente pelo campo durante algum tempo, examinando e esquadrinhando ao caminhar. Finalmente, convencido de que o campo é seguro, ele se recompõe e caminha orgulhosamente, só para acabar sendo feito em pedaços.

As procuras iniciais do soldado por minas não revelaram nada, mas isso foi apenas sorte. Ele foi levado a uma falsa conclusão – com resultados desastrosos.

Como desenvolvedores, também trabalhamos em campos minados. Há centenas de armadilhas só esperando para nos capturar todo dia. Lembrando do conto do soldado, devemos tomar cuidado para não chegar a conclusões falsas. Devemos evitar a programação por coincidência – confiando na sorte e em sucessos acidentais – e favorecer a *programação deliberada*.

Como programar com base no acaso

Suponhamos que Fred recebesse uma tarefa de programação. Ele digita algum código, testa-o e parece funcionar. Fred digita mais algum código, testa-o e ele ainda parece funcionar. Após várias semanas codificando dessa forma, o programa para subitamente de funcionar e, depois de horas tentando corrigi-lo, ele ainda não sabe por que isso ocorreu. Fred pode acabar passando muito tempo examinando esse trecho de código sem conseguir corrigi-lo. Independente do que faça, ele não parece funcionar direito.

Fred não sabe o motivo de o código estar falhando porque *não sabe nem mesmo por que ele funcionou*. Ele parecia funcionar, dados os "testes" limitados que Fred fez, mas isso foi apenas uma coincidência. Amparado por uma falsa confiança, Fred deixou de se preocupar cedo demais. A maioria das pessoas inteligentes pode conhecer alguém como Fred, mas *somos* mais espertos. Não confiamos em coincidências – confiamos?

Em algumas situações, acabamos confiando. Às vezes, pode ser fácil confundir uma feliz coincidência com um plano intencional. Examinemos alguns exemplos.

Acidentes de implementação

Acidentes de implementação são coisas que ocorrem simplesmente porque é dessa maneira que o código está escrito atualmente. Você acaba confiando em condições limítrofes ou de erro não documentadas.

Suponhamos que você chamasse uma rotina com dados inválidos. A rotina responde de uma maneira específica e você codifica baseado nessa resposta. Mas o autor não pretendia que a rotina funcionasse dessa forma – isso não foi nem mesmo considerado. Quando a rotina for "corrigida", seu código pode travar. No caso mais extremo, a rotina que você chamou pode nem mesmo ter sido projetada para fazer o que você quer, mas *parece* funcionar bem. Chamar coisas na ordem errada, ou no contexto errado, é um problema relacionado.

```
paint(g);
invalidate();
validate();
revalidate();
repaint();
paintImmediately(r);
```

Aqui, parece que Fred está desesperadamente tentando exibir algo na tela. Mas essas rotinas não foram projetadas para serem chamadas dessa maneira; embora pareçam funcionar, é apenas uma coincidência.

Para não deixar por menos, quando o componente finalmente for exibido, Fred não tentará remover as chamadas incorretas. "Agora está funcionando, melhor deixar assim..."

É fácil se deixar enganar por essa linha de raciocínio. Por que se arriscar a mexer em algo que está funcionando? Podemos pensar em várias razões:

- Pode não estar funcionando realmente – pode apenas parecer que está funcionando.
- A condição limítrofe em que você está se baseando pode ser apenas acidental. Em outras circunstâncias (talvez uma resolução de tela diferente), ela pode se comportar diferentemente.
- O comportamento não documentado pode mudar na próxima versão da biblioteca.
- Chamadas adicionais e desnecessárias tornam o código mais lento.
- Chamadas adicionais também aumentam o risco de introdução de novos erros causados por elas próprias.

Para códigos que você escrever que outros chamarão, os princípios básicos da boa modularização e da ocultação da implementação por trás de interfaces pequenas e bem documentadas podem ajudar. Um contrato bem especificado (consulte *Projeto por contrato,* página 131) pode ajudar a eliminar mal entendidos.

Para rotinas que você chamar, confie apenas em comportamento documentado. Se não puder, por alguma razão, documente bem sua suposição.

Acidentes de contexto

Você também pode ter "acidentes de contexto". Suponhamos que estivesse criando um módulo utilitário. Só porque atualmente você está codificando para um ambiente de GUI, o módulo tem de depender do fato de uma GUI estar presente? Você está pensando em usuários que falam português? Usuários alfabetizados? Em que mais está confiando que não é garantido?

Suposições implícitas

As coincidências podem enganar em todos os níveis – da geração de requisitos ao teste. O teste é particularmente propenso a falsas causalidades e resultados acidentais. É fácil supor que X cause Y, mas, como dissemos em *Depurando,* página 112: não suponha, prove.

Em todos os níveis, as pessoas agem fazendo muitas suposições – mas raramente essas suposições são documentadas e, com frequência, são conflitantes entre diferentes desenvolvedores. Suposições não baseadas em fatos bem estabelecidos são a ruína de todos os projetos.

> **DICA 44**
> Não programe por coincidência

Como programar deliberadamente

Queremos passar menos tempo codificando indiscriminadamente, detectar e corrigir erros o mais cedo possível no ciclo de desenvolvimento e, acima de tudo, gerar menos erros. Programar deliberadamente pode ajudar:

- Esteja sempre consciente do que está fazendo. Fred foi deixando lentamente as coisas saírem de controle, até não ter mais alternativa, como o sapo de *Sopa de pedras e sapos cozidos*, página 29.
- Não codifique às cegas. Tentar construir um aplicativo que você não conhece detalhadamente, ou usar uma tecnologia com qual não está familiarizado, é um convite a ser enganado pelas coincidências.
- Aja de acordo com um plano, estando ele em sua cabeça, no verso do guardanapo de um aperitivo ou em um documento de grande porte impresso por uma ferramenta CASE.
- Confie apenas em coisas confiáveis. Não dependa de acidentes ou suposições. Se não souber a diferença em circunstâncias específicas, suponha o pior.
- Documente suas suposições. A seção *Projeto por contrato*, página 131, pode ajudá-lo a refinar as suposições em sua própria mente e a comunicá-las para os outros.
- Não teste apenas seu código, teste também suas suposições. Não suponha. Teste realmente. Escreva uma asserção para testar suas suposições (consulte *Programação assertiva*, página 144). Se sua asserção estiver certa, você terá melhorado a documentação em seu código. Se descobrir que sua suposição está errada, considere-se com sorte.
- Priorize seu esforço. Gaste tempo nos aspectos importantes: quase sempre, essas são as partes difíceis. Se não construir os aspectos

básicos ou a infraestrutura corretamente, penduricalhos chamativos serão irrelevantes.

- Não seja escravo da história. Não deixe códigos existentes ditarem regras para códigos futuros. Todos os códigos podem ser substituídos se não forem mais apropriados. Mesmo dentro de um programa, não deixe o que você já fez restringir o que fará a seguir – prepare-se para refatorar (consulte *Refatoração*, página 206). Essa decisão pode afetar o cronograma do projeto. Supõe-se que o impacto seja menor do que o custo de *não* fazer a alteração.[1]

Portanto, da próxima vez que algo parecer estar funcionando, mas você não souber por que, verifique se não é apenas uma coincidência.

As seções relacionadas são:
- *Sopa de pedras e sapos cozidos*, página 29
- *Depurando*, página 112
- *Projeto por contrato*, página 131
- *Programação assertiva*, página 144
- *Vinculação temporal*, página 172
- *Refatoração*, página 206
- *Tudo se resume a escrever*, página 270

Exercícios

31. Consegue identificar algumas coincidências no fragmento de código C a seguir? Suponha que esse código estivesse embutido no meio de uma rotina de biblioteca.

Resposta na p. 320

```
fprintf(stderr, "Error, continue?");
gets(buf);
```

32. Esse trecho de código C pode funcionar durante algum tempo, em certas máquinas. Em seguida, pode não funcionar. O que há de errado?

Resposta na p. 320

```
/* Reduz a string a seus últimos caracteres de tamanho máximo */
void string_tail(char *string, int maxlen) {
  int len = strlen(string);
  if (len > maxlen) {
    strcpy(string, string + (len - maxlen));
  }
}
```

---

[1] Você também pode exagerar aqui. Uma vez, conhecemos um desenvolvedor que reescreveu todo código fonte que recebeu porque tinha suas próprias convenções de nomeação.

Resposta na p. 321

33. Esse código vem de um conjunto de rastreamento Java de uso geral. A função grava uma string em um arquivo de log. Ela passa em seu teste de unidade, mas falha quando um dos desenvolvedores da Web a usa. Em que coincidência se baseia?

```
public static void debug(String s) throws IOException {
  FileWriter fw = new FileWriter("debug.log", true);
  fw.write(s);
  fw.flush();
  fw.close();
}
```

32 VELOCIDADE DO ALGORITMO

Em *Estimando*, página 86, falamos sobre estimar coisas como quanto tempo demora cruzar a cidade ou quanto tempo um projeto demorará para terminar. No entanto, há outro tipo de estimativa que os programadores pragmáticos usam quase todo dia: estimar os recursos que os algoritmos usam – tempo, processador, memória e assim por diante.

Esse tipo de estimativa com frequência é crucial. Se pudesse escolher entre duas maneiras de fazer algo, qual você selecionaria? Você sabe por quanto tempo seu programa é executado com 1.000 registros, mas como ele se adaptará a 1.000.000? Que partes do código precisam de otimização?

Sabe-se que essas perguntas podem ser respondidas com o uso do bom senso, alguma análise e uma maneira de escrever aproximações chamada notação do "grande O".

O que queremos dizer com estimativa de algoritmos?

A maioria dos algoritmos incomuns manipula algum tipo de entrada variável – a classificação de n strings, a inversão de uma matriz $m \times n$ ou a descriptografia de uma mensagem com uma chave de n bits. Normalmente, o tamanho dessa entrada afeta o algoritmo: quanto maior a entrada, maior o tempo de execução ou maior o uso de memória.

Se o relacionamento fosse sempre linear (de modo que o tempo aumentasse em proporção direta ao valor de n), esta seção não seria importante. No entanto, algoritmos mais relevantes não são lineares. A boa notícia é que muitos são sublineares. Uma busca binária, por exemplo, não precisa examinar cada candidato quando encontra uma ocorrência. A má notícia é que outros algoritmos são consideravelmente piores que lineares; os requisitos de memória ou tempos de execução aumentam bem mais rápido que n. Um algoritmo que leva um minuto para processar 10 itens pode levar toda uma existência para processar cem.

Descobrimos que sempre que escrevemos algo contendo loops ou chamadas recursivas, inconscientemente verificamos os requisitos de tempo de execução e memória. Raramente esse processo é formal e sim uma rápida confirmação de que o que estamos fazendo é sensato dadas as circunstâncias. No entanto, às vezes nos vemos *realmente* executando uma análise mais detalhada. É aí que a notação O() se torna útil.

A notação O( )

A notação O() é uma maneira matemática de lidar com aproximações. Quando escrevemos que uma rotina de classificação específica classifica n registros no tempo $O(n^2)$, estamos dizendo que o tempo gasto no pior dos casos variará segundo o quadrado de n. Dobre o número de registros e o tempo aumentará aproximadamente quatro vezes. Considere o O como significando *da ordem de*. A notação O() define um limite superior para o valor do item que estamos medindo (tempo, memória e assim por diante). Quando dizemos que uma função leva o tempo $O(n^2)$, sabemos que o limite superior do tempo gasto por ela não aumentará mais rápido do que n^2. Às vezes, deparamos com funções O() bem complexas, mas já que o termo de ordem mais alta prevalecerá para o valor à medida que n crescer, a convenção é remover todos os termos de ordem inferior e não se preocupar em exibir qualquer fator multiplicador constante. $O(n^2/2 + 3n)$ é o mesmo que $O(n^2/2)$, que é equivalente a $O(n^2)$. Na verdade, esse é um ponto fraco da notação O() – um algoritmo $O(n^2)$ pode ser 1.000 vezes mais rápido do que outro algoritmo $O(n^2)$, mas você não saberá disso a partir da notação.

A Figura 6.1 mostra várias notações O() comuns que você encontrará, junto com um gráfico comparando os tempos de execução dos algoritmos de cada categoria. Fica claro que as coisas começam rapidamente a sair de controle quando ultrapassamos $O(n^2)$.

Por exemplo, suponhamos que você tivesse uma rotina que levasse 1 s para processar 100 registros. Quanto tempo ela levará para processar 1.000? Se seu código for $O(1)$, ela continuará demorando 1 s. Se ele for $O(\lg(n))$, provavelmente você terá que esperar cerca de 3 s. $O(n)$ exibirá um aumento linear para 10 s, enquanto $O(n \lg(n))$ levará cerca de 33 s. Se

Algumas notações O( ) comuns

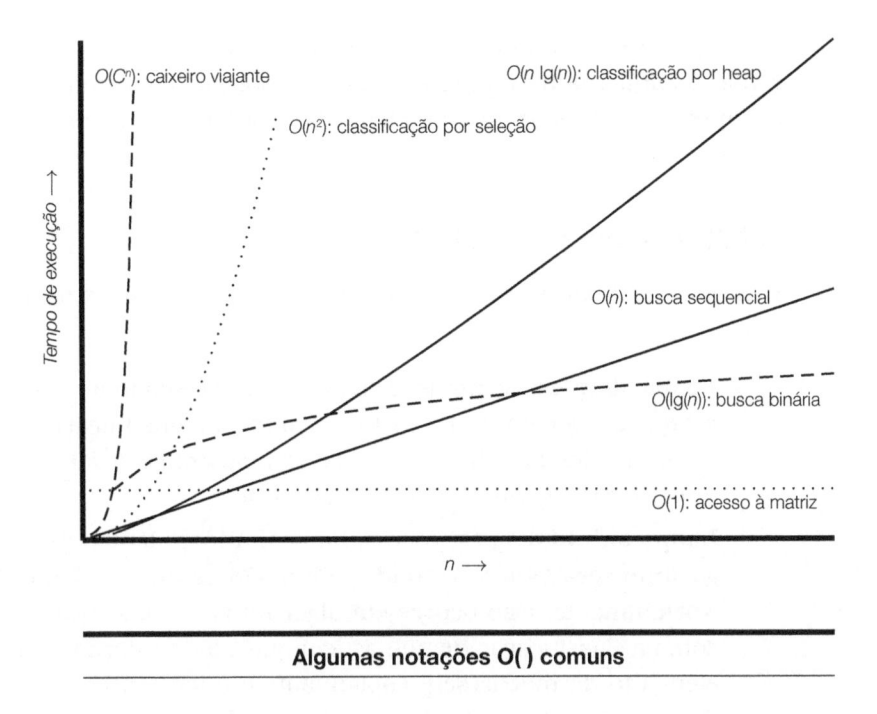

O(1)   Constante (acessa elemento em matriz, instruções simples)

O(lg(n))   Logarítmica (busca binária) *[A notação lg(n) é a abreviatura de $\log_2(n)$]*

O(n)   Linear (busca sequencial)

O(n lg(n))   Pior que linear, mas não muito pior (tempo de execução médio da classificação rápida, classificação por heap)

$O(n^2)$ Lei do quadrado (classificações por seleção e inserção)

$O(n^3)$ Cúbica (multiplicação de 2 matrizes $n \times n$)

$O(C^n)$ Exponencial (problema do caixeiro viajante, divisão do conjunto)

Figura 6.1   Tempos de execução de vários algoritmos.

você for azarado o bastante para ter uma rotina $O(n^2)$, pode esperar sentado durante 100 s enquanto ela executa sua tarefa. E se estiver usando um algoritmo exponencial $O(2^n)$, talvez queira tomar um café – sua rotina deve terminar em cerca de 10^{263} anos. Poderemos ver como o mundo acaba.

A notação O() não se aplica apenas ao tempo; você pode usá-la para representar qualquer outro recurso empregado por um algoritmo. Por exemplo, costuma ser útil podermos modelar o consumo de memória (consulte o Exercício 35 na página 205).

Estimativa por bom senso

Você pode estimar a ordem de muitos algoritmos básicos usando o bom senso.

- **Loops simples.** Se um loop simples for executado de 1 a n, é provável que o algoritmo seja $O(n)$ – o tempo aumenta linearmente com n. Exemplos incluem buscas exaustivas, descobrir o valor máximo de uma matriz e gerar somas de verificação.

- **Loops aninhados.** Se você aninhar um loop dentro de outro, o algoritmo será $O(m \times n)$, onde m e n são os limites dos dois loops. Normalmente, isso ocorre em algoritmos de classificação simples, como a classificação de bolhas, em que o loop externo examina cada elemento da matriz sequencialmente e o loop interno define onde deve ser inserido esse elemento no resultado classificado. Esses algoritmos de classificação tendem a ser $O(n^2)$.

- **Divisão binária.** Se seu algoritmo divide igualmente o conjunto de coisas que ele considera a cada vez que percorre o loop, provavelmente ele é logarítmico, $O(\lg(n))$ (consulte o Exercício 37, página 205). Uma busca binária em uma lista classificada, percorrer uma árvore binária e encontrar o primeiro bit ativo na palavra de uma máquina, tudo isso pode ser $O(\lg(n))$.

- **Dividir para conquistar.** Algoritmos que dividem sua entrada, trabalham nas duas metades independentemente e então combinam o resultado podem ser $O(n \lg(n))$. O exemplo clássico é a classificação rápida, que funciona dividindo os dados em duas metades e classificando cada uma recursivamente. Embora tecnicamente seja $O(n^2)$, já que seu comportamento piora quando recebe entrada classificada, o tempo de execução médio da classificação rápida é $O(n \lg(n))$.

- **Análise combinatória.** Sempre que os algoritmos começam a examinar as permutações das coisas, seus tempos de execução podem sair do controle. Isso ocorre porque as permutações envolvem fatoriais (há 5! = 5x4x3x2x1 = 120 permutações dos dígitos de 1 a 5). Cronometre um algoritmo de análise combinatória para cinco elementos: demorará seis vezes mais para ele ser executado para seis e 42 vezes mais para sete. Exemplos incluem os algoritmos de muitos dos problemas *difí-*

ceis conhecidos – o problema do caixeiro viajante, empacotar coisas em um contêiner de maneira otimizada, dividir um conjunto de números para que cada conjunto tenha o mesmo total e assim por diante. Geralmente, heurísticas são usadas para reduzir os tempos de execução desses tipos de algoritmos em domínios de problema específicos.

Velocidade do algoritmo na prática

Provavelmente, você não passará muito tempo em sua carreira criando rotinas de classificação. As existentes nas bibliotecas disponíveis devem ter melhor desempenho do que qualquer coisa que você criar sem um esforço significativo. No entanto, os tipos básicos de algoritmos que descrevemos anteriormente reaparecem de tempos em tempos. Sempre que estiver criando um loop simples, você saberá que tem um algoritmo $O(n)$. Se esse loop tiver um loop interno, estará olhando para um algoritmo $O(m \times n)$. Você deve estar se perguntando até onde esses valores podem chegar. Se os números forem limitados, você saberá quanto tempo o código levará para ser executado. Se os números dependerem de fatores externos (como a quantidade de registros de uma execução em lote durante a noite ou a quantidade de nomes em uma lista de pessoas), talvez queira fazer uma pausa para considerar o efeito que valores altos podem ter em seu tempo de execução ou consumo de memória.

> **DICA 45**
> Estime a ordem de seus algoritmos

Há algumas abordagens que você pode usar para resolver possíveis problemas. Se tiver um algoritmo que for $O(n^2)$, tente encontrar uma abordagem "dividir para conquistar" em que você desça para o nível $O(n \lg(n))$.

Se não tiver certeza de quanto tempo seu código levará ou quanta memória ele usará, tente executá-lo, variando a contagem de registros de entrada ou qualquer coisa que possa afetar o tempo de execução. Em seguida, represente os resultados graficamente. Logo você terá uma boa ideia da forma da curva. Está se curvando para cima, é uma linha reta ou está se nivelando à medida que o tamanho da entrada aumenta? Três ou quatro pontos devem lhe dar uma boa referência.

Considere também o que você está fazendo no próprio código. Um loop $O(n^2)$ simples pode ser executado melhor do que um loop $O(n \lg(n))$ complexo para valores de n menores, principalmente se o algoritmo $O(n \lg(n))$ tiver um loop interno dispendioso.

No meio de toda essa teoria, não esqueça que também há considerações práticas. O tempo de execução pode parecer aumentar linearmente para pequenos conjuntos de entradas. Mas alimente o código com milhões de registros e subitamente o tempo baixará à medida que o sistema começar a executar o *thrashing*. Se você testar uma rotina de classificação com chaves de entrada aleatórias, pode ficar surpreso na primeira vez em que ela encontrar a entrada ordenada. Programadores pragmáticos tentam abordar tanto as bases teóricas quanto as práticas. Após todas essas estimativas, o único tempo que interessa é a velocidade de seu código, sendo executado no ambiente de produção, com dados reais.[2] Isso leva à nossa próxima dica.

> **DICA 46**
> Teste suas estimativas

Se for complicado obter períodos de tempo precisos, use *geradores de perfil de código* para contar quantas vezes as diferentes etapas de seu algoritmo são executadas e representar esses números graficamente em relação ao tamanho da entrada.

O melhor nem sempre é melhor

Você também deve ser pragmático na escolha dos algoritmos apropriados – o mais rápido nem sempre é o melhor para o trabalho. Dado um pequeno conjunto de entradas, uma simples classificação por inserção será executada tão bem quanto uma classificação rápida e você demorará menos para criar e depurar. Você também tem de tomar cuidado se o algoritmo escolhido tiver um custo de inicialização alto. Para pequenos conjuntos de entradas, essa instalação pode degradar o tempo de execução e tornar o algoritmo inapropriado.

Tome cuidado também com a *otimização prematura*. É sempre uma boa ideia se certificar se um algoritmo é realmente um gargalo antes de investir seu precioso tempo melhorando-o.

As seções relacionadas são:
- *Estimando*, página 86

---

[2] Na verdade, ao testar os algoritmos de classificação usados como exercício para esta seção em um Pentium de 64 MB, os autores ficaram sem memória real enquanto executavam a classificação pela base com mais de sete milhões de números. A classificação começou a usar o espaço de *swap* e os tempos pioraram dramaticamente.

Desafios

- Todo desenvolvedor deve ter uma ideia de como os algoritmos são projetados e analisados. Robert Sedgewick escreveu uma série de livros acessíveis sobre o assunto ([Sed83, SF96] e outros). Recomendamos que você adicione um de seus livros à sua coleção e que não deixe de lê-lo.

- Para os que gostam de mais detalhes do que Sedgewick fornece, leiam os imprescindíveis livros *Art of Computer Programming* de Donald Knuth, que analisam um amplo conjunto de algoritmos [Knu97a, Knu97b, Knu98].

- No Exercício 34, examinaremos a classificação de matrizes de inteiros longos. Qual será o impacto se as chaves forem mais complexas e a sobrecarga da comparação de chaves for alta? A estrutura das chaves afeta a eficiência dos algoritmos de classificação ou a classificação mais rápida é sempre mais rápida?

Exercícios

Resposta na p. 321

34. Codificamos um conjunto de rotinas de classificação simples, que podem ser baixadas de nosso site na Web (www.pragmaticprogrammer.com). Execute-as em várias máquinas que estiverem disponíveis para você. Seus números seguem as curvas esperadas? O que conseguiu deduzir sobre as velocidades relativas de suas máquinas? Quais são os efeitos de diferentes configurações de otimização do compilador? A classificação pela base é realmente linear?

Resposta na p. 322

35. A rotina abaixo exibe o conteúdo de uma árvore binária. Supondo que a árvore esteja balanceada, aproximadamente que espaço a rotina usará na pilha ao exibir uma árvore de 1.000.000 elementos? (Presuma que chamadas de sub-rotina não imponham uma sobrecarga significativa à pilha).

```
void printTree(const Node *node) {
  char buffer[1000];
  if (node) {
    printTree(node->left);
    getNodeAsString(node, buffer);
    puts(buffer);
    printTree(node->right);
  }
}
```

Resposta na p. 322

36. Consegue vislumbrar alguma maneira de reduzir os requisitos de pilha da rotina do Exercício 35 (além da redução do tamanho do buffer)?

Resposta na p. 323

37. Na página 202, alegamos que um corte binário é da ordem $O(\lg(n))$. Consegue provar isso?

33 REFATORAÇÃO

> *Mudança e decadência em tudo que vejo...*
>
> H. F. Lyte, "Abide With Me"

À medida que um programa evolui, decisões anteriores têm de ser repensadas e partes do código retrabalhadas. Esse processo é perfeitamente natural. O código precisa evoluir; ele não é estático.

Infelizmente, a metáfora mais comum para o desenvolvimento de software é a construção de prédios (Bertrand Meyer [Mey97b] usa o termo "Construção de Software"). Mas usar a construção como metáfora condutora sugere essas etapas:

1. Um arquiteto fazendo plantas.

2. Empreiteiros cavando a fundação, construindo a estrutura superior, a fiação e o encanamento e aplicando os retoques finais.

3. Os inquilinos passando a viver ali felizes para sempre e chamando o serviço de manutenção do prédio para corrigir qualquer problema.

Bem, o software não funciona exatamente assim. Em vez de construção, eles são mais como *jardinagem* – são mais orgânicos e concretos. Você pode plantar muitas coisas em um jardim de acordo com um plano e condições iniciais. Algumas florescem, outras acabam virando adubo. Você pode escolher o local das plantas em relação umas as outras para se beneficiar da interação entre luz e sombra, vento e chuva. Plantas mais frondosas são separadas ou aparadas e cores conflitantes podem ser mudadas para locais esteticamente mais agradáveis. Você retira ervas daninhas e fertiliza as plantações que precisam de alguma ajuda extra. Monitora constantemente a saúde do jardim e faz ajustes (no solo, nas plantas, na disposição) quando necessário.

Empresários se sentem confortáveis com a metáfora da construção de prédios: é mais científica do que jardinagem, pode ser repetida, há uma rígida hierarquia de subordinação para o gerenciamento e assim por diante. Mas não estamos construindo arranha-céus – os limites da física e do mundo real não nos impõem tantas restrições.

A metáfora da jardinagem tem muito mais semelhança com as realidades do desenvolvimento de software. Uma determinada rotina pode ter crescido demais ou pode estar tentando executar muitas tarefas – ela precisa ser dividida em duas. Coisas que não funcionam como o planejado precisam ser limpas ou aparadas.

Os atos de reescrever, retrabalhar e replanejar códigos são coletivamente conhecidos como *refatorar*.

Quando você deve refatorar?

Quando deparar com algo que não funciona porque o código não é mais adequado, notar dois itens que na verdade deveriam ser um ou se algo mais lhe parecer "errado", *não hesite em alterar*. Não há tempo como o presente. Várias coisas podem tornar o código candidato à refatoração.

- **Duplicação**. Você descobriu uma violação do princípio NSR (*Os males da duplicação*, página 48).
- **Projeto não ortogonal.** Você descobriu alguma parte do código ou projeto que poderia ser mais ortogonal (*Ortogonalidade*, página 56).
- **Conhecimento desatualizado.** As coisas mudam, os requisitos variam e seu entendimento do problema aumenta. O código tem de acompanhar.
- **Desempenho.** Você precisa mover uma funcionalidade de uma área do sistema para outra para melhorar o desempenho.

A refatoração de seu código – a mudança de funcionalidades e a atualização de decisões anteriores – é, na verdade, um exercício de *gerenciamento da angústia*. Admitimos, mudar a estrutura do código-fonte pode ser bem angustiante: ele estava quase funcionando e agora está *realmente* confuso. Muitos desenvolvedores relutam em começar a mexer na estrutura do código só porque ele não está perfeito.

Complicações do mundo real

Você vai até seu chefe e cliente e diz "esse código funciona, mas preciso de outra semana para refatorá-lo".

Não podemos mostrar sua resposta.

Restrições de tempo costumam ser usadas como desculpa para a não refatoração. Mas essa desculpa não se sustenta: não refatore agora e haverá um investimento muito maior de tempo para a correção do problema mais tarde – quando houver mais dependências a considerar. Então haverá mais tempo disponível? Não segundo nossa experiência.

Você pode explicar esse princípio para seu chefe usando uma analogia médica: considere o código que precisa de refatoração como um "tumor". Sua remoção demanda cirurgia invasiva. Você pode fazê-la agora e removê-lo enquanto ainda está pequeno. Ou pode esperar enquanto ele cresce e se espalha – mas então removê-lo será ao mesmo tempo caro e perigoso. Espera ainda mais e pode perder definitivamente o paciente.

> **DICA 47**
> Refatore cedo, refatore sempre

Acompanhe o que precisa ser refatorado. Se não puder refatorar algo imediatamente, certifique-se de que seja inserido no cronograma. Assegure que os usuários do código afetado *saibam* que ele foi agendado para ser refatorado e como isso pode afetá-los.

Como refatorar?

A refatoração teve origem na comunidade Smalltalk e, com outras tendências (como os padrões de projeto), começou a ganhar um público mais amplo. Mas como tópico ainda é consideravelmente nova; não há muita coisa publicada sobre ela. O primeiro grande livro sobre refatoração ([FBB+99] e também [URL 47]) está sendo publicado quase ao mesmo tempo que este.

Em sua essência, refatorar é replanejar. Qualquer coisa que você ou outras pessoas de sua equipe projetaram pode ser replanejada à luz de novos fatos, um conhecimento mais profundo, mudança de requisitos e assim por diante. Mas se você continuar aparando vastas quantidades de código despreocupadamente, pode acabar em uma situação pior do que quando começou.

É claro que a refatoração é uma atividade que precisa ser executada lenta, deliberada e cuidadosamente. Martin Fowler oferece as dicas simples a seguir sobre como refatorar sem causar mais danos do que benefícios (consulte a caixa da página 30 de [FS97]):

1. Não tente refatorar e adicionar funcionalidades ao mesmo tempo.

2. Certifique-se de ter bons testes antes de começar a refatorar. Execute os testes sempre que possível. Dessa forma você saberá rapidamente se suas alterações danificaram algo.

3. Execute etapas curtas e deliberadas: mova um campo de uma classe para outra, combine dois métodos semelhantes em uma superclas-

> **Refatoração automática**
>
> Historicamente, os usuários do Smalltalk sempre gostaram de um *navegador de classes* como parte do IDE. Os navegadores de classes permitem que os usuários naveguem por e examinem hierarquias de classes e métodos e não devem ser confundidos com navegadores da Web.
>
> Normalmente, os navegadores de classes permitem a edição de código, a criação de novos métodos e classes e assim por diante. A próxima variação dessa ideia é o *navegador de refatoração*.
>
> Um navegador de refatoração pode executar semiautomaticamente operações de refatoração comuns: dividir uma rotina longa em rotinas menores, propagar automaticamente alterações em nomes de métodos e variáveis, arrastar e soltar para ajudar a mover partes do código etc.
>
> Ao redigirmos este livro, essa tecnologia ainda não tinha surgido fora do universo do Smalltalk, mas isso deve mudar na mesma velocidade que a linguagem Java muda – rapidamente. Enquanto esperamos, o pioneiro navegador de refatoração do Smalltalk pode ser encontrado online em [URL 20].

se. Com frequência, a refatoração envolve fazer muitas alterações localizadas que resultam em uma alteração de maior escala. Se você mantiver suas etapas em um nível menor, e testar cada etapa, evitará uma depuração prolongada.

Falaremos mais sobre testes nesse nível em *Código que seja fácil de testar*, página 211, e em testes em maior escala em *Tentando incansavelmente*, página 259, mas a sugestão do Sr. Fowler de mantermos bons testes de regressão é a chave para refatorar com confiança.

Também pode ser útil verificar se alterações drásticas em um módulo – como alterar sua interface ou funcionalidade de uma maneira incompatível – prejudicam a construção. Isto é, antigos clientes desse código não devem conseguir compilar. Assim, você poderá encontrar rapidamente os antigos clientes e fazer as alterações necessárias para atualizá-los.

Portanto, na próxima vez em que encontrar um trecho de código que não estiver exatamente como deveria, além de corrigi-lo, corrija também tudo que depender dele. Gerencie a angústia: se doer agora, mas for doer ainda mais depois, melhor fazer de uma vez. Lembre-se das lições de *Entropia de software*, página 26: não viva com janelas quebradas.

As seções relacionadas são:

- *O gato comeu meu código-fonte*, página 24
- *Entropia de software*, página 26
- *Sopa de pedras e sapos cozidos*, página 29
- *Os males da duplicação*, página 48
- *Ortogonalidade*, página 56
- *Programação baseada no acaso*, página 194
- *Código que seja fácil de testar*, página 211
- *Testando incansavelmente*, página 259

Exercícios

Resposta na p. 324

38. É evidente que o código a seguir foi atualizado várias vezes com o passar dos anos, mas as alterações não melhoraram sua estrutura. Refatore-o.

```
if (state == TEXAS) {
  rate = TX_RATE;
  amt = base * TX_RATE;
  calc = 2*basis(amt) + extra(amt)*1.05;
}
else if ((state == OHIO) || (state == MAINE)) {
  rate = (state == OHIO) ? OH_RATE : MN_RATE;
  amt = base * rate;
  calc = 2*basis(amt) + extra(amt)*1.05;
  if (state == OHIO)
    points = 2;
}
else {
  rate = 1;
  amt = base;
  calc = 2*basis(amt) + extra(amt)*1.05;
}
```

Resposta na p. 325

39. A classe Java a seguir precisa dar suporte a mais algumas formas. Refatore a classe para prepará-la para os acréscimos:

```java
public class Shape {
  public static final int SQUARE = 1;
  public static final int CIRCLE = 2;
  public static final int RIGHT_TRIANGLE = 3;
  private int shapeType;
  private double size;
  public Shape(int shapeType, double size) {
    this.shapeType = shapeType;
    this.size = size;
  }
  // ... outros métodos ...
  public double area() {
    switch (shapeType) {
```

```
      case SQUARE: return size*size;
      case CIRCLE: return Math.PI*size*size/4.0;
      case RIGHT_TRIANGLE: return size*size/2.0;
    }
    return 0;
  }
}
```

> Resposta na p. 325

40. Este código Java faz parte de uma estrutura que será usada em todo o seu projeto. Refatore-o para que seja mais genérico e mais fácil de estender no futuro.

```
public class Window {
  public Window(int width, int height) { ... }
  public void setSize(int width, int height) { ... }
  public boolean overlaps(Window w) { ... }
  public int getArea() { ... }
}
```

34 CÓDIGO QUE SEJA FÁCIL DE TESTAR

O *circuito integrado de Software* é uma metáfora que as pessoas gostam de usar quando discutem a capacidade de reutilização e o desenvolvimento baseado em componentes.[3] A ideia é que os componentes de software devem ser combinados da mesma forma que os chips de circuito integrado. Isso só funcionará se os componentes que você estiver usando forem realmente confiáveis.

Os chips são projetados para serem testados – não apenas na fábrica ou quando são instalados, mas também no campo quando são implantados. Chips e sistemas mais complexos podem ter um recurso de Teste Interno Automático (BIST, Built-In Self Test) completo que execute alguns diagnósticos de nível básico internamente ou um Mecanismo de Acesso a Teste (TAM, Test Access Mechanism) oferecendo um ferramental de testes que permita que o ambiente externo forneça estímulos e colete respostas no chip.

Podemos fazer o mesmo com software. Como nossos colegas da área de hardware, temos de construir a capacidade de teste no software desde o início e testar cada parte integralmente antes de tentar integrá-las.

---

[3] O termo "Software IC" (Integrated Circuit) parece ter sido inventado em 1986 por Cox e Novobilski em seu livro de Objective-C *Object-Oriented Programming* [CN91].

Teste de unidade

O teste de nível de chip para hardware é quase igual ao *teste de unidade* do software – testes feitos em cada módulo, isoladamente, para verificar seu comportamento. Podemos ter uma ideia melhor de como um módulo reagirá no mundo real uma vez que o tivermos testado sob condições controladas (e até mesmo inventadas).

Um teste de unidade de software é um código que faz ensaios com um módulo. Normalmente, o teste de unidade estabelece algum tipo de ambiente artificial e então chama rotinas no módulo que está sendo testado. Em seguida, ele verifica os resultados que são retornados, em relação a valores conhecidos ou a resultados de execuções anteriores do mesmo teste (teste de regressão).

Posteriormente, quando reunirmos nossos "circuitos integrados de software" em um sistema completo, teremos certeza de que as partes individuais funcionam como esperado e então poderemos usar os mesmos recursos do teste de unidade para testar o sistema como um todo. Falaremos sobre essa verificação do sistema em larga escala em *Testando incansavelmente*, página 259.

Antes de chegarmos a esse ponto, no entanto, temos de decidir o que testar no nível da unidade. Normalmente, os programadores fornecem alguns bits de dados aleatórios para o código e dizem que ele foi testado. Podemos fazer muito melhor, usando as ideias existentes por trás do *projeto por contrato*.

Testando em relação a um contrato

Gostamos de considerar o teste de unidade como um *teste em relação a um contrato* (consulte *Projeto por contrato*, página 131). Queremos escrever casos de teste que assegurem que uma determinada unidade honre seu contrato. Isso nos dirá duas coisas: se o código atende o contrato e se o contrato significa o que achamos que ele significa. Queremos testar se o modulo distribui a funcionalidade que promete, usando uma grande variedade de casos de teste e condições limítrofes.

O que isso significa na prática? Examinemos a rotina de raiz quadrada que vimos pela primeira vez na página 136. Seu contrato é simples:

```
require
  argument >= 0;
ensure
  ((Result * Result) - argument).abs <= epsilon*argument;
```

Isso nos diz o que testar:

- Passe um argumento negativo e verifique se ele é rejeitado.
- Passe um argumento igual a zero para verificar se ele é aceito (esse é o valor limite).
- Passe valores entre zero e o argumento máximo exprimível e verifique se a diferença entre o quadrado do resultado e o argumento original é menor do que alguma pequena fração do argumento.

De posse desse contrato, e presumindo que nossa rotina faça sua própria verificação de pré e pós-condições, podemos escrever um script de teste básico para verificar o comportamento da função de raiz quadrada.

```
public void testValue(double num, double expected) {
  double result = 0.0;
  try {                          // Podemos lançar uma
    result = mySqrt(num);        // exceção de pré-condição
  }
  catch (Throwable e) {
    if (num < 0.0)               // Se a entrada for < 0,
      return;                    // estamos esperando a
    else                         // exceção, caso contrário
      assert(false);             // force uma falha no teste
  }
  assert(Math.abs(expected-result) < epsilon*expected);
}
```

Agora, podemos chamar essa rotina para testar nossa função:

```
testValue(-4.0,  0.0);
testValue( 0.0,  0.0);
testValue( 2.0,  1.4142135624);
testValue(64.0,  8.0);
testValue(1.0e7, 3162.2776602);
```

Esse é um teste muito simples; no mundo real, é provável que qualquer módulo não trivial dependa de vários outros módulos, portanto, como vamos testar a combinação?

Suponhamos que tivéssemos um módulo A que usasse um objeto LinkedList e um objeto Sort. Em ordem, testaríamos:

1. Todo o contrato de LinkedList.
2. Todo o contrato de Sort.
3. O contrato de A, que depende dos outros contratos mas não os expõe diretamente.

Esse tipo de teste requer que os subcomponentes de um módulo sejam testados primeiro. Uma vez que os subcomponentes tiverem sido verificados, o próprio módulo pode ser testado.

Se os testes de `LinkedList` e `Sort` forem bem-sucedidos, mas o teste de A falhar, teremos certeza de que o problema está em A, ou no uso que A faz de um desses subcomponentes. Essa técnica é uma ótima maneira de reduzir o esforço de depuração: podemos nos concentrar rapidamente na provável causa do problema dentro do módulo A, e não perder tempo reexaminando seus subcomponentes.

Por que temos de passar por todas essas etapas? Acima de tudo, queremos evitar a criação de uma "bomba-relógio" – algo que permaneça despercebido e surja em um momento indesejado posteriormente no projeto. Dando ênfase ao teste em relação ao contrato, podemos tentar evitar ao máximo esses acidentes de percurso.

> **DICA 48**
> Projete para testar

Quando projetar um módulo, ou até mesmo uma única rotina, você deve projetar tanto seu contrato quanto o código para testar esse contrato. Ao projetar um código para passar em um teste e atender seu contrato, você também poderá considerar condições limítrofes e outras questões que de outra forma não lhe ocorreriam. Não há uma maneira melhor de corrigir erros do que evitá-los. Na verdade, ao construir os testes *antes* de implementar o código, você poderá testar a interface antes de decidir usá-la.

Criando testes de unidade

Os testes de unidade de um módulo não devem ser inseridos em algum canto afastado da árvore de fontes. Eles devem ser localizados convenientemente. Para projetos pequenos, você pode embutir o teste de unidade de um módulo no próprio módulo. Para projetos grandes, sugerimos a transferência de cada teste para um subdiretório. De uma forma ou de outra, lembre-se de que se não for fácil achá-lo, ele não será usado.

Tornando o código de teste prontamente acessível, você estará fornecendo aos desenvolvedores que usarem seu código dois recursos inestimáveis:

1. Exemplos de como usar toda a funcionalidade de seu módulo.

2. Um meio de construir testes de regressão para validar qualquer alteração futura no código.

É conveniente, mas nem sempre prático, cada classe ou módulo conter seu próprio teste de unidade. Em Java, por exemplo, todas as classes podem ter seu próprio método main. A rotina main pode ser usada para executar testes de unidade em tudo, exceto no principal arquivo de classes do aplicativo; ela será ignorada quando o aplicativo propriamente dito for executado. Isso apresenta o benefício do código distribuído continuar contendo os testes, que podem ser usados para diagnosticar problemas no ambiente de produção.

Em C++, você pode obter o mesmo efeito (no tempo de compilação) usando #ifdef para compilar o código do teste de unidade seletivamente. Por exemplo, aqui está um teste de unidade muito simples em C++, embutido em nosso módulo, que verifica nossa função de raiz quadrada usando uma rotina testValue semelhante a da linguagem Java definida anteriormente:

```
#ifdef __TEST__
int main(int argc, char **argv)
{
  argc--; argv++;        // salta o nome do programa
  if (argc < 2) {        // executa testes padrão se não houver argumentos
     testValue(-4.0, 0.0);
     testValue( 0.0, 0.0);
     testValue( 2.0, 1.4142135624);
     testValue(64.0, 8.0);
     testValue(1.0e7, 3162.2776602);
  }
  else {                 // ou usa argumentos
     double num, expected;
     while (argc >= 2) {
       num = atof(argv[0]);
       expected = atof(argv[1]);
       testValue(num,expected);
       argc -= 2;
       argv += 2;
     }
  }
  return 0;
}
#endif
```

Esse teste de unidade executará um conjunto mínimo de testes ou, se receber argumentos, permitirá que você passe dados a partir do ambiente externo. Um script de shell poderia usar esse recurso para executar um conjunto de testes muito mais completo.

O que você faria se a resposta correta de um teste de unidade fosse sair, ou abortar o programa? Nesse caso, você tem de poder selecionar o teste a ser executado, talvez especificando um argumento na linha de comando. Você também terá de passar parâmetros se precisar especificar diferentes condições iniciais para seus testes.

Mas fornecer testes de unidade não é suficiente. Você deve executá-los com frequência. Também ajuda quando a classe *passa* nos testes de vez em quando.

Usando ferramentais de teste (*test harnesses*)

Já que geralmente criamos muitos códigos de teste e fazemos vários testes, tornaremos a vida mais fácil para nós mesmos e desenvolveremos um ferramental de teste padrão para o projeto. O método main mostrado na seção anterior é um ferramental de teste muito simples, mas normalmente precisamos de mais funcionalidades.

Um ferramental de teste pode manipular operações comuns como registrar o status, analisar a saída em relação a resultados esperados e selecionar e executar os testes. Os ferramentais podem ser baseados em GUI, escritos na mesma linguagem de destino do resto do projeto ou implementado como uma combinação de makefiles e scripts Perl. Um ferramental de teste simples é mostrado na resposta do Exercício 41 na página 327.

Em linguagens e ambientes orientados a objetos, você pode criar uma classe base que forneça essas operações comuns. Os testes individuais podem ser subclasses dela e adicionar códigos de teste específicos. Você poderia usar uma convenção de nomeação padrão e a reflexão em Java para construir uma lista de testes dinamicamente. Essa técnica é uma ótima maneira de seguir o princípio *NSR* – não é preciso manter uma lista de testes disponíveis. Mas antes de começar a criar seu próprio ferramental, se quiser examine o xUnit de Kent Back e Erich Gamma em [URL 22]. Consulte também nosso livro *Pragmatic Unit Testing* [HT03] para ver uma introdução ao JUnit.

Independente da tecnologia que você decidir usar, os ferramentais de teste devem incluir os recursos a seguir:

- Uma maneira padrão de especificar a instalação e limpeza
- Um método para a seleção de testes individuais ou todos os testes disponíveis
- Um meio de analisar a saída em relação a resultados esperados (ou inesperados)
- Uma forma padronizada de relatar falhas

Os testes devem poder ser compostos; isto é, um teste tem de poder ser composto por subconjuntos de subcomponentes e se estender a qualquer nível de hierarquia. Podemos usar esse recurso para testar partes selecionadas do sistema ou o sistema inteiro de forma igualmente fácil, usando as mesmas ferramentas.

> **Testes ad hoc**
>
> Durante a depuração, podemos acabar criando alguns testes específicos dinamicamente. Eles podem ser tão simples quanto uma instrução `print` ou podem ser um trecho de código inserido interativamente em um ambiente de IDE ou depurador.
>
> No fim da sessão de depuração, você deve formalizar o teste ad hoc. Se o código travou uma vez, pode travar de novo. Não descarte o teste que criou; adicione-o ao teste de unidade existente.

Por exemplo, usando o JUnit (o membro Java da família xUnit), poderíamos criar nosso teste de raiz quadrada como descrito a seguir:

```java
public class JUnitExample extends TestCase {
  public JUnitExample(final String name) {
    super(name);
  }
  protected void setUp() {
    // Carrega os dados de teste...
    testData.addElement(new DblPair(-4.0,0.0));
    testData.addElement(new DblPair(0.0,0.0));
    testData.addElement(new DblPair(64.0,8.0));
    testData.addElement(new DblPair(Double.MAX_VALUE,
                                    1.3407807929942597E154));
  }
  public void testMySqrt() {
    double num, expected, result = 0.0;
    Enumeration enum = testData.elements();
    while (enum.hasMoreElements()) {
      DblPair p = (DblPair)enum.nextElement();
      num = p.getNum();
      expected = p.getExpected();
      testValue(num, expected);
    }
  }
  public static Test suite() {
    TestSuite suite= new TestSuite();
    suite.addTest(new JUnitExample("testMySqrt"));
    return suite;
  }
}
```

O JUnit foi projetado para poder ser composto: poderíamos adicionar quantos testes quiséssemos a esse conjunto e, por sua vez, cada um desses testes poderia ser um conjunto. Além disso, você pode escolher a interface gráfica ou batch que deseja usar para conduzir os testes.

Construa uma janela de teste

Mesmo os melhores conjuntos de testes não conseguem encontrar todos os bugs; há algo nas condições úmidas e quentes de um ambiente de produção que parece fazê-los surgir.

Isso significa que você sempre terá de testar um software uma vez que ele for implantado – usando dados do mundo real. Diferentemente de uma placa de circuito ou chip, não temos *pinos de teste* no software, mas *podemos* fornecer várias visualizações do estado interno de um módulo, sem usar o depurador (o que pode ser inconveniente ou impossível em um aplicativo de produção).

Arquivos de log contendo mensagens de rastreamento são um mecanismo desse tipo. As mensagens de log devem estar em um formato regular consistente; você pode querer analisá-las automaticamente para deduzir o tempo de processamento ou os caminhos lógicos adotados pelo programa. Diagnósticos formatados de maneira pobre ou inconsistente são apenas verborragia – são difíceis de ler e impossíveis de analisar.

Outro mecanismo de verificação de um código em execução é a sequência de "teclas de atalho". Quando essa combinação específica de teclas é pressionada, uma janela de controle de diagnóstico surge com mensagens de status e assim por diante. Normalmente, isso não é algo que seja revelado para os usuários finais, mas pode ser muito prático para o suporte técnico.

Para códigos de servidor maiores e mais complexos, uma técnica elegante para o fornecimento de uma visualização de sua operação é a inclusão de um servidor Web interno. Qualquer pessoa poderia apontar um navegador da Web para a porta HTTP do aplicativo (que geralmente está em um número não padrão, como 8080) e ver o status interno, entradas de log e possivelmente até mesmo algum tipo de painel de controle de depuração. Isso pode soar difícil de implementar, mas não é. Servidores Web HTTP embutíveis e disponíveis gratuitamente podem ser encontrados em várias linguagens modernas. Um bom local para começar a procurar é em [URL 58].

Uma cultura de teste

Todo o software que você criar *será* testado – se não por você e sua equipe, pelos eventuais usuários – portanto, melhor planejar um teste integral. Um pouco de prevenção pode ajudar a reduzir os custos de manutenção e as chamadas ao suporte técnico.

Apesar da fama de ser composta por hackers, a comunidade Perl tem um compromisso muito forte com os testes de unidade e regressão. O procedimento padrão de instalação de módulos Perl dá suporte a um teste de regressão chamando

```
% make test
```

Não há mágica na linguagem Perl com relação a esse assunto. Ela torna mais fácil agrupar e analisar resultados de testes para assegurar a compatibilidade, mas a grande vantagem é que é um padrão – os testes ocorrem em um local específico e têm um resultado esperado. *Testar é mais cultural do que técnico;* podemos criar essa cultura de teste em um projeto independente da linguagem usada.

> **DICA 49**
> Teste seu software ou seus usuários testarão

As seções relacionadas são:

- *O gato comeu meu código-fonte*, página 24
- *Ortogonalidade*, página 56
- *Projeto por contrato*, página 131
- *Refatoração*, página 206
- *Testando incansavelmente*, página 259

Exercícios

Resposta na p. 327

41. Projete um padrão de teste para a interface de liquidificador descrita na resposta do Exercício 17 na página 311. Escreva um script de shell que execute um teste de regressão para o liquidificador. Você tem de testar a funcionalidade básica, condições limítrofes e de erro e qualquer obrigação contratual. Que restrições são impostas à alteração da velocidade? Elas estão sendo obedecidas?

35 ASSISTENTES DO MAL

Não há como negar – os aplicativos estão se tornando cada vez mais difíceis de criar. As interfaces de usuário em particular estão ficando cada vez mais sofisticadas. Vinte anos atrás, o aplicativo médio tinha uma interface de teletipo de vidro (quando tinha uma). Normalmente, terminais assíncronos forneciam uma tela de caracteres interativa, enquanto dispositivos sondáveis (como o onipresente IBM 3270) nos permitiam preencher uma tela inteira antes de pressionar SEND. Atualmente, os usuários esperam interfaces gráficas, com ajuda contextual, recurso de recortar e colar, arrastar e soltar, integração com o OLE, e MDI ou SDI. Os usuários querem integração com o navegador da Web e suporte a clientes magros.

Os próprios aplicativos estão o tempo todo ficando mais complexos. A maioria dos desenvolvimentos já usa um modelo de várias camadas, possivelmente com alguma camada de middleware ou um monitor de transações. Espera-se que esses programas sejam dinâmicos e flexíveis e que interoperem com aplicativos criados por terceiros.

Mencionamos que precisávamos disso tudo na próxima semana?

Os desenvolvedores estão se esforçando para acompanhar. Se estivéssemos usando o mesmo tipo de ferramentas que produziam os aplicativos básicos de terminal burro 20 anos atrás, nunca conseguiríamos terminar nada.

Portanto, os fabricantes de ferramentas e os fornecedores de infraestrutura inventaram uma novidade, o *assistente*. Os assistentes são ótimos. Você precisa de um aplicativo MDI com suporte a contêiner OLE? Simplesmente clique em um único botão, responda algumas perguntas simples e o assistente gerará automaticamente o código esqueleto para você. O ambiente do Microsoft Visual C++ cria mais de 1.200 linhas de código para esse cenário, automaticamente. Os assistentes também são bons em outros contextos. Você pode usar assistentes para criar componentes de servidor, implementar beans Java e manipular interfaces de rede – todas as áreas complexas em que é recomendável ter a ajuda de especialistas.

Mas usar um assistente projetado por um guru não transforma automaticamente o desenvolvedor Joe em um especialista. Joe pode se sentir muito bem – ele acabou de produzir um grande volume de código e um programa de aparência bem elegante. Só vai ter de adicionar a funcionalidade específica do aplicativo e esse estará pronto para ser distribuído. Mas a menos que Joe entenda realmente o código que foi produzido em seu nome, estará se enganando. Estará programando baseado no acaso. Os assistentes são um caminho de mão única – eles criam o código para você e isso é tudo. Se o código que produzirem não estiver totalmente correto ou se as circunstâncias mudarem e o código tiver de ser adaptado, você estará por sua própria conta.

Não somos contra assistentes. Na verdade, dedicamos uma seção inteira (*Geradores de código*, página 124) à criação do seu. Mas se você usar um assistente e não entender todo o código que ele produzir, não terá seu aplicativo sob controle. Não poderá editá-lo e vai penar quando tiver que depurá-lo.

> **DICA 50**
> Não use um código de assistente que você não entender

Algumas pessoas acham que essa é uma posição extrema. Dizem que os desenvolvedores confiam rotineiramente em coisas que não entendem por completo – a mecânica quântica dos circuitos integrados, a estrutura de interrupção do processador, os algoritmos usados para agendar processos, o código das bibliotecas fornecidas e assim por diante. Concordamos. E acharíamos o mesmo sobre os assistentes se eles fossem apenas um conjunto de chamadas de biblioteca ou serviços padrão do sistema operacional em que os desenvolvedores pudessem confiar. Mas eles não são. O código gerado pelos assistentes se tornará parte integrante do aplicativo de Joe. O código do assistente não será manipulado por trás de uma interface bem definida – será intercalado linha a linha com a funcionalidade que Joe criar.[4] Eventualmente, ele deixará de ser o código do assistente passando a ser de Joe. E ninguém deve produzir um código se não o entender integralmente.

As seções relacionadas são:
- *Ortogonalidade*, página 56
- *Geradores de código*, página 124

Desafios
- Se tiver um assistente de construção de GUI disponível, use-o para gerar um aplicativo esqueleto. Examine cada linha de código que ele produzir. Entendeu tudo? Poderia tê-lo produzido por sua própria conta? Você o teria produzido assim ou ele está fazendo coisas que não são necessárias?

---

[4] No entanto, há outras técnicas que ajudam a gerenciar a complexidade. Discutimos duas, os beans e a POA, em *Ortogonalidade*, página 56.

CAPÍTULO **7**

Antes do Projeto

Já teve a sensação de que seu projeto está fadado ao fracasso, mesmo antes de ele começar? Pode ser que realmente esteja, a menos que você estabeleça algumas regras básicas antes. Caso contrário, é melhor sugerir que ele seja encerrado agora e economizar o dinheiro do patrocinador.

Logo no começo de um projeto, você terá de determinar os requisitos. Simplesmente ouvir os usuários não é suficiente: leia *O abismo dos requisitos* para saber mais.

O senso comum e o gerenciamento de restrições são os tópicos de *Resolvendo problemas impossíveis*. Independente de você estar lidando com requisitos, análise, codificação ou teste, problemas difíceis surgirão. Quase sempre, eles não são difíceis quanto parecem à primeira vista.

Mesmo achando que resolvemos os problemas, ainda assim podemos nos sentir desconfortáveis para recomeçar. Trata-se de simples procrastinação ou é algo mais? *Não até você estar pronto* oferece aconselhamento sobre quando é prudente escutar essa voz que o previne em sua mente.

Começar muito cedo é um problema, mas esperar demais pode ser ainda pior. Em *A armadilha das especificações*, discutiremos as vantagens de especificar baseado em exemplos.

Para concluir, examinaremos algumas armadilhas dos processos e metodologias formais de desenvolvimento em *Círculos e setas*. Não importa o quanto tenha sido bem elaborado, e independente de que "melhores práticas" inclua, nenhum método pode substituir o *raciocínio*.

Com esses problemas críticos resolvidos *antes* do projeto começar, você deve ficar melhor preparado para evitar a "paralisia da análise" e realmente começar seu bem-sucedido projeto.

36 | O ABISMO DOS REQUISITOS

A perfeição não é atingida quando não há nada mais a adicionar e sim quando não há nada mais a retirar...

Antoine de St. Exupery, *Vento, areia e estrelas*, 1939

Muitos livros e tutoriais se referem à *coleta de requisitos* como uma fase inicial do projeto. A palavra "coleta" parece implicar uma tribo de analistas felizes, colhendo pérolas de sabedoria dispostas pelo chão em toda a vizinhança enquanto a Sinfonia Pastoral toca gentilmente em segundo plano. "Coleta" implica que os requisitos já estão por aí – você só tem de encontrá-los, colocá-los em sua cesta e continuar felizmente seu trajeto.

Não funciona bem assim. Raramente os requisitos estão na superfície. Normalmente, estão profundamente enterrados sob camadas de suposições, concepções erradas e política.

> **DICA 51**
> Não colete requisitos – cave-os

Cavando requisitos

Como reconhecer um requisito real enquanto abrimos caminho por todo o refugo que o rodeia? A resposta é, ao mesmo tempo, simples e complexa.

A resposta simples é que um requisito é a declaração de algo que precisa ser feito. Bons requisitos poderiam incluir o seguinte:

- Um registro de funcionário só pode ser visualizado por um grupo de pessoas designadas.
- A temperatura da cabeça do cilindro não deve exceder o valor crítico, que varia de acordo com o motor.
- O editor realçará as palavras-chave, que serão selecionadas dependendo do tipo do arquivo que estiver sendo editado.

No entanto, poucos requisitos são tão claros e é isso que torna a análise de requisitos complexa.

A primeira declaração da lista acima pode ter sido dita pelos usuários assim: "só os supervisores de um funcionário e o departamento de pessoal podem ver os registros desse funcionário". Essa declaração é realmente um requisito? Talvez hoje, mas ela embute a política do negócio em uma declaração absoluta. Políticas mudam regularmente, portanto, provavelmente não vamos querer torná-las parte de nossos requisitos. Nossa recomendação é documentar essas políticas separadamente do requisito e conectar os dois com um hiperlink. Torne o requisito a declaração geral e forneça para os desenvolvedores as informações da política como um exemplo do tipo de coisa a qual eles terão de dar suporte na implementação. Eventualmente, a política pode acabar sendo um metadado do aplicativo.

Essa é uma diferença relativamente sutil, mas que terá profundas implicações para os desenvolvedores. Se o requisito for declarado como "só o departamento de pessoal pode ver um registro de funcionário", o desenvolvedor pode acabar codificando um teste explícito sempre que o aplicativo acessar esses arquivos. No entanto, se a declaração for "só usuários autorizados podem acessar um registro de funcionário", provavelmente o desenvolvedor projetará e implementará algum tipo de sistema de controle de acesso. Quando a política mudar (e ela mudará), só os metadados desse sistema precisarão ser atualizados. Na verdade, coletar requisitos dessa forma leva naturalmente a um sistema bem decomposto para dar suporte a metadados.

As diferenças entre requisitos, política e implementação podem ser bem tênues quando interfaces de usuário são discutidas. "O sistema deve permitir que você selecione um prazo para o empréstimo" é uma declaração de requisito. "Precisamos de uma caixa de listagem para a seleção do prazo do empréstimo" pode ou não ser. Se os usuários precisarem realmente ter uma caixa de listagem, será um requisito. Se, em vez disso, eles estiverem descrevendo a possibilidade de selecionar, mas estiverem usando *caixa de listagem* como um exemplo, talvez não seja. A caixa da página 227 discute um projeto que deu terrivelmente errado porque as necessidades da interface dos usuários foram ignoradas.

É importante descobrir a razão *real* para os usuários fazerem uma coisa específica, em vez de saber apenas o *modo* como eles fazem atualmente. No fim das contas, seu desenvolvimento tem de resolver o *problema do negócio* e não apenas atender os requisitos declarados. Documentar as razões existentes por trás dos requisitos dará à sua equipe informações valiosas na tomada diária de decisões de implementação.

Há uma técnica simples para entender os requisitos dos usuários que não é usada com a frequência que deveria: torne-se um usuário. Está criando um sistema para o suporte técnico? Passe alguns dias monitorando os telefones com uma pessoa experiente do suporte. Está automatizando um sistema manual de controle de estoque? Trabalhe no almoxarifado por uma semana.[1] Além de saber como o sistema será *realmente* usado, você ficará surpreso como o pedido "posso me sentar aqui por uma semana enquanto você faz seu trabalho?" ajuda a construir uma relação de confiança e estabelecer uma base de comunicação com os usuários. Apenas lembre-se de não atrapalhar!

> **DICA 52**
> Trabalhe com um usuário para pensar como um usuário

O processo de busca de requisitos também é a hora de começar a construir empatia com sua base de usuários, conhecendo suas expectativas e esperanças quanto ao sistema que você está construindo. Consulte *Grandes expectativas*, página 277, para saber mais.

Documentando requisitos

Bem, você se sentou com os usuários e está extraindo deles seus requisitos reais. Está deparando com alguns cenários possíveis que descrevem o que o aplicativo precisa fazer. Sempre profissional, quer anotá-los e publicar um documento que todos possam usar como base de discussão – os desenvolvedores, os usuários finais e os patrocinadores do projeto.

É um público bem amplo.

Ivar Jacobson [Jac94] propôs o conceito de *casos de uso* para a captura de requisitos. Eles permitem que você descreva um *uso* específico do sistema – não em termos de interface de usuário, mas de um modo mais abstrato. Infelizmente, o livro de Jacobson foi um pouco vago nos detalhes, portanto, atualmente há muitas opiniões diferentes sobre o que deve ser um caso de uso. Ele é formal ou informal, prosa simples ou um documento estruturado (como um formulário)? Que nível de detalhe é apropriado (lembre-se de que temos um público amplo)?

---

[1] Uma semana parece muito tempo? Na verdade não é, principalmente quando você estiver observando processos em que a gerência e os funcionários habitam mundos diferentes. A gerência lhe dará uma visão de como as coisas funcionam, mas, quando você descer ao nível da execução, encontrará uma realidade muito diferente – uma realidade que levará tempo para assimilar.

> ## Às vezes, a interface é o sistema
>
> Em um artigo da revista *Wired* (janeiro de 1999, página 176), o músico e produtor Brian Eno descreveu uma tecnologia incrível – a mesa de mixagem definitiva. Ela faz tudo o que pode ser feito com os sons. E mesmo assim, em vez de permitir que os músicos criem uma música melhor ou produzam uma gravação mais rápida ou menos cara, ela atrapalha; interrompe o processo criativo.
>
> Para saber por que, é preciso examinar como os engenheiros de gravação trabalham. Eles distribuem os sons intuitivamente. Com o passar dos anos, desenvolvem naturalmente um circuito de retroalimentação entre seus ouvidos e as pontas de seus dedos – deslizando controles de variação do volume, girando botões e assim por diante. No entanto, a interface do novo mixer não levava em consideração essas habilidades. Em vez disso, forçava seus usuários a digitar em um teclado ou clicar em um mouse. As funções fornecidas eram abrangentes, mas foram empacotadas de maneiras desconhecidas e exóticas. As funções que os engenheiros precisavam às vezes estavam ocultas por trás de nomes obscuros ou eram obtidas com combinações não intuitivas de recursos básicos.
>
> Esse ambiente requer o estímulo a conjuntos de habilidades existentes. Embora simplesmente imitar o que já existe não produza avanços, temos de ser capazes de fornecer uma *transição* para o futuro.
>
> Por exemplo, os engenheiros de gravação se sentiriam melhor com algum tipo de interface de tela sensível ao toque – ainda tátil, ainda montada como uma mesa de mixagem tradicional teria sido, mas permitindo que o software vá além do universo de botões e comutadores fixos. Fornecer uma transição confortável por meio de metáforas conhecidas é algo que ajuda a aceitação.
>
> Esse exemplo também ilustra nossa crença de que ferramentas bem-sucedidas se adaptam às mãos que de quem as usa. Nesse caso, as ferramentas construídas para os outros é que devem ser adaptáveis.

Uma maneira de examinar casos de uso é enfatizar sua natureza direcionada a objetivos. Alistair Cockburn tem um artigo que descreve essa abordagem, assim como os modelos que podem ser usados (estritamente ou não) como ponto de partida ([Coc97a], também on-line em [URL46]). A Figura 7.1 da próxima página mostra um exemplo resumido de seu modelo, enquanto a Figura 7.2 mostra seu exemplo de caso de uso.

Usando um modelo formal como *aide-mémoire*, você pode se certificar de incluir todas as informações que precisa em um caso de uso: carac-

A. Informações características
   – Objetivo em contexto
   – Escopo
   – Nível
   – Pré-condições
   – Condição final de sucesso
   – Condição final de falha
   – Agente primário
   – Acionador
B. Principal cenário de sucesso
C. Extensões
D. Variações
E. Informações relacionadas
   – Prioridade
   – Desempenho desejado
   – Frequência
   – Caso de uso de ordem superior
   – Casos de uso subordinados
   – Canal para agente primário
   – Agentes secundários
   – Canal para agentes secundários
F. Cronograma
G. Questões em aberto

Figura 7.1 Modelo de caso de uso de Cockburn.

terísticas de desempenho, outros participantes envolvidos, prioridade, frequência e vários erros e exceções que podem surgir ("requisitos não funcionais"). Esse também é um ótimo local para registrar comentários de usuários como "oh, a não ser que obtenhamos uma condição *xxx*, teremos que fazer *yyy*". O modelo também serve como uma agenda já definida para reuniões com seus usuários.

Esse tipo de organização dá suporte à estruturação hierárquica dos casos de uso – o aninhamento de casos de uso mais detalhados dentro dos de nível superior. Por exemplo, tanto *débito posterior* quanto *crédito posterior* detalham *transação posterior*.

Diagramas de caso de uso

O fluxo de trabalho pode ser capturado com diagramas de atividades UML e, às vezes, diagramas de classes de nível conceitual podem ser úteis na modelagem do negócio em questão. Mas casos de uso verdadeiros são

CASO DE USO 5: COMPRA DE MERCADORIAS

A. **Informações características**
   - **Objetivo em contexto:** Comprador emite solicitação diretamente para nossa empresa, espera a entrega das mercadorias e a cobrança.
   - **Escopo:** Empresa
   - **Nível:** Resumo
   - **Pré-condições:** Conhecermos o comprador, seu endereço etc.
   - **Condição final de sucesso:** O comprador receber as mercadorias, recebermos o dinheiro pelas mercadorias.
   - **Condição final de falha:** Não termos enviado as mercadorias, o comprador não ter enviado o dinheiro.
   - **Agente primário:** Comprador, qualquer agente (ou computador) atuando pelo cliente.
   - **Acionador:** Recebimento do pedido de compra.

B. **Principal cenário de sucesso**
   1. Comprador entra em contato com uma solicitação de compra.
   2. Empresa verifica o nome do comprador, endereço, mercadorias solicitadas etc.
   3. Empresa fornece ao comprador informações sobre mercadorias, preços, datas de entrega etc.
   4. Comprador confirma o pedido.
   5. Empresa gera o pedido, envia o pedido para o comprador.
   6. Empresa envia fatura para o comprador.
   7. Comprador paga fatura.

C. **Extensões**
   3a. Empresa não tem um dos itens pedidos: renegociação de pedido.
   4a. Comprador paga diretamente com cartão de crédito: recebimento de pagamento por cartão de crédito (caso de uso 44).
   7a. Comprador devolve mercadorias: manipulação de mercadorias devolvidas (caso de uso 105).

D. **Variações**
   1. Comprador pode usar telefone, fax, formulário de pedido na Web, intercâmbio eletrônico.
   7. Comprador pode pagar em dinheiro, ordem de pagamento, cheque ou cartão de crédito.

E. **Informações relacionadas**
   - **Prioridade:** Máxima
   - **Desempenho desejado:** 5 minutos por pedido, 45 dias até pagamento
   - **Frequência:** 200/dia
   - **Caso de uso de ordem superior**: Gerenciamento do relacionamento com o cliente (caso de uso 2).
   - **Casos de uso subordinados:** Geração de pedido (15). Recebimento de pagamento por cartão de crédito (44). Manipulação de mercadorias devolvidas (105).
   - **Canal para ator primário:** Pode ser telefone, arquivo ou interativo
   - **Atores secundários:** Empresa de cartão de crédito, banco, serviço de entrega

F. **Cronograma**
   - **Data de vencimento:** Versão 1.0

G. **Questões em aberto**
   - O que acontece se tivermos parte do pedido?
   - O que acontece se o cartão de crédito for roubado?

Figura 7.2 Um exemplo de caso de uso.

Figura 7.3 Casos de uso UML – tão simples que uma criança poderia criá-lo!

descrições textuais, com uma hierarquia e vínculos cruzados. Os casos de uso podem conter hiperlinks que conduzam a outros casos de uso e podem ser aninhados dentro uns dos outros.

Para nós, parece incrível que alguém pudesse considerar seriamente documentar informações dessa densidade usando somente simplórios desenhos de pessoas na forma de palitos como na Figura 7.3. Não se deixe escravizar por nenhuma notação: use qualquer método que comunicar melhor os requisitos para seu público.

Especificando em excesso

Um grande perigo na produção de um documento de requisitos é ser muito específico. Bons documentos de requisitos permanecem abstratos. No que diz respeito aos requisitos, a declaração mais simples que reflita precisamente a necessidade do negócio é a melhor. Isso não significa que você possa ser vago – você deve capturar as invariantes semânticas subjacentes como requisitos e documentar as práticas de trabalho específicas ou atuais como políticas.

Os requisitos não são a arquitetura. Os requisitos não são o projeto, nem a interface de usuário. Os requisitos são *necessidades*.

Vendo além

Com frequência, a culpa do problema do ano 2000 é posta em programadores de visão curta, desesperados para economizar alguns bytes na época em que os mainframes tinham menos memória do que o controle remoto de uma TV moderna.

Mas não foi o comportamento dos programadores e não foi realmente uma questão de uso de memória. Se é que houve um culpado, foi culpa dos analistas e projetistas do sistema. O problema Y2K surgiu de duas causas principais: não terem enxergado além da prática empresarial corrente e a violação do princípio *NSR*.

As empresas estavam usando a abreviação com dois dígitos antes dos computadores entrarem em cena. Era prática comum. Os primeiros aplicativos processadores de datas simplesmente automatizaram os processos empresariais existentes e repetiram o erro. Mesmo se a arquitetura demandasse anos com dois dígitos para a geração de relatórios, armazenamento e entrada de dados, deveria haver uma abstração de DATA que "soubesse" que os dois dígitos eram uma forma abreviada da data real.

> **DICA 53**
> Abstrações têm vida mais longa do que detalhes

Para "ver além" é preciso prever o futuro? Não. Significa gerar declarações como

> *O sistema faz uso ativo de uma abstração de DATAs. Ele implementará os serviços de DATAs, como na formatação, armazenamento e operações matemáticas, consistente e universalmente.*

Os requisitos só especificarão que há o uso de datas. Eles podem sugerir que alguma operação matemática pode ser feita com as datas. Podem informar que as datas serão armazenadas em várias formas de armazenamento secundário. Esses são requisitos genuínos para um módulo ou classe DATA.

Só mais esse item...

Muitas falhas em projetos são creditadas a um aumento no escopo – também conhecido como "feature bloat", "creeping featurism"' ou "requirements creep". Esse é um aspecto da síndrome do sapo cozido que vimos em *Sopa de pedras e sapos cozidos*, página 29. O que podemos fazer para impedir que os requisitos aumentem aos poucos?

Na literatura, você encontrará descrições de muitos tipos de medição, baseadas em erros relatados e corrigidos, densidade dos defeitos, coesão, vinculação, pontos de função, linhas de código e assim por diante. Essas medições podem ser registradas manualmente ou com software.

Infelizmente, parece que poucos projetos rastreiam os requisitos ativamente. Isso significa que eles não têm como dar informações a respeito de alterações no escopo – quem solicitou um recurso, quem o aprovou, a quantidade total de solicitações aprovadas etc.

A chave para o gerenciamento do crescimento de requisitos é informar o impacto de cada novo recurso sobre o cronograma aos patrocinadores do projeto. Quando o projeto estiver um ano atrasado segundo as estimativas iniciais e acusações começarem a pipocar, pode ser útil ter um quadro completo e preciso de como e quando o crescimento dos requisitos ocorreu.

É fácil ser sugado para o redemoinho do "só mais um recurso", mas rastreando os requisitos você pode ter uma noção mais clara de que "só mais recurso" é na verdade o 15º novo recurso adicionado esse mês.

Mantenha um glossário

Assim que você começar a discutir requisitos, os usuários e os especialistas no assunto usarão certos termos que têm um significado especial para eles. Eles podem fazer a distinção entre um "cliente" e um "freguês", por exemplo. Portanto, seria inapropriado usar as duas palavras casualmente no sistema.

Crie e mantenha um *glossário do projeto* – um local que defina todos os termos e o vocabulário específicos usados em um projeto. Todos os participantes do projeto, dos usuários finais à equipe de suporte, devem usar o glossário para assegurar a consistência. Isso implica que o glossário tem de ser amplamente acessível – um bom argumento para a documentação baseada na Web (veremos mais sobre isso em breve).

> **DICA 54**
> Use um glossário do projeto

É muito difícil ser bem-sucedido em um projeto em que os usuários e desenvolvedores se referem à mesma coisa usando nomes diferentes ou, ainda pior, referem-se a coisas diferentes usando o mesmo nome.

Divulgue o que ficou definido

Em *Tudo se resume a escrever*, página 270, discutiremos a publicação de documentos de projeto em sites internos da Web para fácil acesso de todos os participantes. Esse método de distribuição é particularmente útil para documentos de requisitos.

Apresentando os requisitos em um documento de hipertexto, podemos atender melhor as necessidades de um público variado – podemos dar a cada leitor o que ele quer. Os patrocinadores do projeto podem navegar usando um alto nível de abstração para verificar se os objetivos do negócio estão sendo atendidos. Os programadores podem usar hiperlinks para descer a níveis maiores de detalhe (até mesmo referenciando definições apropriadas ou especificações de engenharia).

A distribuição baseada na Web também evita a típica pasta de 5 centímetros de grossura chamada *Análise de requisitos* que ninguém lê e que fica desatualizada no momento em que seu conteúdo é redigido.

Se estiver na Web, os programadores podem até chegar a ler.

As seções relacionadas são:
- *Sopa de pedras e sapos cozidos*, página 29
- *Software satisfatório*, página 31
- *Círculos e setas*, página 242
- *Tudo se resume a escrever*, página 270
- *Grandes expectativas*, página 277

Desafios
- Você consegue usar o software que está criando? É possível ter uma boa noção dos requisitos *sem* que você possa usar o software?
- Selecione um problema não relacionado a computadores que você tenha de resolver atualmente. Gere requisitos para uma solução que não use o computador.

Exercícios

42. Quais dos itens a seguir parecem requisitos genuínos? Reescreva os que não forem para torná-los mais úteis (se possível).

   1. O tempo de resposta deve ser menor do que 500 ms.
   2. As caixas de diálogo terão um plano de fundo cinza.
   3. O aplicativo será organizado como vários processos front-end e um servidor back-end.
   4. Se um usuário inserir caracteres não numéricos em um campo numérico, o sistema emitirá um alarme sonoro e não os aceitará.
   5. O código e os dados do aplicativo devem caber em 256kB.

37 | RESOLVENDO PROBLEMAS IMPOSSÍVEIS

> *Górdio, o rei da Frígia, uma vez fez um nó que ninguém conseguia desatar. Ficou definido que aquele que resolvesse o enigma do Nó Górdio governaria toda a Ásia. Então veio Alexandre o Grande, que cortou o nó em pedaços com sua espada. Essa é uma interpretação somente um pouco diferente dos requisitos, apenas isso... e ele acabou mesmo governando grande parte da Ásia.*

De vez em quando, nos vemos envolvidos no meio de um projeto quando surge um enigma realmente difícil: alguma parte de engenharia com a qual não sabemos lidar ou talvez algum trecho de código que está se mostrando muito mais difícil de escrever do que pensávamos. Pode parecer impossível. Mas é mesmo tão difícil quanto parece?

Considere os jogos de quebra-cabeça do mundo real – aqueles irregulares pedaços de madeira, ferro trabalhado ou plástico que costumam ser dados como presentes de Natal ou aparecer em "garage sales". Tudo o que você tem a fazer é remover o anel, encaixar as peças em forma de T na caixa ou qualquer outra coisa.

Então, você tenta introduzir o anel ou tenta colocar os Ts na caixa e rapidamente descobre que as soluções óbvias simplesmente não funcionam. O enigma não pode ser resolvido dessa forma. Mas, ainda que seja óbvio, isso não impede que as pessoas tentem a mesma coisa – repetidamente – pensando que deve haver uma maneira.

É claro que não há. A solução está em outro lugar. O segredo para resolver o enigma é identificar as restrições reais (não imaginadas) e encontrar uma solução a partir daí. Algumas restrições são *absolutas*; outras são meramente *noções pré-concebidas*. As restrições absolutas *devem* ser respeitadas, independente do quanto possam parecer incômodas ou estúpidas. Por outro lado, algumas restrições aparentes podem não ser reais. Por exemplo, há aquele velho truque de bar em que você pega uma garrafa de champanhe novinha fechada e aposta que consegue beber cerveja a partir dela. O truque é virar a garrafa de cabeça para baixo e derramar uma pequena quantidade de cerveja na cavidade do fundo da garrafa. Muitos problemas que ocorrem em software podem ser igualmente ardilosos.

Graus de liberdade

A popular frase de efeito "pensar fora da caixa" nos encoraja a reconhecer restrições que podem não ser aplicáveis e a ignorá-las.

Mas essa frase não está totalmente correta. Se a "caixa" for o limite das restrições e condições, o truque será *encontrar* a caixa, que pode ser consideravelmente maior do que você pensa.

A chave para resolver enigmas é reconhecer as restrições impostas a você e os graus de liberdade que você *realmente* tem, porque neles estará sua solução. É por isso que alguns enigmas são tão eficazes; possíveis soluções podem ser descartadas cedo demais.

Por exemplo, consegue conectar todos os pontos do quebra-cabeça a seguir e voltar ao ponto inicial com apenas três linhas retas – sem tirar sua caneta do papel ou executar duas vezes a mesma etapa [Hol78]?

• •

• •

Você deve duvidar de qualquer noção pré-concebida e avaliar se ela é ou não uma restrição real imutável.

Não se trata de pensar dentro ou fora da caixa. O problema está em *encontrar* a caixa – identificar as restrições reais.

> **DICA 55**
> Não pense fora da caixa – *encontre* a caixa

Quando diante de um problema difícil, enumere *todas* as saídas possíveis existentes à sua frente. Não descarte nada, não importa o quanto pareça inutilizável ou estúpido. Agora, percorra a lista e pense por que um determinado caminho não pode ser tomado. Tem certeza? Pode *provar* isso?

Considere o cavalo de Troia – uma solução nova para um problema difícil. Como enviar tropas para uma cidade murada sem ser descoberto? Pode apostar que inicialmente a alternativa "pela porta da frente" foi descartada como suicídio.

Categorize e priorize suas restrições. Quando os marceneiros começam um projeto, eles cortam os pedaços mais longos primeiro, depois cortam os pedaços menores da madeira restante. Da mesma forma, queremos identificar as restrições mais limitantes primeiro e encaixar as restrições restantes dentro delas.

A propósito, uma solução para o quebra-cabeça dos Quatro Pontos é mostrada na página 329.

Tem de haver um caminho mais fácil!

Há situações em que nos vemos trabalhando em um problema que parece muito mais difícil do que achamos que seria. Você pode ter a impressão de estar tomando o caminho errado – de que deve haver um caminho mais fácil do que esse! Talvez já esteja atrasado no cronograma ou até mesmo desesperado por não conseguir fazer o sistema funcionar já que esse problema específico é "intratável".

É aí que deve fazer uma pausa e se perguntar:

- *Há* um caminho mais fácil?
- Você está tentando resolver o problema certo ou sua atenção foi desviada por um assunto técnico periférico?
- *Por que* esse fato é um problema?
- O que está tornando isso tão difícil de resolver?
- Precisa ser feito dessa maneira?
- Afinal, precisa mesmo ser feito?

Com frequência, há uma revelação surpreendente quando tentamos responder uma dessas perguntas. Em muitos casos, uma reinterpretação dos requisitos pode fazer um grupo inteiro de problemas desaparecer – da mesma forma que no nó górdio.

Você só precisa das restrições reais, das restrições enganosas e da sabedoria para saber a diferença.

Desafios

- Examine detalhadamente qualquer problema difícil com o qual estiver lidando atualmente. Consegue cortar o nó górdio? Faça as perguntas-chave que descrevemos acima, principalmente "precisa ser feito dessa maneira?".
- Você foi informado de um conjunto de restrições quando aceitou seu projeto atual? Todas elas continuam sendo aplicáveis e sua interpretação ainda é válida?

38 | NÃO ANTES DE VOCÊ ESTAR PRONTO

Aquele que hesita às vezes é salvo.

James Thurber, *The glass in the field*

Profissionais de sucesso compartilham uma peculiaridade: sabem quando começar e quando esperar. O mergulhador fica de pé no trampolim, esperando o momento exato de pular. O maestro fica de pé em frente à orquestra, braços erguidos, até sentir que é o momento certo de começar a peça.

Você é um profissional de sucesso. Também tem de escutar a voz que sussurra "espere". Se sentar para começar a digitar e houver alguma dúvida insistente em sua mente, dê atenção a ela.

> **DICA 56**
> Só comece quando estiver pronto

Era costumeiro o uso de um método de treinar tênis chamado "tênis interno". A pessoa passava horas lançando bolas por cima da rede, não exatamente buscando precisão, mas verbalizando onde a bola chegou em relação a algum alvo (geralmente uma cadeira). A ideia era que o feedback treinaria o subconsciente e os reflexos, para que a pessoa melhorasse sem saber conscientemente como ou por que.

Como desenvolvedor, você tem feito o mesmo tipo de coisa durante toda a sua carreira. Testou novidades e viu o que funcionava ou não. Você vem acumulando experiência e conhecimentos. Quando notar uma dúvida insistente, ou vivenciar alguma relutância ao deparar com uma tarefa, preste atenção nisso. Talvez não consiga saber exatamente o que está errado, mas faça uma pausa e provavelmente suas dúvidas se cristalizarão em algo mais sólido, algo com o qual você possa lidar. O desenvolvimento de software ainda não é uma ciência. Deixe que seus instintos ajudem o seu desempenho.

Bom senso ou procrastinação?

Todo mundo tem medo da folha de papel em branco. Começar um novo projeto (ou até mesmo um novo módulo em um projeto existente) pode ser uma experiência estressante. Muitos de nós preferiríamos adiar o comprometimento inicial de começar. Portanto, como saber se você está simplesmente procrastinando, e não esperando responsavelmente todas as peças se encaixarem?

Uma técnica que tem funcionado para nós nessas circunstâncias é começar um protótipo. Selecione uma área que ache que será difícil e comece a produzir algum tipo de comprovação de conceito. Normalmente, uma entre duas coisas acontecem. Logo após começar, você pode achar que está perdendo seu tempo. Esse tédio pode ser um bom sinal de que sua relutância inicial era apenas um desejo de adiar a obrigação de começar. Deixe de lado o protótipo e parta para o desenvolvimento real.

Por outro lado, à medida que o protótipo progredir, você pode ter um momento de revelação em que subitamente perceberá que alguma premissa básica estava errada. Não só isso como também verá claramente como colocá-la no caminho certo. Você se sentirá bem ao abandonar o protótipo e se lançar no projeto seguindo o rumo correto. Seus instintos estavam certos e acabaram de economizar a você e sua equipe um considerável volume de trabalho perdido.

Quando tomar a decisão de criar um protótipo como uma maneira de investigar sua inquietação, lembre-se por que está fazendo isso. A última coisa que você quer é passar várias semanas desenvolvendo seriamente e acabar lembrando que a intenção inicial era criar um protótipo.

Mesmo sendo um pouco cínico, começar trabalhando em um protótipo também pode ser politicamente mais aceitável do que simplesmente anunciar "não sinto que seja a hora de começar" e se isolar.

Desafios

- Discuta a síndrome do medo de começar com seus colegas. As outras pessoas vivenciam a mesma coisa? Elas dão ouvidos à hesitação? Que truques usam para superar? Um grupo pode superar a relutância de um indivíduo ou isso seria pura pressão dos colegas?

39 | A ARMADILHA DAS ESPECIFICAÇÕES

> *O piloto que vai pousar é o piloto que não está no controle até a chegada na "altitude de tomada de decisão", quando o piloto que está no controle e não vai fazer o pouso passa o controle para o piloto que vai pousar e não está no controle, a menos que o último diga "faça a volta", caso em que o piloto que está no controle e não vai fazer o pouso continua no controle e o piloto que vai pousar e não está no controle continua fora do controle até o próximo aviso "pousar" ou "faça a volta" conforme apropriado. Devido às recentes confusões feitas com essas regras, foi considerado necessário torná-las mais claras.*
>
> Memorando da British Airways, mencionado
> na *Pilot Magazine*, dezembro de 1996

Especificar um programa é o processo de pegar um requisito e resumi-lo até o ponto em que a habilidade do programador possa assumir o controle. É um ato de comunicação, explicando e elucidando o mundo de um modo que elimine maiores ambiguidades. Além de dar informações para o desenvolvedor que executará a implementação inicial, a especificação é um registro para futuras gerações de programadores que editarão e aperfeiçoarão o código. A especificação também é um acordo com o usuário – uma codificação de suas necessidades e um contrato implícito que estabelece que o sistema final respeitará os requisitos.

Escrever uma especificação é uma responsabilidade e tanto.

O problema é que muitos projetistas acham difícil parar. Acham que a menos que cada pequeno detalhe seja resumido a detalhes mais minuciosos ainda, eles não merecem seu salário diário.

Isso é um erro por várias razões. Em primeiro lugar, é ingênuo supor que uma especificação conseguirá capturar cada detalhe e nuance de um sistema ou seu requisito. Em domínios de problema restritos, existem métodos formais que conseguem descrever um sistema, mas eles ainda requerem que o projetista explique o significado da notação para os usuários finais – continua havendo a interpretação humana para confundir as coisas. Mesmo sem os problemas inerentes a essa interpretação, é muito improvável que o usuário médio saiba informar à equipe do projeto exatamente o que eles precisam. Podem dizer que compreendem o requisito e assinar o documento de 200 páginas que você produzir, mas esteja certo de que uma vez que virem o sistema sendo executado, farão vários pedidos de alteração.

Em segundo lugar, há um problema no próprio poder de expressão do idioma. Todas as técnicas de diagramação e métodos formais também precisam que as operações a serem executadas sejam expressas no idioma natural.[2] E, na verdade, o idioma natural não está à altura da tarefa. Veja o linguajar de qualquer contrato: em uma tentativa de serem precisos, os advogados têm de flexionar a linguagem das maneiras menos naturais.

Aí vai um desafio para você. Escreva uma descrição curta que informe a alguém como fazer laços em seus cadarços. Vamos lá, tente!

Se você for parecido conosco, provavelmente desistiu em algum ponto perto de "agora deslize o polegar e o dedo indicador para que a extremidade livre passe sob e por dentro do laço esquerdo....". É algo muito difícil de fazer. E, mesmo assim, quase todos nós conseguimos amarrar nossos sapatos sem um raciocínio consciente.

DICA 57
Algumas coisas são fáceis de fazer, mas não de descrever

Para concluir, há o efeito camisa de força. Um projeto que não deixa espaço de interpretação para o codificador elimina do esforço de programação qualquer habilidade e arte. Alguém poderia dizer que é com a melhor das intenções, mas estaria errado. Com frequência, só durante a codificação é que certas opções se tornam aparentes. Ao codificar, você poderia pensar: "*Veja só. Devido à maneira específica como codifiquei essa rotina, posso incluir essa funcionalidade adicional quase sem esforço algum*" ou "*A especificação diz para fazer isso, mas eu poderia obter um resultado quase idêntico fazendo de uma maneira diferente e poderia fazê-lo na metade do tempo*".É claro que você não deve simplesmente fazer as alterações, mas não teria nem mesmo identificado a oportunidade se um projeto excessivamente prescritivo o limitasse.

Como programador pragmático, você deve tentar ver a coleta de requisitos, o projeto e a implementação como diferentes facetas do mesmo processo – a distribuição de um sistema de qualidade. Desconfie de ambientes em que os requisitos são coletados, as especificações são escritas e então a codificação começa, tudo separadamente. Em vez disso, tente adotar uma abordagem integrada: a especificação e a implementação são simplesmente diferentes aspectos do mesmo processo – uma tentativa de capturar e codificar um requisito. Um deve fluir diretamente para o outro, sem limi-

---

[2] Há algumas técnicas formais que tentam expressar operações algebricamente, mas raramente essas técnicas são usadas na prática. Elas também requerem que os analistas expliquem o significado para os usuários finais.

tes artificiais. Você verá que um processo de desenvolvimento saudável encoraja um feedback da implementação e teste alimentando o processo de especificação.

Só para deixar claro, não somos contra a geração de especificações. Na verdade, reconhecemos que há situações em que especificações bem detalhadas são necessárias – por razões contratuais, por causa do ambiente em que você trabalha ou devido à natureza do produto que está desenvolvendo.[3] Apenas tente atingir um ponto em que volte menos ao assunto, ou até mesmo nem volte, à medida que as especificações forem ficando cada vez mais detalhadas. Tome cuidado também com a construção de especificações baseadas em outras especificações sem qualquer implementação ou protótipo de suporte; é fácil demais especificar algo que não pode ser construído.

Quanto mais você permitir que as especificações ajam como cobertores aconchegantes, protegendo os desenvolvedores do mundo assustador da criação de códigos, mais difícil será passar para a codificação. Não caia nesse círculo vicioso da especificação: em algum momento, você terá de começar a codificar! Se encontrar sua equipe protegida por aconchegantes e confortáveis especificações, faça-os agir. Tente a criação de protótipos ou considere um desenvolvimento do tipo "projétil luminoso".

As seções relacionadas são:
- *Projéteis luminosos*, página 70

Desafios
- O exemplo do cadarço mencionado no texto é uma demonstração interessante dos problemas das descrições por escrito. Já considerou descrever o processo usando diagramas em vez de palavras? E fotografias? Talvez uma notação formal usada em topologia? Modelos com laços de arame? Como você instruiria uma criança nova?

    Em algumas situações, uma imagem vale mais do que mil palavras. Em outras, não ajuda em nada. Se você perceber que está sendo excessivo na especificação, imagens ou notações especiais ajudariam? Que nível de detalhe elas precisariam ter? Quando uma ferramenta de desenho é melhor do que um quadro branco?

---

[3] É claro que especificações detalhadas são apropriadas para sistemas essenciais para a vida. Achamos que elas também devem ser produzidas para interfaces e bibliotecas usadas por outras pessoas. Quando sua saída inteira for vista como um conjunto de chamadas de rotinas, melhor se certificar de que essas chamadas sejam bem especificadas.

40 CÍRCULOS E SETAS

> *[fotografias] com círculos e setas e um parágrafo atrás de cada uma explicando seu significado, para serem usadas como prova contra nós...*
>
> Arlo Guthrie, "Alice's Restaurant"

Desde a programação estruturada, passando pelas equipes do programador-chefe, as ferramentas CASE, o desenvolvimento em cascata, o modelo em espiral, o método Jackson, os diagramas ER, as nuvens de Booch, a OMT, o método Objectory e o método Coad/Yourdon, e chegando à notação UML usada atualmente, em computação não foram poucos os métodos que tentaram aproximar a programação da engenharia. Cada método atraiu seus discípulos e gozou de um período de popularidade. Então, foi substituído pelo seguinte. De todos eles, talvez somente o primeiro – a programação estruturada – tenha desfrutado de vida longa.

Mesmo assim, alguns desenvolvedores, à deriva em um mar de projetos em declínio, continuam se agarrando à última moda como as vítimas de um naufrágio se agarram a pedaços de madeira flutuantes. Quando um novo pedaço passa, eles nadam desesperadamente, esperando que esse seja melhor. No fim das contas, no entanto, independente da qualidade da madeira, eles continuam à deriva.

Não nos interprete mal. Gostamos de (algumas) técnicas e métodos formais. Mas acreditamos que adotar cegamente qualquer técnica sem trazê-la para o contexto de suas práticas e capacidades de desenvolvimento é uma receita para a frustração.

> **DICA 58**
> Não seja escravo dos métodos formais

Os métodos formais apresentam alguns defeitos graves.

- A maioria dos métodos formais captura requisitos usando uma combinação de diagramas e algumas palavras de suporte. Essas figuras representam a compreensão que os projetistas têm dos requisitos. No entanto, em muitos casos, esses diagramas são irrelevantes para os usuários finais e os projetistas têm de interpretá-los. Logo, não há uma verificação formal real dos requisitos pelo usuário final do sistema – tudo é baseado nas explicações dos projetistas, como nos antigos requisitos por escrito. Achamos que há algumas vantagens em capturar requisitos dessa forma, mas preferimos, onde possível, mostrar aos usuários um protótipo e deixá-los examiná-lo.

- Os métodos formais parecem encorajar a especialização. Um grupo de pessoas trabalha em um modelo de dados, outro examina a arquitetura, enquanto os coletores de requisitos usam casos de uso (ou algo equivalente). Já vimos isso levar a uma comunicação pobre e a desperdício de trabalho. Também há uma tendência a se cair na mentalidade *nós versus eles* de projetistas contra codificadores. Preferimos entender a totalidade do sistema em que estamos trabalhando. Pode não ser possível a obtenção de uma compreensão aprofundada de cada aspecto de um sistema, mas você deve saber como os componentes interagem, onde os dados residem e quais são os requisitos.

- Gostamos de criar sistemas adaptáveis e dinâmicos, usando metadados que nos permitam alterar o caráter dos aplicativos no tempo de execução. A maioria dos métodos formais atuais combina um modelo de objetos ou dados estático com algum tipo de mecanismo de representação gráfica de eventos ou atividades. Ainda não deparamos com um que nos permita ilustrar o tipo de dinamismo que achamos que os sistemas devem exibir. Na verdade, a maioria dos métodos formais o levará para o caminho errado, encorajando-o a definir relacionamentos estáticos entre objetos que deveriam ser conectados dinamicamente.

Os métodos compensam?

Em um artigo da CACM de 1999 [Gla99b], Robert Glass comenta a pesquisa nos aumentos de produtividade e qualidade ganhos com o uso de sete tecnologias de desenvolvimento de software diferentes (4GLs, técnicas estruturadas, ferramentas CASE, métodos formais, metodologia da sala limpa, modelos de processo e orientação a objetos). Ele relata que o burburinho inicial gerado por todos esses métodos foi excessivo. Embora haja uma indicação de que alguns métodos apresentem benefícios, esses benefícios só começam a se manifestar após uma queda significativa na produtividade e qualidade enquanto a técnica é adotada e seus usuários se acostumam a ela. Nunca subestime o custo da adoção de novas ferramentas e métodos. Esteja preparado para tratar os primeiros projetos que usarem essas técnicas como uma experiência de aprendizado.

Devemos usar métodos formais?

Certamente. Mas lembre-se sempre de que métodos de desenvolvimento formais são apenas mais uma ferramenta da caixa de ferramentas. Se, após análise cuidadosa, você achar que precisa usar um método formal, então adote-o – mas lembre-se de quem está no comando. Nunca se torne escravo de uma metodologia: círculos e setas são mestres ineficazes. Programadores pragmáticos consideram as metodologias criticamente e então extraem o melhor de cada uma e as combinam em um conjunto de práticas de trabalho que fica melhor a cada mês. Isso é crucial. Você deve trabalhar constantemente para refinar e melhorar seus processos. Nunca aceite as rígidas fronteiras de uma metodologia como os limites de seu mundo.

Não se deixe enganar pela falsa autoridade de um método. As pessoas podem entrar em reuniões com centenas de diagramas de classes e 150 casos de uso, mas toda essa papelada continuará sendo sua interpretação falível dos requisitos e do projeto. Tente não pensar em quanto uma ferramenta custa quando estiver examinando sua saída.

> **DICA 59**
> Ferramentas caras não produzem projetos melhores

É claro que os métodos formais têm seu lugar no desenvolvimento. No entanto, se você deparar com um projeto em que a filosofia for "o diagrama de classes *é* o aplicativo, o resto é codificação mecânica", saberá que está olhando para uma equipe de projeto prestes a naufragar tendo um longo caminho a nado para casa.

As seções relacionadas são:

- *O abismo dos requisitos*, página 244

Desafios

- Os diagramas de caso de uso fazem parte do processo UML de coleta de requisitos (consulte *O abismo dos requisitos*, página 244). Eles são uma maneira eficaz de comunicação com seus usuários? Se não forem, por que você os usa?
- Como saber se um método formal está trazendo benefícios para sua equipe? O que você pode medir? O que constitui uma melhoria? Consegue distinguir entre os benefícios da ferramenta e o aumento de experiência por parte dos membros da equipe?
- Onde fica o ponto de equilíbrio entre ganhos e perdas na introdução de novos métodos para sua equipe? Como você avalia a compensação entre benefícios futuros e perdas atuais de produtividade enquanto a ferramenta é introduzida?
- Ferramentas que funcionam para projetos grandes são boas para os menores? E vice-versa?

CAPÍTULO **8**

Projetos Pragmáticos

Conforme seu projeto avança, temos de sair das questões relacionadas à filosofia e codificação individuais para falar sobre questões maiores relacionadas ao tamanho do projeto. Não entraremos em detalhes de gerenciamento de projetos, mas falaremos sobre algumas áreas críticas que podem ajudar ou arruinar qualquer projeto.

Assim que você tiver mais de uma pessoa trabalhando em um projeto, terá de estabelecer algumas regras básicas e delegar partes do projeto de acordo. Em *Equipes pragmáticas*, mostraremos como fazer isso seguindo a filosofia pragmática.

O fator mais importante que fará as atividades de nível de projeto funcionarem de maneira consistente e confiável é a automatização de seus procedimentos. Explicaremos por que e mostraremos alguns exemplos da vida real em *Automação onipresente*.

Anteriormente, falamos sobre testar seu código. Em *Testando incansavelmente*, passaremos à próxima etapa da filosofia e das ferramentas de teste com abrangência de projeto – principalmente se você não tiver uma grande equipe de Garantia da Qualidade à disposição.

A única coisa que os desenvolvedores gostam menos do que testar é documentar. Independente de você ter redatores técnicos ajudando-o ou de estar fazendo isso por sua própria conta, mostraremos como tornar a tarefa menos desagradável e mais produtiva em *Tudo se resume a escrever*.

O sucesso está nos olhos do observador – o patrocinador do projeto. A percepção de sucesso é o que conta e, em *Grandes expectativas*, mostraremos alguns truques que encantariam qualquer patrocinador de projeto.

A última dica do livro é consequência direta de todo o resto. Em *Orgulho e preconceito*, recomendamos que você assine seu trabalho e se orgulhe do que faz.

41 EQUIPES PRAGMÁTICAS

> *No Grupo L, Stoffel supervisiona seis programadores de primeira linha, um desafio gerencial quase comparável a domesticar gatos.*
> The Washington Post Magazine, 9 de junho de 1985

Até agora neste livro, examinamos técnicas pragmáticas que ajudam uma pessoa a ser um programador melhor. Esses métodos também podem funcionar para equipes?

A resposta é um retumbante "sim"! Há vantagens em ser um indivíduo pragmático, mas essas vantagens aumentam muito quando a pessoa está trabalhando em uma equipe pragmática.

Nesta seção, examinaremos brevemente como técnicas pragmáticas podem ser aplicadas às equipes como um todo. Essas notas são apenas o início. Uma vez que você tiver um grupo de desenvolvedores pragmáticos trabalhando em um ambiente progressista, rapidamente eles desenvolverão e aperfeiçoarão uma dinâmica de equipe própria que funcione para eles.

Reformulemos algumas das seções anteriores em termos de equipes.

Sem janelas quebradas

A qualidade é um problema da equipe. O desenvolvedor mais diligente colocado em uma equipe que simplesmente não se importa achará difícil manter o entusiasmo necessário à correção de problemas insignificantes. O problema será ainda maior se a equipe desencorajar ativamente o desenvolvedor a dedicar algum tempo a essas correções.

As equipes como um todo não devem tolerar janelas quebradas – as pequenas imperfeições que ninguém corrige. A equipe *deve* se responsabilizar pela qualidade do produto, apoiando desenvolvedores que conheçam a filosofia da *erradicação de janelas quebradas* que descrevemos em *Entropia de software*, página 26, e encorajando quem ainda não a tiver descoberto.

Algumas metodologias de grupo têm um *supervisor de qualidade* – alguém a quem a equipe delega a responsabilidade pela qualidade do produto. É claro que isso é ridículo: a qualidade só pode advir das contribuições individuais de *todos* os membros da equipe.

Sapos cozidos

Lembra do pobre sapo na panela de água, mencionado em *Sopa de pedras e sapos cozidos*, página 29? Ele não notou a mudança gradual de seu ambiente e acabou cozido. O mesmo pode ocorrer a pessoas que não são cuidadosas. Pode ser difícil prestar atenção no ambiente geral no calor do desenvolvimento do projeto.

É ainda mais fácil as equipes como um todo serem cozidas. As pessoas acham que alguém está resolvendo um problema ou que o líder da equipe deve ter aprovado uma alteração que seu usuário está solicitando. Até mesmo as equipes mais bem-intencionadas podem ser descuidadas com alterações significativas em seus projetos.

Combata isso. Certifique-se de que todos monitorem ativamente alterações no ambiente. Você pode designar um *supervisor de mudanças no ambiente*. Faça essa pessoa procurar constantemente aumentos no escopo, diminuições nas escalas de tempo, recursos adicionais, novos ambientes – qualquer coisa que não faça parte do que foi originalmente acordado. Faça medições em busca de novos requisitos (consulte a página 231). A equipe não precisa rejeitar alterações concluídas – você só tem de saber que elas estão ocorrendo. Caso contrário, *você* é que será cozido.

Comunique-se

É claro que os desenvolvedores de uma equipe devem conversar uns com os outros. Demos algumas sugestões para facilitar isso em *Comunique-se!*, página 40. No entanto, é fácil esquecer que a própria equipe está presente na organização. A equipe como uma entidade precisa se comunicar claramente com o resto do mundo.

Para as pessoas de fora, as piores equipes de projeto são aquelas que parecem caladas e reticentes. Elas fazem reuniões sem estrutura, onde ninguém quer falar. Seus documentos são uma bagunça: dois documentos nunca têm a mesma aparência e cada um usa uma terminologia diferente.

Equipes de projeto profissionais têm uma personalidade distinta. As pessoas querem se reunir com elas, porque sabem que verão uma apresentação bem preparada que fará todos se sentirem bem. A documentação que produzem é clara, precisa e consistente. Todos falam a mesma língua.[1] Podem até ter senso de humor.

Há um truque de marketing simples que ajuda as equipes a falarem a mesma língua: crie uma marca. Quando começar um projeto, invente um nome para ele, de preferência algo incomum (no passado, nomeamos projetos com base em coisas como papagaios assassinos que atacam ovelhas, ilusões de ótica e cidades míticas). Gaste 30 minutos para inventar um logotipo simples e use-o em seus memorandos e relatórios. Use bastante o nome de sua equipe ao falar com as pessoas. Pode soar tolo, mas dará à sua equipe uma identidade definida e ao resto do mundo algo memorável para ser associado ao seu trabalho.

Não se repita

Em *Os males da duplicação*, página 48, falamos sobre as dificuldades de eliminar trabalho duplicado entre membros de uma equipe. Essa duplicação leva ao desperdício de trabalho e pode resultar em uma manutenção complicada. É claro que uma boa comunicação pode ajudar aqui, mas às vezes algo mais é necessário.

Algumas equipes designam um membro como bibliotecário do projeto, responsável por coordenar os depósitos de documentos e códigos. Outros membros da equipe podem usar essa pessoa como primeira fonte na busca por algo. Um bom bibliotecário também conseguirá identificar uma possível duplicação lendo o material que estiver sendo manipulado.

Quando o projeto for grande demais para um bibliotecário (ou quando ninguém quiser desempenhar o papel), designe pessoas encarregadas por vários aspectos funcionais do trabalho. Se alguém quiser discutir a manipulação de datas, deve saber que isso é com Mary. Se houver um problema no esquema do banco de dados, fale com Fred.

E não esqueça a utilidade dos sistemas groupware e grupos de notícias locais da Usenet na comunicação e arquivamento de perguntas e respostas.

---

[1] A equipe fala a mesma língua – externamente. Internamente, encorajamos o debate ativo e resoluto. Bons desenvolvedores tendem a defender apaixonadamente seu trabalho.

Ortogonalidade

A organização tradicional de equipes se baseia no antiquado método em cascata de construção de software. Papéis são atribuídos às pessoas de acordo com seus cargos. Você verá analistas de negócios, arquitetos, projetistas, programadores, testadores, documentadores e coisas do tipo.² Há uma hierarquia implícita aqui – quanto mais perto do usuário se pode chegar, mais graduado se é.

Levando as coisas ao extremo, algumas culturas de desenvolvimento impõem divisões de responsabilidade rigorosas; os codificadores não podem falar com os testadores, que por sua vez não podem falar com o projetista-chefe e assim por diante. Certas empresas aumentam ainda mais o problema tendo diferentes subequipes subordinadas a cadeias de gerenciamento separadas.

É um erro pensar que as atividades de um projeto – análise, design, codificação e teste – podem ocorrer isoladamente. Elas não podem. Esses são diferentes aspectos do mesmo problema e separá-los artificialmente pode causar muitos problemas. Programadores que estiverem dois ou três níveis distantes dos usuários reais de seu código provavelmente não conhecerão o contexto em que seu trabalho será usado. Não poderão tomar decisões embasadas.

> **DICA 60**
> Organize as equipes com base na funcionalidade

Preferimos dividir equipes funcionalmente. Divida seu pessoal em pequenas equipes, cada uma responsável por um aspecto funcional específico do sistema final. Permita que as equipes se organizem internamente, com base em pontos fortes individuais quando possível. Cada equipe terá contas a prestar com outras equipes do projeto, como definido pelas obrigações acordadas entre elas. O conjunto exato de obrigações muda a cada projeto, assim como a alocação de pessoas nas equipes.

Funcionalidade aqui não significa necessariamente casos de uso do usuário final. A camada de acesso ao banco de dados é levada em conta, assim como o subsistema de ajuda. Queremos equipes coesas e altamente independentes – exatamente os mesmos critérios que devemos usar ao

---

² Em *The Rational Unified Process: An Introduction*, o autor identifica 27 papéis separados dentro de uma equipe de projeto! [Kru98]

modularizar o código. Há sinais de alerta de que a organização de equipes está errada – um exemplo clássico é quando duas subequipes estão trabalhando no mesmo módulo ou classe do programa.

Como esse estilo funcional de organização ajuda? Organizamos nossos recursos usando as mesmas técnicas que usamos para organizar código, como os contratos (*Projeto por contrato,* página 131), a desvinculação (*A desvinculação e a Lei de Deméter,* página 160) e a ortogonalidade (*Ortogonalidade,* página 56), e ajudamos a isolar a equipe como um todo dos efeitos das mudanças. Se o usuário decidir repentinamente mudar os fornecedores de bancos de dados, só a equipe do banco de dados deve ser afetada. Se de repente o departamento de marketing decidir usar uma ferramenta comprada para a função de calendário, o grupo do calendário será afetado. Quando executado apropriadamente, esse tipo de abordagem de grupo pode reduzir dramaticamente a quantidade de interações entre o trabalho das pessoas, reduzindo escalas de tempo, aumentando a qualidade e reduzindo a quantidade de defeitos. Essa abordagem também pode levar a um conjunto de desenvolvedores mais comprometido. Cada equipe sabe que só eles são responsáveis por uma função específica, portanto, sentem-se mais donos de seu trabalho.

Porém, essa abordagem só funciona com desenvolvedores responsáveis e uma gerência de projeto forte. Criar um pool de equipes autônomas e deixá-las soltas sem liderança é uma receita para o desastre. O projeto precisa de pelo menos duas "lideranças" – uma técnica, a outra administrativa. A liderança técnica define a filosofia e o estilo de desenvolvimento, atribui responsabilidades às equipes e media as inevitáveis "discussões" entre as pessoas. Ela também está sempre atenta ao quadro geral, tentando encontrar qualquer atributo comum entre as equipes que possa reduzir a ortogonalidade do esforço como um todo. A liderança administrativa, ou o gerente do projeto, agenda o uso dos recursos que as equipes precisam, monitora e faz relatórios sobre o progresso e ajuda a definir prioridades em termos de necessidades do negócio. Ela também pode agir como representante da equipe na comunicação com o mundo externo.

Equipes de projetos maiores precisam de recursos adicionais: um bibliotecário que indexe e armazene o código e a documentação, um construtor de ferramentas que forneça ferramentas e ambientes comuns, suporte operacional e assim por diante.

Esse tipo de organização de equipes é semelhante em espírito ao antigo conceito de equipe do programador-chefe, documentado pela primeira vez em 1972 [Bak72].

Automação

Uma ótima maneira de assegurar tanto a consistência quanto a precisão é automatizar tudo que a equipe fizer. Por que dispor o código manualmente quando seu editor pode fazer isso automaticamente enquanto você digita? Por que preencher formulários de teste se a construção noturna pode executar testes automaticamente?

A automação é um componente essencial de toda equipe de projeto – suficientemente importante para que dediquemos uma seção inteira a ela, começando na próxima página. Para assegurar que tudo será automatizado, designe um ou mais membros da equipe como *construtores de ferramentas* para construir e implantar as ferramentas que automatizarão a parte chata do projeto. Faça-os produzir `makefiles`, scripts de shell, modelos de editor, programas utilitários e coisas do tipo.

Saiba quando parar de adicionar retoques

Lembre-se de que as equipes são compostas de indivíduos. Dê a cada membro uma chance de brilhar de sua própria maneira. Dê a eles uma estrutura suficiente apenas para apoiá-los e para assegurar que o projeto seja distribuído de acordo com seus requisitos. Então, como o pintor de *Software satisfatório*, página 31, resista à tentação de adicionar mais retoques.

As seções relacionadas são:
- *Entropia de software*, página 26
- *Sopa de pedras e sapos cozidos*, página 29
- *Software satisfatório*, página 31
- *Comunique-se!*, página 40
- *Os males da duplicação*, página 48
- *Ortogonalidade*, página 56
- *Projeto por contrato*, página 131
- *A desvinculação e a Lei de Deméter*, página 160
- *Automação onipresente*, página 252

Desafios
- Procure equipes de sucesso fora da área do desenvolvimento de software. O que as torna bem-sucedidas? Elas usam algum dos processos discutidos nesta seção?

- Na próxima vez em que começar um projeto, tente convencer as pessoas a criar uma marca para ele. Dê à sua empresa tempo para se acostumar com a ideia e então faça uma pesquisa rápida para ver que diferença isso fez, tanto dentro da equipe quanto externamente.

- Álgebra de grupo: na escola, davam-nos problemas como "se 4 trabalhadores levam 6 horas para cavar uma vala, quanto tempo 8 trabalhadores levariam?". Na vida real, no entanto, que fatores afetariam a resposta a: "se 4 programadores levam 6 meses para desenvolver um aplicativo, quanto tempo levariam 8 programadores?". Em quantos cenários o tempo é realmente reduzido?

42 AUTOMAÇÃO ONIPRESENTE

A civilização avança ao aumentar o número de operações importantes que podemos executar sem pensar.

Alfred North Whitehead

No alvorecer da era dos automóveis, as instruções para ligar um Ford Modelo T tinham mais de duas páginas. Nos carros modernos, você só precisa virar a chave – o procedimento de partida é automático e à prova de acidentes. Uma pessoa seguindo uma lista de instruções pode inundar o motor, mas a partida automática não.

Embora a computação ainda seja uma indústria no estágio do Modelo T, não podemos nos dar ao luxo de percorrer duas páginas de instruções repetidamente para executar alguma operação comum. Seja o procedimento de construção ou lançamento, a papelada de revisão do código ou qualquer outra tarefa recorrente do projeto, ela tem de ser automática. Podemos ter de construir a ignição e o injetor de combustível a partir do zero, mas uma vez que estiverem prontos, só teremos de virar a chave.

Além disso, queremos assegurar a consistência e a capacidade de repetição no projeto. Procedimentos manuais deixam a consistência por conta do acaso; a capacidade de repetição não é garantida, principalmente se aspectos do procedimento estiverem abertos à interpretação de pessoas diferentes.

Tudo no automático

Uma vez estávamos nas instalações de um cliente onde todos os desenvolvedores usavam o mesmo IDE. O administrador de sistemas dava a cada desenvolvedor um conjunto de instruções sobre a instalação de pacotes complementares do IDE. Essas instruções ocupavam muitas páginas – cheias de clique aqui, role para lá, arraste isso, clique duas vezes naquilo e faça tudo de novo.

Não é de surpreender que a máquina de cada desenvolvedor tinha sido carregada de maneira um pouco diferente. Diferenças sutis no comportamento do aplicativo ocorriam quando desenvolvedores distintos executavam o mesmo código. Erros apareciam em uma máquina, mas não em outras. O rastreamento de diferenças de versão de cada componente geralmente revelava uma surpresa.

> **DICA 61**
> Não use procedimentos manuais

As pessoas simplesmente não estão tão aptas a se repetir como os computadores. Nem deveríamos esperar que estivessem. Um script de shell ou um arquivo em lotes executará as mesmas instruções, na mesma ordem, repetidamente. Eles também podem ser colocados sob o controle de fontes, para que você possa examinar as alterações ocorridas no procedimento com o passar do tempo ("mas *costumava* funcionar...").

Outra ferramenta favorita é o cron (ou "at" no Windows NT). Ela nos permite agendar tarefas automáticas para serem executadas periodicamente – geralmente, no meio da noite. Por exemplo, o arquivo crontab a seguir especifica que o comando nightly de um projeto seja executado à meia-noite e cinco todo dia, que o backup seja executado às 3:15 da madrugada nos fins de semana e que expense_reports seja executado à meia-noite no primeiro dia do mês.

```
# MIN HOUR DAY MONTH DAYOFWEEK COMMAND
# ---------------------------------------------------------------
   5    0    *    *      *      /projects/Manhattan/bin/nightly
  15    3    *    *     1-5     /usr/local/bin/backup
   0    0    1    *      *      /home/accounting/expense_reports
```

Usando cron, podemos agendar backups, a construção noturna, a manutenção de sites da Web e qualquer outra coisa que tenha de ser feita – sem intervenção manual, automaticamente.

Compilando o projeto

Compilar um projeto é uma tarefa que deve ser confiável e repetível. Geralmente, compilamos projetos com makefiles, mesmo quando usamos um ambiente de IDE. Há várias vantagens no uso de makefiles. Trata-se de um procedimento automático com script. Podemos adicionar ganchos que gerem código para nós, e executar testes de regressão automaticamente. Os IDEs têm suas vantagens, mas somente com IDEs pode ser difícil atingir o nível de automação que estamos procurando. Queremos acessar o código, construir, testar e distribuir com um único comando.

Gerando código

Em *Os males da duplicação*, página 48, defendemos que a geração de código deve obter informações nas mesmas fontes. Podemos explorar o mecanismo de análise de dependências de make para tornar esse processo fácil. É uma questão de adicionar regras a um makefile para a geração de um arquivo a partir de alguma outra fonte automaticamente. Por exemplo, suponhamos que quiséssemos pegar um arquivo XML, gerar um arquivo Java a partir dele e compilar o resultado.

```
.SUFFIXES: .java .class .xml
.xml.java:
        perl convert.pl $< > $@
.java.class:
        $(JAVAC) $(JAVAC_FLAGS) $<
```

Digite make `test.class` e o comando make procurará automaticamente um arquivo chamado `test.xml`, construirá um arquivo `.java` executando um script Perl e então compilará esse arquivo para produzir `test.class`.

Também podemos usar o mesmo tipo de regras para gerar código-fonte, arquivos de cabeçalho ou documentação automaticamente a partir de algum outro formato (consulte *Geradores de código*, página 124).

Testes de regressão

Você também pode usar o makefile para executar testes de regressão para você, seja para um módulo individual ou para um subsistema inteiro. Você pode testar facilmente o projeto *inteiro* com apenas um comando no topo da árvore de fontes ou pode testar um módulo individual usando o mesmo comando em um único diretório. Consulte *Testando incansavelmente*, página 259, para saber mais sobre o teste de regressão.

> **Comando make recursivo**
>
> Muitos projetos configuram makefiles hierárquicos recursivos para construções e testes de projeto. Mas fique alerta para alguns problemas potenciais.
>
> O comando `make` calcula as dependências entre os diversos alvos que ele tem de construir. No entanto, só pode analisar as dependências existentes dentro da mesma chamada. Especificamente, um comando `make` recursivo não conhece as dependências que outras chamadas a `make` podem ter. Se você for cuidadoso e preciso, pode obter os resultados apropriados, mas é fácil causar um trabalho adicional desnecessário – ou perder uma dependência e *não* recompilar quando necessário.
>
> Além disso, as dependências da construção podem ser as mesmas do teste e você pode precisar de hierarquias separadas.

Automação da construção

Uma *construção* é um procedimento que pega um diretório vazio (e um ambiente de compilação conhecido) e constrói o projeto a partir do zero, produzindo o que quer que fosse esperado como produto final – uma imagem-mestre de CD-ROM ou um arquivo autoextraível, por exemplo. Normalmente, uma construção de projeto engloba as etapas a seguir.

1. Extração do código-fonte do repositório.

2. Construção do projeto a partir do zero, normalmente a partir de um makefile de nível superior. Cada construção é marcada com algum tipo de número de lançamento ou versão ou talvez um carimbo de data.

3. Criação de uma imagem de distribuição. Esse procedimento pode demandar a alteração da propriedade e das permissões do arquivo e a produção de todos os exemplos, documentação, arquivos LEIAME e qualquer outra coisa a ser entregue com o produto, no formato exato necessário no momento da distribuição.[3]

4. Execução dos testes especificados (`make test`).

---

[3] Se você estivesse produzindo um CD-ROM no formato ISO9660, por exemplo, executaria o programa que produz uma imagem bit a bit do sistema de arquivos 9660. Por que esperar até a noite anterior à entrega para se certificar se funciona?

Na maioria dos projetos, esse nível de construção é executado automaticamente toda noite. Nessa construção noturna, normalmente são executados testes mais completos do que uma pessoa executaria ao construir alguma parte específica do projeto. O ponto importante é fazer a construção completa executar *todos* os testes disponíveis. Você quer saber se um teste de regressão falhou por causa de uma das alterações feitas no código hoje. Identificando o problema perto da origem, terá uma chance melhor de encontrá-lo e corrigi-lo.

Se você não executar testes regularmente, pode descobrir que o aplicativo travou devido a uma alteração no código feita três meses atrás. Vai precisar de sorte para encontrá-la.

Construções finais

As *construções finais*, que você pretende entregar como produtos, podem ter requisitos diferentes da construção noturna regular. Uma construção final pode requerer que o repositório seja bloqueado, ou marcado com o número de versão, que os flags de otimização e depuração sejam configurados diferentemente e assim por diante. Gostamos de usar um objetivo separado para make (como make final) que configure todos esses parâmetros ao mesmo tempo.

Lembre-se de que se o produto for compilado diferentemente de versões anteriores, você terá de testar tudo novamente em relação a *essa* versão.

Administrivia automática

Não seria bom se os programadores pudessem realmente dedicar todo o seu tempo à programação? Infelizmente, isso não costuma ocorrer. Há emails para responder, papelada para ser preenchida, documentos a serem postados na Web e assim por diante. Você pode decidir criar um script de shell para fazer parte do trabalho tedioso, mas ainda terá de lembrar de executar o script quando necessário.

Já que a memória é a segunda coisa que perdemos ao ficarmos velhos,[4] não queremos confiar tanto nela. Podemos executar scripts que processem os procedimentos para nós automaticamente, com base no *conteúdo* do código-fonte e de documentos. Nosso objetivo é manter um fluxo de trabalho automático, sem intervenção manual e baseado no conteúdo.

---

[4] Qual é a primeira? Esqueci.

Geração de sites

Muitas equipes de desenvolvimento usam um site interno para a comunicação no projeto e acham que essa é uma grande ideia. Mas não queremos passar tanto tempo gerenciando o site e não queremos permitir que ele fique obsoleto ou desatualizado. Informações incorretas são piores do que nenhuma informação.

Documentação extraída de código, análises de requisitos, documentos de projeto e qualquer figura, diagrama ou gráfico, tudo tem de ser publicado na Web regularmente. Gostamos de publicar esses documentos automaticamente como parte da construção noturna ou como um gancho no procedimento de devolução do código-fonte ao repositório.

Independente de como for feito, o conteúdo da Web deve ser gerado automaticamente a partir de informações do repositório e publicado *sem* intervenção humana. Na verdade, essa é outra aplicação do princípio *NSR*: as informações existem em uma forma como documentos e códigos armazenados. A visualização no navegador da Web é apenas isso – uma visualização. Você não deve ter de fazer a manutenção dessa visualização manualmente.

Qualquer informação gerada pela construção noturna tem de poder ser acessada no site da Web de desenvolvimento: resultados da própria construção (por exemplo, os resultados da construção podem ser apresentados como um resumo de uma página que inclua avisos do compilador, erros e o status atual), testes de regressão, estatísticas de desempenho, medições de codificação e qualquer outra análise estática etc.

Procedimentos de aprovação

Alguns projetos têm vários fluxos de trabalho administrativos que devem ser seguidos. Por exemplo, revisões no código ou no projeto têm de ser agendadas e concluídas, aprovações podem ter de ser dadas e assim por diante. Podemos usar a automação – e principalmente o site da Web – para ajudar a diminuir a carga burocrática.

Suponhamos que você quisesse automatizar o agendamento e a aprovação de revisões no código. Poderia inserir um marcador especial em cada arquivo de código-fonte:

```
/* Status: needs_review */
```

Um script simples poderia percorrer todo o código-fonte e procurar todos os arquivos que tivessem o status needs-review, indicando que estão prontos para ser revisados. Em seguida, você poderia postar uma lista desses arquivos como uma página da Web, enviar automaticamente emails para as pessoas apropriadas ou até mesmo marcar uma reunião automaticamente usando algum software de calendário.

Você pode definir um formulário em uma página da Web para os revisores registrarem aprovação ou rejeição. Após a revisão, o status pode ser alterado automaticamente para revisado. Se o código será repassado com todos os participantes isso é uma decisão sua; você ainda poderá executar os procedimentos burocráticos automaticamente (em um artigo da CACM de abril de 1999, Robert Glass resume uma pesquisa que parece indicar que, embora inspecionar o código seja eficaz, conduzir revisões em reuniões não é [Gla99a]).

Casa de ferreiro

Casa de ferreiro, espeto de pau. Com frequência, as pessoas que desenvolvem software são as que usam as piores ferramentas para fazer o trabalho.

Mas temos toda a matéria-prima que precisamos para criar ferramentas melhores. Temos o `cron`. Temos o `make`, o Ant e o CruiseControl para a automação (consulte [Cla04]). E temos a Ruby, a Perl e outras linguagens de script de alto nível para desenvolver rapidamente ferramentas personalizadas, geradores de páginas da Web, geradores de código, ferramentais de teste e assim por diante.

Deixe o computador fazer o que for repetitivo e trivial – ele se sairá melhor do que nós. Temos coisas mais importantes e difíceis para fazer.

As seções relacionadas são:
- *O gato comeu meu código-fonte,* página 24
- *Os males da duplicação,* página 48
- *O poder do texto simples,* página 95
- *Jogos de shell,* página 99
- *Depurando,* página 112
- *Geradores de código,* página 124
- *Equipes pragmáticas,* página 246
- *Testando incansavelmente,* página 259
- *Tudo se resume a escrever,* página 270

Desafios

- Preste atenção em seus hábitos durante o dia de trabalho. Percebeu alguma tarefa repetitiva? Digitou a mesma sequência de comandos repetidas vezes? Tente escrever alguns scripts de shell para automatizar o processo. Você sempre clica na mesma sequência de ícones repetidamente? Pode criar uma macro para fazer tudo isso para você?
- Quanto do trabalho burocrático de seu projeto pode ser automatizado? Dado o alto custo da equipe de programação,[5] determine quanto do orçamento do projeto está sendo gasto em procedimentos administrativos. Consegue justificar o tempo necessário à criação de uma solução automatizada baseando-se na economia que ela geraria para o custo geral?

43 TESTANDO INCANSAVELMENTE

A maioria dos desenvolvedores odeia testar. Eles tendem a testar de maneira moderada, sabendo intuitivamente onde o código travará e evitando os locais vulneráveis. Programadores pragmáticos são diferentes. Somos *impelidos* a encontrar nossos erros *agora*, assim não temos de passar pela vergonha de outras pessoas os encontrarem depois.

Encontrar erros é um pouco como pescar com uma rede. Usamos redes finas e pequenas (testes de unidade) para pegar os peixes de água doce e redes grandes e grossas (testes de integração) para apanhar os tubarões assassinos. Às vezes, o peixe consegue escapar e temos de consertar qualquer buraco encontrado, esperando pegar cada vez mais defeitos escorregadios que estejam nadando entre as margens de nosso projeto.

> **DICA 62**
> Teste cedo. Teste sempre. Teste automaticamente.

Queremos começar a testar assim que tivermos código. Aqueles pequenos peixes de água doce têm o péssimo hábito de se tornar tubarões gigantes comedores de gente muito rápido e apanhar um tubarão é bem mais difícil. Mas não queremos ter de executar todos esses testes manualmente.

---

[5] Para fins de estimativa, você pode imaginar uma média na indústria de cerca de US$ 100 mil per capita – isso é o salário mais benefícios, treinamento, espaço e custos gerais do local de trabalho e assim por diante.

Muitas equipes desenvolvem planos de teste elaborados para seus projetos. Às vezes, chegam até a usá-los. Mas descobrimos que as equipes que usam testes automatizados têm uma chance muito maior de sucesso. Testes que são executados a cada construção são muito mais eficazes do que planos de teste que ficam aguardando para ser usados.

Quanto mais cedo um erro for encontrado, mais barato será repará-lo. "Codifique um pouco, teste um pouco" é um ditado popular do universo Smalltalk[6] e podemos adotar esse mantra como nosso escrevendo códigos de teste ao mesmo tempo (ou até mesmo antes) em que escrevemos o código de produção.

Na verdade, um bom projeto pode chegar a ter *mais* código de teste do que código de produção. O tempo gasto na produção desse código de teste vale o esforço. Acaba sendo muito mais barato a longo prazo e você tem a chance de criar um produto com quase nenhum defeito.

Além disso, saber que você passou no teste lhe dará um alto grau de certeza de que o código está "terminado".

> **DICA 63**
> A codificação só estará concluída após todos os testes serem executados

Só porque você acabou de escrever o código não significa que pode ir até seu chefe ou cliente e dizer que *terminou*. Não terminou. Em primeiro lugar, o código nunca termina realmente. E o mais importante, você não pode alegar que ele pode ser usado por alguém até que passe em todos os testes disponíveis.

Precisamos examinar três aspectos importantes da execução de testes com abrangência de projeto: o que testar, como testar e quando testar.

O que testar

Há vários tipos importantes de teste de software que você precisa executar:

- Teste de unidade
- Teste de integração
- Validação e verificação

---

[6] A metodologia eXtreme Programming [URL 45] chama esse conceito de "integração contínua, testes implacáveis".

- Exaustão de recursos, erros e recuperação
- Teste de desempenho
- Teste de usabilidade

Essa lista não é definitiva e alguns projetos especializados demandarão vários outros tipos de teste. Mas ela nos dá um bom ponto de partida.

Teste de unidade

Um *teste de unidade* é um código que faz ensaios com um módulo. Abordamos esse tópico individualmente em *Código que seja fácil de testar*, página 211. O teste de unidade é a base de todos os outros tipos de teste que discutiremos nesta seção. Se as partes não funcionarem separadamente, provavelmente não funcionarão bem juntas. Todos os módulos que você estiver usando devem passar em seu próprio teste de unidade antes de você poder prosseguir.

Uma vez que todos os módulos pertinentes tiverem passado em seus testes individuais, você estará pronto para o próximo estágio. Terá de testar como os módulos usam uns aos outros e interagem no sistema inteiro.

Teste de integração

O *teste de integração* mostra que os principais subsistemas que compõem o projeto funcionam e interagem bem uns com os outros. Com bons contratos definidos e bem testados, qualquer problema de integração pode ser facilmente detectado. Caso contrário, a integração se torna um solo fértil para a proliferação de erros. Na verdade, com frequência ela é a maior fonte de erros do sistema.

O teste de integração é apenas uma extensão do teste de unidade já descrito – só que agora você está testando como subsistemas inteiros honram seus contratos.

Validação e verificação

Assim que você tiver um protótipo ou uma interface de usuário executável, terá de responder uma pergunta importantíssima: os usuários lhe disseram o que queriam, mas é disso que eles precisam?

O resultado atende os requisitos funcionais do sistema? Isso também precisa ser testado. Um sistema sem bugs que resolva o problema errado não é muito útil. Esteja alerta para os padrões de acesso do usuário final e como eles diferem dos dados de teste do desenvolvedor (para ver um exemplo, consulte a história sobre traços de um pincel na página 114).

Exaustão de recursos, erros e recuperação

Agora que você tem uma boa noção de que o sistema se comportará corretamente sob condições ideais, tem de descobrir como ele se comportará sob as condições do *mundo real*. No mundo real, seus programas não terão recursos ilimitados; eles precisarão de mais recursos. Seu código pode encontrar alguns limites em:

- Memória
- Espaço em disco
- Largura de banda da CPU
- Horas do relógio físico
- Largura de banda do disco
- Largura de banda da rede
- Paleta de cores
- Resolução do vídeo

É possível constatar falhas de espaço em disco ou alocação de memória, mas com que frequência você verificará as outras? Uma tela de 640 x 480 com 256 cores é apropriada para seu aplicativo? Ele seria executado em uma tela de 1600 x 1280 com cores de 24 bits sem parecer um selo de remessa postal? O trabalho em lotes terminará antes que o arquivamento comece?

Você pode detectar limitações ambientais, como as especificações de vídeo, e se adaptar conforme apropriado. No entanto, nem todas as falhas são recuperáveis. Se seu código detectar que a memória acabou, suas opções serão limitadas: você pode não ter recursos suficientes sobrando para fazer outra coisa a não ser encerrar.

Quando o sistema realmente falhar,[7] ele será encerrado normalmente? Ele tentará, da melhor forma possível, salvar seu estado e evitar a perda de trabalho? Ou entrará em um modo "GPF" ou de descarga da memória repentinamente para o usuário?

---

[7] Nosso revisor queria que mudássemos essa frase para "*Se* o sistema realmente falhar...". Não concordamos.

Teste de desempenho

O teste de desempenho, teste de resistência ou teste de carga também pode ser um aspecto importante do projeto.

Considere se o software atende os requisitos de desempenho sob as condições do mundo real – com a quantidade de usuários ou as conexões ou transações por segundo esperadas. Ele é ajustável?

Em alguns aplicativos, você pode precisar de um hardware ou software de teste especializado para simular a carga de forma realista.

Teste de usabilidade

O teste de usabilidade é diferente dos tipos de teste discutidos até agora. Ele é executado com usuários reais, sob condições ambientais reais.

Considere a usabilidade em termos de fatores humanos. Houve alguma divergência durante a análise de requisitos que precise ser resolvida? O software atende ao usuário como uma extensão de suas mãos? (Além de querermos que nossas próprias ferramentas sejam uma extensão de nossas mãos, queremos o mesmo para as ferramentas criadas para os usuários).

Como na validação e verificação, você tem de executar o teste de usabilidade assim que puder, enquanto ainda houver tempo para fazer correções. Em projetos maiores, se quiser, envolva especialistas em fatores humanos. (Se não for muito útil, pelo menos será divertido brincar com os espelhos que refletem a imagem de um lado e do outro são transparentes).

Não conseguir atender os critérios de usabilidade é um erro tão grande quanto a divisão por zero.

Como testar

Já examinamos *o que* testar. Agora, voltaremos nossa atenção para *como* testar, o que inclui:

- Testes de regressão
- Dados de teste
- Testar sistemas de GUI
- Testar os próprios testes
- Testes completos

> **Teste do projeto/metodologia**
>
> Você consegue testar o projeto do código e a metodologia que usou para construir o software? De certo modo, sim. Pode fazer isso analisando *métricas* – medidas de vários aspectos do código. A métrica mais simples (e com frequência a menos interessante) são as *linhas de código* – qual é o tamanho do código.
>
> Há várias outras métricas que você pode usar para examinar o código, inclusive:
>
> - A métrica da complexidade ciclomática de McCabe (mede a complexidade de estruturas de decisão)
>
> - O fan-in (número de classes base) e o fan-out (número de módulos derivados que usam esse módulo como pai) da herança
>
> - O conjunto de resposta (consulte *A desvinculação e a Lei de Deméter*, página 138)
>
> - As taxas de vinculação de classes (consulte [URL 48]).
>
> Algumas métricas são projetadas para dar uma "nota de aprovação", enquanto outras só são úteis por comparação. Isto é, você terá de calcular essas medidas para cada módulo do sistema e ver qual a relação entre um módulo específico e seus correlatos. Técnicas estatísticas padrão (como a média e o desvio padrão) geralmente são usadas aqui.
>
> Se você encontrar um módulo cuja métrica for marcadamente diferente de todo o resto, terá de ponderar se isso é apropriado. Para alguns módulos, pode não haver problema "sair do padrão". Mas para os que *não* tiverem um bom motivo, pode indicar possíveis problemas.

Testes de regressão

Um teste de regressão compara a saída do teste atual com valores anteriores (ou conhecidos). Assim, podemos verificar se os erros que corrigimos hoje não danificaram algo que estava funcionando ontem. Essa é uma medida de segurança importante e reduz as surpresas desagradáveis.

Todos os testes que mencionamos até agora podem ser executados como testes de regressão, verificando se algo mudou à medida que desenvolvemos novo código. Podemos executar regressões para verificar o desempenho, contratos, a validade e assim por diante.

Dados de teste

Onde obteremos os dados para executar todos esses testes? Há apenas dois tipos de dados: dados do mundo real e dados sintéticos. Na verdade, precisamos usar os dois, porque as naturezas distintas desses tipos de dados vão expor diferentes erros em nosso software.

Os dados do mundo real vêm de alguma fonte real. Podem ser coletados em um sistema existente, no sistema de um concorrente ou em um protótipo de algum tipo. Eles representam dados típicos do usuário. Você vai se surpreender quando descobrir o que queremos dizer com *típicos*. O mais provável é que eles revelem defeitos e divergências na análise de requisitos.

Os dados sintéticos são gerados artificialmente, podendo sofrer certas restrições estatísticas. Você pode ter de usar dados sintéticos por qualquer uma das razões a seguir.

- Se precisar de muitos dados, possivelmente mais do que qualquer amostra do mundo real poderia fornecer. Talvez você possa usar os dados do mundo real como ponto de partida para gerar um conjunto de amostras maior, e ajustar certos campos que tenham de ser exclusivos.
- Se precisar de dados para forçar as condições limítrofes. Esses dados podem ser totalmente sintéticos: campos de dados contendo 29 de fevereiro de 1999, registros de tamanho muito grande ou endereços com códigos postais estrangeiros.
- Se precisar de dados que exibam certas propriedades estatísticas. Quer saber o que acontece se cada terceira transação falhar? Lembra do algoritmo de classificação que fica lento até quase parar quando recebe dados já classificados? Você pode apresentar dados em ordem aleatória ou classificada para expor esse tipo de desvantagem.

Testando sistemas de GUI

O teste de sistemas que fazem uso intenso de GUI com frequência requer ferramentas de teste especializadas. Essas ferramentas podem ser baseadas em um simples modelo de captura/reprodução de eventos ou podem requerer scripts escritos especialmente para condução da GUI. Alguns sistemas combinam elementos das duas abordagens.

Ferramentas menos sofisticadas impõem um alto grau de vinculação entre a versão do software que está sendo testada e o script de teste: se você mover uma caixa de diálogo ou tornar um botão menor, talvez o teste não consiga encontrá-los e pode falhar. A maioria das ferramentas de teste de GUI modernas usa várias técnicas diferentes para resolver esse problema e tenta se adaptar a pequenas diferenças de layout.

No entanto, você não pode automatizar tudo. Andy trabalhou em um sistema gráfico que permitia que o usuário criasse e exibisse efeitos visuais não determinísticos que simulavam vários fenômenos da natureza. Infelizmente, durante o teste não era possível apenas capturar um bitmap e comparar a saída com uma execução anterior, porque ela foi projetada para ser sempre diferente. Em situações como essa, talvez você não tenha outra escolha a não ser confiar na interpretação manual dos resultados do teste.

Uma das muitas vantagens de escrever código desvinculado (consulte *A desvinculação e a Lei de Deméter*, página 160) são os testes mais modulares. Por exemplo, para aplicativos de processamento de dados que tiverem uma GUI no front-end, seu projeto deve ser suficientemente desvinculado para que você possa testar a lógica do aplicativo *sem* ter uma GUI presente. Essa ideia é semelhante a testar primeiro os subcomponentes. Uma vez que a lógica do aplicativo tiver sido validada, ficará mais fácil localizar os erros que surgem quando a interface de usuário está sendo usada (os erros podem estar sendo gerados pelo código da interface de usuário).

Testando os testes

Já que não podemos criar software perfeito, também não podemos criar software de teste perfeito. Temos de testar os testes.

Considere nosso conjunto de testes como um sistema de segurança elaborado, projetado para fazer soar o alarme ao surgir um erro. Há maneira melhor de testar um sistema de segurança do que tentando burlá-lo?

Após ter criado um teste para detectar um erro específico, *cause* o erro deliberadamente e verifique se o teste reclama. Isso vai garantir que o teste capturará o erro se ele ocorrer de verdade.

> **DICA 64**
> Use sabotadores para testar seus testes

Se quiser levar *realmente* a sério a execução de testes, talvez você queira designar um *sabotador de projeto*. O papel de sabotador pressupõe obter uma cópia separada da árvore de fontes, introduzir erros de propósito e verificar se os testes os capturarão.

Ao criar testes, verifique se alarmes estão soando quando necessário.

Testando totalmente

Uma vez que você tiver certeza de que seus testes estão corretos e estiver encontrando os erros que criou, como saber se testou a base de código com abrangência suficiente?

Uma resposta resumida seria "você não tem como saber", e nunca terá. Mas há produtos no mercado que podem ajudar. Essas ferramentas de *análise de cobertura* observam o código durante o teste e registram que linhas de código foram executadas e quais não foram. As ferramentas ajudam a dar uma noção geral do quanto seu teste é abrangente, mas não espere ver 100% de cobertura.

Mesmo se você percorrer todas as linhas de código, isso não é tudo. O que *é* importante é o número de estados que seu programa pode ter. Os estados não são equivalentes às linhas de código. Por exemplo, suponhamos que você tivesse uma função que operasse com dois inteiros, os dois podendo ser um número de 0 a 999.

```
int test(int a, int b) {
  return a / (a + b);
}
```

Teoricamente, essa função de três linhas tem 1.000.000 de estados lógicos, 999.999 dos quais funcionarão corretamente e um que não funcionará (quando a + b é igual a zero). Simplesmente saber que você executou essa linha de código não o informará disso – você teria de identificar todos os estados possíveis do programa. Infelizmente, em geral esse é um problema *realmente difícil*. Difícil como em "o sol será uma massa fria e dura antes que você consiga resolvê-lo".

> **DICA 65**
> Teste a cobertura de estados e não a cobertura do código

Mesmo com uma boa cobertura do código, os dados que você usar no teste também terão um grande impacto e, o mais importante, a *ordem* em que você percorrer o código pode ser o que causará o maior impacto entre todo o resto.

Quando testar

Muitos projetos tendem a deixar o teste para o último minuto – sendo executado bem no fim do prazo (deadline).[8] Temos de começar muito antes disso. Assim que existir algum código de produção, ele deve ser testado.

A maioria dos testes deve ser executada automaticamente. É importante ressaltar que com "automaticamente" queremos dizer que os *resultados* do teste também são interpretados automaticamente. Consulte *Automação onipresente*, página 252, para saber mais sobre esse assunto.

Gostamos de testar com a maior frequência possível e sempre antes de inserirmos o código no depósito de fontes. Alguns sistemas de controle de código-fonte, como o Aegis, podem fazer isso automaticamente. Caso contrário, só temos que digitar

```
% make test
```

Geralmente, não é problema executar regressões em todos os testes de unidade individuais e testes de integração com a frequência que for necessária.

Mas alguns testes podem não ser fáceis de executar com frequência. Os testes de resistência, por exemplo, podem requerer configuração ou equipamento especial e alguma intervenção manual. Esses testes podem ser executados com menos frequência – semanal ou mensalmente, talvez. Mas é importante que sejam executados programada e regularmente. Se não puderem ser executados automaticamente, certifique-se de que apareçam no cronograma, com todos os recursos necessários alocados para a tarefa.

Reforçando a rede

Para concluir, gostaríamos de revelar o conceito de maior importância na execução de testes. Ele é óbvio e praticamente todos os livros recomendam que seja feito assim. Mas, por alguma razão, a maioria dos projetos ainda não o adotou.

Se um erro escapar da rede de testes existentes, você terá de adicionar um novo teste para capturá-lo da próxima vez.

---

[8] **dead-line** \ded-līn\ *s* (1864) uma linha desenhada dentro ou ao redor de uma cela a qual o prisioneiro não pode ultrapassar sem o risco de ser alvejado – *Webster's Collegiate Dictionary*.

DICA 66
Encontre os erros apenas uma vez

Quando um testador humano encontrar um erro, essa deve ser a *última* vez que um testador humano o encontrará. Os testes automatizados devem ser modificados para procurar esse erro específico desse momento em diante, sempre, sem exceções, não importa o quanto ele seja trivial e quantas vezes o desenvolvedor reclame dizendo "isso não acontecerá de novo".

Porque ele ocorrerá novamente. E não temos tempo para ficar procurando erros que os testes automatizados poderiam ter encontrado para nós. Temos de gastar nosso tempo criando novos códigos – e novos erros.

As seções relacionadas são:
- *O gato comeu meu código-fonte*, página 24
- *Depurando*, página 112
- *A desvinculação e a Lei de Deméter*, página 160
- *Refatoração*, página 206
- *Código que seja fácil de testar*, página 211
- *Automação onipresente*, página 252

Desafios
- Você consegue testar automaticamente seu projeto? Muitas equipes são forçadas a responder "não". Por quê? É muito difícil definir os resultados aceitáveis? Isso não tornará difícil provar para os patrocinadores que o projeto está "terminado"?

- É muito difícil testar a lógica do aplicativo independente da GUI? O que isso diz sobre a GUI? E sobre a vinculação?

44 | TUDO SE RESUME A ESCREVER

A tinta mais fraca é melhor do que a memória mais afiada.

Provérbio chinês

Normalmente, os desenvolvedores não dão muita importância para a documentação. Na melhor das hipóteses, ela é um mal necessário; na pior, é tratada como uma tarefa de baixa prioridade na esperança de que a gerência a esqueça no fim do projeto.

Programadores pragmáticos aceitam a documentação como parte integrante do processo geral de desenvolvimento. A criação da documentação pode se tornar mais fácil pela não duplicação de trabalho ou desperdício de tempo e quando ela é mantida à mão – no próprio código, se possível.

Essas não são opiniões muito originais ou novas; a ideia de casar código e documentação aparece no trabalho de Donald Knuth sobre "literate programming" e no utilitário JavaDoc da Sun, entre outros. Queremos reduzir a separação entre código e documentação e, em vez disso, tratá-los como dois aspectos do mesmo modelo (consulte *É apenas um modo de ver*, página 179). Na verdade, queremos ir um pouco mais adiante e aplicar todos os nossos princípios pragmáticos tanto à documentação quanto ao código.

> **DICA 67**
> Trate o português simplesmente como outra linguagem de programação

Há basicamente dois tipos de documentação produzidos para um projeto: interna e externa. A documentação interna inclui os comentários do código-fonte, documentos do projeto e de teste e assim por diante. A documentação externa é qualquer coisa fornecida ou publicada para o mundo externo, como os manuais de usuário. Mas independente do público-alvo ou da função do redator (desenvolvedor ou redator técnico), toda documentação é um espelho do código. Se houver uma discrepância, o código é o que importa – para o bem ou para o mal.

> **DICA 68**
> Construa a documentação no código, não a acrescente como complemento

Começaremos com a documentação interna.

Comentários no código

Produzir documentos formatados a partir de comentários e declarações no código-fonte é bem simples, mas primeiro temos de nos assegurar de *termos* realmente comentários no código. O código deve ter comentários, mas comentários demais podem ser tão prejudiciais como comentários de menos.

Em geral, os comentários devem discutir *por que* algo é feito, sua finalidade e seu objetivo. O código já mostra *como* é feito, portanto, esse comentário seria redundante – e seria uma violação do *princípio NSR*.

Comentar o código-fonte lhe dará uma oportunidade perfeita para documentar as partes vagas de um projeto que não puderem ser documentadas em outro local: escolhas de engenharia, porque certas decisões foram tomadas, que alternativas foram descartadas e assim por diante.

Gostamos de ver um comentário de cabeçalho *simples* no nível do módulo, comentários para declarações de dados e tipos significativas e um breve cabeçalho por classe e por método, descrevendo como a função é usada e qualquer coisa que ela faça que não seja óbvia.

É claro que os nomes das variáveis devem ser significativos e bem escolhidos. foo, por exemplo, não quer dizer nada, assim como façaisso, gerente ou coisa. A notação húngara (em que as informações de tipo da variável são codificadas no próprio nome) é totalmente inapropriada em sistemas orientados a objetos. Lembre-se de que você (e outras pessoas depois de você) vai *ler* o código muitas centenas de vezes, mas só o *escreverá* algumas. Não tente ganhar tempo escrevendo cp em vez de connectionPool.

Ainda pior do que nomes sem significado são os nomes *ambíguos*. Já ouviu alguém explicar inconsistências em código legado como em "a rotina chamada capturaDados na verdade grava dados no disco"? O cérebro humano sempre se embaralhará com isso – é o que é chamado de *Efeito Stroop* [Str35]. Você mesmo pode fazer a experiência a seguir para ver os efeitos dessa interferência. Pegue algumas canetas coloridas e use-as para anotar os nomes das cores. No entanto, nunca escreva um nome de cor usando a caneta dessa cor. Você poderia escrever a palavra "azul" em verde, a palavra "marrom" em vermelho e assim por diante. (Alternativamente, temos um exemplo de conjunto de cores já desenhadas em nosso site da Web em www.pragmaticprogrammer.com). Uma vez que você tiver escrito os nomes das cores, tente falar em voz alta a cor com a qual cada palavra foi escrita, o mais rápido que puder. Em algum momento, você errará e começará a se referir aos nomes das cores e não às cores propriamente ditas. Os nomes são muito relevantes para o nosso cérebro e nomes ambíguos levarão caos ao seu código.

Você pode documentar parâmetros, mas pondere se é realmente necessário em todos os casos. O nível de comentário sugerido pela ferramenta JavaDoc parece apropriado:

```
/**
 * Encontra o valor de pico (mais alto) dentro de um intervalo de
 * datas de amostras especificado.
 *
 * @param   aRange Intervalo de datas a ser pesquisado.
 * @param   aThreshold Valor mínimo a considerar.
 * @return  o valor ou <code>null</code> se não for encontrado nenhum
 *          valor maior ou igual ao limite.
 */
public Sample findPeak(DateRange aRange, double aThreshold);
```

Aqui está uma lista de coisas que *não* devem aparecer em comentários de fontes.

- **Uma lista das funções exportadas por um código do arquivo.** Há programas que analisam a fonte para nós. Use-os e terá certeza de que a lista estará atualizada.
- **Histórico de revisões**. Para isso, existem os sistemas de controle de código-fonte (consulte *Controle do código-fonte,* página 108). No entanto, pode ser útil incluir informações sobre a data da última alteração e a pessoa que a fez.[9]
- **Uma lista de outros arquivos que esse arquivo usa.** Isso pode ser determinado mais precisamente com o uso de ferramentas automáticas.
- **O nome do arquivo.** Se ele tiver de aparecer no arquivo, não faça sua manutenção manualmente. O RCS e sistemas semelhantes podem manter essa informação atualizada automaticamente. Se você mover ou renomear o arquivo, não vai querer ter de lembrar de editar o cabeçalho.

Uma das informações mais importantes que *deve* aparecer no arquivo-fonte é o nome do autor – não necessariamente quem editou o arquivo por último, mas o proprietário. Designar responsabilidade e autoridade pelo código-fonte é ótimo para fazer as pessoas serem honestas (consulte *Orgulho e preconceito,* página 258).

---

[9] Esse tipo de informação, assim como o nome do arquivo, é fornecido pela tag Id do RCS.

O projeto também pode requerer que certas observações de direitos autorais ou outros textos padronizados legais apareçam em cada arquivo-fonte. Faça seu editor inseri-los para você automaticamente.

Com a definição de comentários significativos, ferramentas como o Java-Doc [URL 7] e o DOC++ [URL 21] poderão extrair e formatá-los para produzir automaticamente documentação de nível de API. Esse é um exemplo específico de uma técnica mais geral que usamos – os *documentos executáveis*.

Documentos executáveis

Suponhamos que tivéssemos uma especificação que listasse as colunas de uma tabela de banco de dados. Também teríamos um conjunto separado de comandos SQL para criar a tabela real no banco de dados e, provavelmente, algum tipo de estrutura de registro de uma linguagem de programação para conter o conteúdo de uma linha da tabela. As mesmas informações são repetidas três vezes. Altere qualquer uma dessas três fontes as outras duas ficarão imediatamente desatualizadas. Essa é uma violação clara do princípio *NSR*.

Para resolver esse problema, temos de selecionar a fonte de informações autorizada. Ela pode ser a especificação, uma ferramenta de esquemas de banco de dados ou alguma terceira fonte. Selecionemos o documento de especificação como a fonte. Ele passará a ser nosso *modelo* para esse processo. Agora, temos de encontrar uma maneira de exportar as informações que ele contém como *visualizações* diferentes – um esquema de banco de dados e um registro de linguagem de alto nível, por exemplo.[10]

Se seu documento for armazenado em texto simples com comandos de marcação (usando HTML, LaTeX ou troff, por exemplo), você poderá usar ferramentas como a linguagem Perl para extrair o esquema e reformatá-lo automaticamente. Se ele estiver em um formato binário de processador de texto, então consulte a caixa da próxima página para ver algumas opções.

Agora, seu documento é parte integrante do desenvolvimento do projeto. A única maneira de alterar o esquema é alterar o documento. Você tem certeza de que tanto a especificação, quanto o esquema e o código estão de acordo. Reduziu o volume de trabalho que terá que executar a cada alteração e pode atualizar as visualizações da alteração automaticamente.

---

[10] Consulte *É apenas um modo de ver*, página 179, para saber mais sobre modelos e visualizações.

> **E se meu documento não estiver em texto simples?**
>
> Infelizmente, cada vez mais documentos de projeto estão sendo escritos com o uso de processadores de texto que armazenam o arquivo em disco em algum formato proprietário. Dizemos "infelizmente" porque isso restringe muito as opções de processamento do documento automaticamente. No entanto, você ainda tem algumas opções.
>
> - **Crie macros.** A maioria dos processadores de texto sofisticados já tem uma linguagem de macro. Com algum esforço, você pode programá-los para exportar seções marcadas de seus documentos nas formas alternativas necessárias. Se a programação nesse nível for muito complicada, você ainda poderá exportar a seção apropriada em um arquivo de texto simples no formato padrão e então usar uma ferramenta como a Perl para convertê-la para as formas finais.
>
> - **Subordine o documento.** Em vez de ter o documento como a fonte definitiva, use outra representação (no exemplo do banco de dados, talvez você pudesse usar o esquema como a informação autorizada). Em seguida, crie uma ferramenta que exporte essa informação em uma forma que o documento possa importar. No entanto, tome cuidado. Você tem de assegurar que essa informação seja importada sempre que o documento for impresso, em vez de apenas uma vez quando o documento for criado.

Podemos gerar documentação de nível de API a partir do código-fonte usando ferramentas como o JavaDoc e o Doc++ de maneira semelhante. O modelo é o código-fonte: uma visualização do modelo pode ser compilada; outras visualizações devem ser impressas ou vistas na Web. Nosso objetivo é sempre trabalhar sobre o modelo – seja o modelo o próprio código ou algum outro documento – e ter todas as visualizações atualizadas automaticamente (consulte *Automação onipresente,* página 252, para saber mais sobre processos automáticos).

Subitamente, a documentação não parece mais tão incômoda.

Redatores técnicos

Até agora, só falamos sobre documentação interna – escrita pelos próprios programadores. Mas o que acontece quando redatores técnicos profissionais estão envolvidos no projeto? Quase sempre, os programadores apenas lançam o material "por cima da divisória" para os redatores técnicos e deixam que eles se virem para produzir manuais do usuário, peças promocionais e assim por diante.

Isso é um erro. Só porque os programadores não estão redigindo esses documentos não significa que possamos renunciar aos princípios pragmáticos. Queremos que os redatores adotem os mesmos princípios básicos de um programador pragmático – principalmente honrando o princípio NSR, a ortogonalidade, o conceito de modelo-visualização e o uso de automação e scripts.

Imprimir ou publicar na Web

Um problema inerente à documentação publicada em papel é que ela pode ficar desatualizada assim que é impressa. Qualquer tipo de documentação é apenas um instantâneo.

Portanto, tentamos produzir toda documentação em uma forma que possa ser publicada online, na Web, complementada com hiperlinks. É mais fácil manter essa visualização da documentação atualizada do que rastrear cada cópia existente em papel, descartar, reimprimir e redistribuir novas cópias. Também é uma maneira melhor de atender as necessidades de um público amplo. Lembre-se, no entanto, de inserir um carimbo de data ou um número de versão em cada página da Web. Dessa forma, o leitor poderá ter uma boa ideia do que está atualizado e do que foi ou não alterado recentemente.

Muitas vezes, temos de apresentar a mesma documentação em diferentes formatos: um documento impresso, páginas da Web, ajuda online ou talvez uma apresentação de slides. A solução típica é o uso intensivo do recurso de recortar e colar, com a criação de vários novos documentos independentes a partir do original. Essa é uma má ideia: a apresentação de um documento deve ser independente de seu conteúdo.

Se estiver usando um sistema de marcação, você terá flexibilidade para implementar quantos formatos de saída diferentes quiser. Poderia optar por fazer

```
<H1>Título do Capítulo</H1>
```

gerar um novo capítulo na versão de relatório do documento e nomear um novo slide na apresentação de slides. Tecnologias como o XSL e o CSS[11] podem ser usadas para gerar vários formatos de saída a partir da mesma marcação.

Se estiver usando um processador de texto, provavelmente você terá recursos semelhantes. Se lembrar de usar estilos para identificar diferentes

---

[11] eXtensible Style Language e Cascading Style Sheets, duas tecnologias projetadas para ajudar a separar a apresentação do conteúdo.

elementos do documento, ao aplicar diferentes folhas de estilo poderá alterar drasticamente a aparência do resultado final. A maioria dos processadores de texto já permite a conversão do documento para formatos como o HTML para publicação na Web.

Linguagens de marcação

Para concluir, em projetos de documentação de grande escala, recomendamos o exame dos esquemas mais modernos de marcação da documentação.

Atualmente, muitos autores técnicos usam o DocBook para definir seus documentos. O DocBook é um padrão de marcação baseado na SGML que identifica cuidadosamente cada componente de um documento. O documento pode ser passado por um processador DSSSL para ser gerado em uma grande quantidade de formatos diferentes. O projeto de documentação do Linux usa o DocBook para publicar informações nos formatos RTF, TeX, info, PostScript e HTML.

Contanto que sua marcação original seja suficientemente rica para expressar todos os conceitos necessários (inclusive hiperlinks), a conversão para qualquer outra forma publicável deve ser fácil e automática. Você pode produzir ajuda online, manuais publicados, realces nos produtos do site da Web e até um calendário de dica do dia, tudo a partir da mesma fonte – que, claro, estará sob supervisão do controle de fontes e será construída com o resto da construção noturna (consulte *Automação onipresente*, página 252).

A documentação e o código são visualizações diferentes do mesmo modelo subjacente, mas *só* a visualização deve ser diferente. Não deixe a documentação se tornar um elemento de segunda classe, banido do fluxo de trabalho principal do projeto. Trate-a com o mesmo cuidado que trata o código, e os usuários (e programadores que o sucederem) o aplaudirão.

As seções relacionadas são:
- *Os males da duplicação*, página 48
- *Ortogonalidade*, página 56
- *O poder do texto simples*, página 95
- *Controle do código-fonte*, página 108
- *É apenas um modo de ver*, página 179
- *Programação baseada no acaso*, página 194
- *O abismo dos requisitos*, página 224
- *Automação onipresente*, página 252

Desafios

- Você redigiu um comentário explicativo para o código-fonte que acabou de escrever? Por que não? O tempo o pressionou? Não tem certeza se o código vai funcionar – está apenas testando uma ideia como protótipo? Você descartará o código depois, certo? Ele não vai entrar no projeto sem comentários e em fase experimental, vai?
- Pode ser incômodo documentar o projeto do código-fonte porque ele ainda não está claro em sua mente; ainda está amadurecendo. Você não acha que deve perder tempo descrevendo o que algo faz até que ele realmente o faça. Isso não soa como programar baseado no acaso (página 194)?

45 GRANDES EXPECTATIVAS

> *Espantai-vos disto, ó céus, e horrorizai-vos...*
>
> Jeremias 2:12

Uma empresa anuncia lucros recorde e o preço de suas ações cai 20%. O noticiário financeiro dessa noite explica que ela não conseguiu atender as expectativas dos analistas. Uma criança abre um caro presente de Natal e começa a chorar – não era a boneca barata que ela estava esperando. Uma equipe de projeto faz milagres para implementar um aplicativo extraordinariamente complexo, só para ver seus usuários rejeitá-lo porque não tem um sistema de ajuda.

Em um sentido abstrato, um aplicativo é bem-sucedido quando implementa corretamente suas especificações. Infelizmente, isso só paga contas abstratas.

Na realidade, o sucesso de um projeto é medido por até onde ele atende as *expectativas* de seus usuários. Um projeto que fica abaixo das expectativas está fadado ao fracasso, independente de quanto o produto seja bom em termos absolutos. No entanto, como o pai da criança que esperava a boneca barata, se você exceder muito os limites também falhará.

> **DICA 69**
> Exceda gentilmente as expectativas de seus usuários

Mas a execução dessa dica requer algum esforço.

Comunicando expectativas

Inicialmente, os usuários irão até você com alguma visão do que querem. Ela pode ser incompleta, inconsistente ou tecnicamente impossível, mas é *deles*, e, como no exemplo da criança no Natal, eles têm alguma emoção investida nela. Você não pode simplesmente ignorá-la.

À medida que você compreender melhor as necessidades, encontrará áreas em que as expectativas não poderão ser atendidas ou em que talvez as expectativas sejam muito conservadoras. Parte de seu papel é comunicar isso. Trabalhe com seus usuários para que sua compreensão do que você entregará seja precisa. E faça isso durante todo o processo de desenvolvimento. Nunca perca de vista os problemas da empresa que seu aplicativo deve resolver.

Alguns consultores chamam esse processo de "gerenciamento de expectativas" – controlar ativamente o que os usuários devem esperar de seus sistemas. Achamos essa posição um pouco elitista. Nosso papel não é controlar as esperanças de nossos usuários. Em vez disso, temos de trabalhar com eles para chegar a um consenso sobre o processo de desenvolvimento e o produto final, além de considerar as expectativas que eles ainda não verbalizaram. Se a equipe estiver se comunicando fluentemente com o ambiente externo, esse processo será quase automático; todos devem entender o que é esperado e como será construído.

Há algumas técnicas importantes que podem ser usadas para facilitar esse processo. Entre elas, os *projéteis luminosos*, página 70, e os *protótipos e notas post-it*, página 75, são as mais importantes. Ambas permitem que a equipe construa algo que o usuário possa ver. Ambas são maneiras ideais de comunicar sua compreensão dos requisitos deles. E ambas permitirão que você e seus usuários exercitem a comunicação uns com os outros.

O ganho extra

Se você trabalhar com seus usuários, compartilhando as expectativas e comunicando o que está fazendo, haverá poucas surpresas quando o projeto for distribuído.

Isso é ALGO RUIM. Tente surpreender seus usuários. Lembre-se de não assustá-los, mas *encante-os*.

Dê a eles um pouco mais do que esperam. O pequeno esforço adicional necessário à inclusão de algum recurso orientado ao usuário no sistema será recompensado inúmeras vezes em termos de boa vontade.

À medida que o projeto avançar, ouça seus usuários em busca de pistas sobre os recursos que os deixariam felizes. Algumas coisas que você pode adicionar com relativa facilidade que agradariam o usuário médio são:

- Ajuda com balões e dicas de ferramentas
- Atalhos no teclado
- Um breve guia de referência como complemento do manual do usuário
- Colorização
- Analisadores de arquivos de log
- Instalação automatizada
- Ferramentas para verificação da integridade do sistema
- A possibilidade de execução de várias versões do sistema para treinamento
- Uma tela inicial personalizada para a empresa

Todas essas coisas são relativamente superficiais e não sobrecarregam tanto o sistema com excesso de recursos. No entanto, cada uma delas mostrará a seus usuários que a equipe de desenvolvimento se preocupou em produzir um grande sistema, um sistema que foi projetado para ser realmente aproveitado. Apenas se lembre de não danificar o sistema ao adicionar esses novos recursos.

As seções relacionadas são:

- *Software satisfatório*, página 31
- *Projéteis luminosos*, página 70
- *Protótipos e notas post-it*, página 75
- *O abismo dos requisitos*, página 224

Desafios

- Às vezes, os críticos mais cruéis de um projeto são as pessoas que trabalharam nele. Já se sentiu desapontado por suas próprias expectativas não terem sido atendidas por algo que você produziu? Como é que isso ocorre? Talvez não seja apenas a lógica que esteja em ação aqui.
- O que seus usuários comentam quando você entrega um software? A atenção deles às várias áreas do aplicativo é proporcional ao esforço que você investiu em cada uma delas? O que os encanta?

46 | ORGULHO E PRECONCEITO

Você já nos encantou por tempo suficiente.

Jane Austen, *Orgulho e preconceito*

Programadores pragmáticos não fogem da responsabilidade. Em vez disso, gostamos de aceitar desafios e de tornar nossa perícia conhecida. Quando somos responsáveis por um projeto ou código, fazemos um trabalho do qual possamos nos orgulhar.

> **DICA 70**
> Assine seu trabalho

Os artesãos da antiguidade ficavam orgulhosos em assinar seu trabalho. Você também deve ficar.

No entanto, as equipes de projeto ainda são compostas por pessoas e essa regra pode causar problemas. Em alguns projetos, a ideia de *propriedade do código* pode causar problemas de cooperação. As pessoas podem querem marcar território ou não querer trabalhar em elementos básicos comuns. O projeto pode acabar como um grupo de feudos isolados. Você pode se tornar preconceituoso para favorecer seu código e desmerecer o de seus colaboradores.

Não é isso que queremos. Você não deve defender ciosamente seu código contra intrusos; além disso, deve tratar o código das outras pessoas com respeito. A regra moral ("Trate os outros como gostaria de ser tratado") e uma base de respeito mútuo entre os desenvolvedores são críticas para que essa dica funcione.

O anonimato, principalmente em grandes projetos, pode prover um solo fértil para o desleixo, erros, a preguiça e um código ruim. É fácil se ver apenas como uma peça da engrenagem, produzindo desculpas esfarrapadas em intermináveis relatórios de status em vez de um código interessante.

Embora o código precise de um dono, ele não precisa pertencer a uma pessoa. Na verdade, o bem-sucedido método eXtreme Programming de Kent Beck [URL 45] recomenda a propriedade comunitária do código (mas isso também requer práticas adicionais, como a programação em pares, para evitar os perigos do anonimato).

Queremos ver o orgulho na autoria. "Escrevi isso e sou responsável pelo meu trabalho". Sua assinatura deve ser reconhecida como um indicador de qualidade. As pessoas devem ver seu nome em um código e esperar que ele seja consistente, bem escrito, que tenha sido testado e documentado. Um trabalho realmente profissional. Com certeza, escrito por um profissional.

Um programador pragmático.

APÊNDICE **A**

Recursos

Só conseguimos cobrir tanto material neste livro porque abordamos muitos de nossos assuntos a partir de uma visão geral. Se déssemos a eles a abordagem aprofundada que mereciam, o livro teria ficado 10 vezes mais longo.

Começamos a obra com a sugestão de que os programadores pragmáticos devem sempre estar aprendendo. Neste apêndice, listamos recursos que podem ajudá-lo nesse processo.

Na seção *Sociedades profissionais*, damos detalhes do IEEE e da ACM. Recomendamos que os programadores pragmáticos ingressem em uma dessas sociedades (ou nas duas). Em seguida, em *Construindo uma biblioteca*, destacamos periódicos, livros e sites da Web que achamos que contêm informações pertinentes e de alta qualidade (ou que são apenas interessantes).

No decorrer do livro, fizemos referência a muitos recursos de software disponíveis na Internet. Na seção *Recursos da Internet*, listamos os URLs desses recursos, com uma breve descrição de cada um. No entanto, devido à natureza da Web, muitos desses links podem estar desatualizados quando você ler este livro. Você pode usar um dos vários mecanismos de busca para obter um link mais atualizado ou visitar nosso site da Web em www.pragmaticprogrammer.com e verificar nossa seção de links.

Para concluir, este apêndice contém a bibliografia do livro.

SOCIEDADES PROFISSIONAIS

Há duas sociedades profissionais excelentes para programadores: a Association for Computing Machinery (ACM)[1] e a IEEE Computer Society.[2] Recomendamos que todos os programadores ingressem em uma dessas sociedades (ou nas duas). Além disso, se quiserem, desenvolvedores de fora dos Estados Unidos devem ingressar em suas sociedades nacionais, como a BCS no Reino Unido.

O ingresso em uma sociedade profissional traz muitos benefícios. As conferências e reuniões locais são grandes oportunidades de encontrar pessoas com interesses semelhantes, e os comitês técnicos e grupos de interesse especial lhe darão a oportunidade de participar da definição de padrões e diretrizes usados em todo o mundo. Você também aprenderá muito com suas publicações, que englobam de discussões de alto nível sobre práticas da indústria a teorias de computação de nível mais técnico.

CONSTRUINDO UMA BIBLIOTECA

Lemos muito. Como mencionamos em *Sua carteira de conhecimentos*, página 34, um bom programador está sempre aprendendo. Manter-se atualizado lendo livros e periódicos pode ajudar. Aqui estão alguns de que gostamos.

Periódicos

Se você for como nós, provavelmente guarda revistas e periódicos antigos até que estejam empilhados a uma altura suficientemente alta para transformar os de baixo em finas lâminas. Isso significa que vale a pena ser bem seletivo. Aqui estão alguns periódicos que lemos.

---

[1] ACM Member Services, PO Box 11414, New York 10286, USA.
⇒ www.acm.org
[2] 1730 Massachussetts Avenue NW, Washington, DC 20036-1992, USA.
⇒ www.computer.org

- **IEEE Computer.** Enviada para membros da IEEE Computer Society, a *Computer* tem um enfoque prático, mas não rejeita a teoria. Algumas edições são baseadas em um tema, enquanto outras são simplesmente conjuntos de artigos interessantes. Essa revista tem um alcance respeitável.
- **IEEE Software.** Essa é outra ótima publicação bimestral da IEEE Computer Society destinada a especialistas em software.
- **Communications of the ACM.** Revista básica recebida por todos os membros da ACM, a *CACM* é um padrão na indústria há décadas e provavelmente publicou mais artigos seminais do que qualquer outra fonte.
- **SIGPLAN.** Produzida pelo ACM Special Interest Group on Programming Languages, a *SIGPLAN* é um bônus opcional da associação à ACM. Com frequência, é usada na publicação de especificações de linguagens, além de artigos que interessam a todos que gostam de se aprofundar em programação.
- **Dr. Dobbs Journal.** Uma revista mensal, disponível por assinatura e em bancas de jornais, a *Dr. Dobbs* é estranha, mas tem artigos que vão da prática em nível de bits a muita teoria.
- **The Perl Journal.** Se você gosta de Perl, deve assinar a *Perl Journal* (www.tpj.com).
- **Software Development Magazine.** Uma revista mensal que enfoca questões gerais de gerenciamento de projetos e desenvolvimento de software.

Jornais promocionais semanais

Há vários jornais semanais publicados para desenvolvedores e seus gerentes. Esses jornais são, em grande parte, um conjunto de propagandas de empresas, no formato de artigos. No entanto, mesmo assim o conteúdo é interessante – permite acompanharmos o que está acontecendo, tomarmos conhecimento do lançamento de novos produtos e seguirmos alianças entre indústrias desde que são forjadas até se desfazerem. Mas não espere uma cobertura técnica aprofundada.

Livros

Os livros de computação podem ser caros, mas escolha cuidadosamente e eles serão um investimento válido. Se quiser, verifique nossos títulos da estante pragmática em http://pragmaticprogrammer.com. Além disso, aqui estão alguns dos livros que gostamos.

Análise e Projeto

- **Object-Oriented Software Construction, 2nd Edition.** O livro épico de Bertrand Meyer sobre os fundamentos do desenvolvimento orientado a objetos, tudo em cerca de 1.300 páginas [Mey97b].
- **Design Patterns.** Um padrão de projeto (design pattern) descreve uma maneira de resolver uma categoria específica de problemas em um nível mais alto do que a sintaxe de uma linguagem de programação. Esse já clássico livro [GHJV95] da *Gang of Four* descreve 23 padrões de projeto básicos, inclusive o Proxy, Visitor e Singleton.
- **Analysis Patterns.** Um tesouro perdido de padrões de arquitetura de alto nível tirados de uma grande variedade de projetos do mundo real e refinados em forma de livro. Uma maneira relativamente rápida de ganhar a percepção de muitos anos de experiência em modelagem [Fow96].

Equipes e projetos

- **The Mythical Man Month.** O clássico de Fred Brook sobre os perigos da organização de equipes de projeto, atualizado recentemente [Bro95].
- **Dynamics of Software Development.** Uma série de ensaios curtos sobre a construção de software em grandes equipes, enfocando a dinâmica entre os membros da equipe e entre a equipe e o mundo externo [McC95].
- **Surviving Object-Oriented Projects: A Manager's Guide.** Os "relatos diretamente das trincheiras" de Alistair Cockburn ilustram muitos dos perigos e armadilhas do gerenciamento de um projeto OO – principalmente o primeiro. O Sr. Cockburn fornece dicas e técnicas para resolvermos os problemas mais comuns [Coc97b].

Ambientes específicos

- **Unix.** W. Richards Stevens tem vários livros excelentes inclusive *Advanced Programming in the Unix Environment* e os livros *Unix Network Programming* [Ste92, Ste98, Ste 99].

- **Windows.** *Win32 System Services* de Marshall Brain [Bra95] é um guia conciso das APIs de baixo nível. *Programming Windows* de Charles Petzold [Pet98] é uma bíblia do desenvolvimento de GUIs no Windows.

- **C++.** Assim que você entrar em um projeto de C++, não perca tempo, corra até a livraria e compre *Effective C++* e quem sabe *More Effective C++* de Scott Meyer [Mey97a, Mey96]. Para construir sistemas de tamanho considerável, você precisa de *Large-Scale C++ Software Design* de John Lakos [Lak96]. Para conhecer técnicas avançadas, examine *Advanced C++ Programming Styles and Idioms* de Jim Coplien [Cop92].

Além disso, a série *Nutshell* da O'Reilly (www.ora.com) dá tratamentos rápidos e abrangentes a vários tópicos e linguagens como perl, yacc, sendmail, mecanismos internos do Windows e expressões regulares.

A Web

Encontrar bom conteúdo na Web é difícil. Aqui estão vários links que examinamos pelo menos uma vez por semana.

- **Slashdot.** Anunciado como "Notícias para nerds. Coisas que interessam", o Slashdot é uma das bases da comunidade Linux na rede. Além de fornecer periodicamente notícias atualizadas sobre o Linux, o site oferece informações sobre tecnologias que são interessantes e questões que afetam os desenvolvedores.

    ⇒ www.slashdot.org

- **Cetus Links.** Milhares de links sobre tópicos orientados a objetos.

    ⇒ www.cetus-links.org

- **WikiWikiWeb.** Repositório de padrões de Portland e local de discussões sobre padrões. Além de ser um ótimo recurso, o site WikiWikiWeb é uma experiência interessante de edição coletiva de ideias.

    ⇒ www.c2.com

RECURSOS DA INTERNET

Os links abaixo conduzem a recursos disponíveis na Internet. Eles estavam em uso quando redigimos este texto, mas (sendo a Net como é) podem estar desatualizados quando você o ler. Se isso ocorrer, tente fazer uma busca geral nos nomes de arquivos ou acesse o site do programador pragmático na Web (www.pragmaticprogrammer.com) e siga nossos links.

Editores

Além do Emacs e do vi serem editores para várias plataformas, eles estão disponíveis gratuitamente e são amplamente usados. Uma folheada rápida em uma revista como a *Dr. Dobbs* lhe mostrará diversas alternativas comerciais.

Emacs

Tanto o Emacs quanto o XEmacs estão disponíveis em plataformas Unix e Windows.

[URL 1] **O editor Emacs**

⇒ ww.gnu.org

A última palavra em grandes editores, contendo todos os recursos que qualquer editor já teve. O Emacs tem uma curva de aprendizado quase vertical, mas assim que você o dominar verá que valeu a pena. Ele também é ótimo na leitura de correspondência e notícias, como agenda de endereços, calendário e diário, em jogos de aventuras...

[URL 2] **O editor XEmacs**

⇒ www.xemacs.org

Gerado a partir do Emacs original há alguns anos atrás, o XEmacs é considerado como tendo mecanismos internos mais simples e uma interface de melhor aparência.

vi

Há pelo menos 15 clones diferentes do vi. Deles, provavelmente o vim seja portável para mais plataformas e, portanto, seria uma boa opção de editor se você estiver trabalhando em muitos ambientes diferentes.

[URL 3] **O editor vim**

⇒ ftp://ftp.fu-berlin.de/misc/editors/vim

Tirado da documentação: "Há muitas vantagens sobre o vi: recurso de desfazer em vários níveis, várias janelas e buffers, realce da sintaxe, edição na linha de comando, complementação de nomes de arquivos, ajuda online, seleção visual etc."

[URL 4] **O editor elvis**

⇒ elvis.the-little-red-haired-girl.org

Um clone do vi aperfeiçoado com suporte ao X.

[URL 5] **Emacs Viper Mode**

⇒ http://www.cs.sunysb.edu/-kifer/emacs.html

O Viper é um conjunto de macros que faz o Emacs parecer o vi. Algumas pessoas podem achar tolo pegar o maior editor do mundo e estendê-lo para emular um editor cujo ponto forte está na compacidade. Outras alegam que ele combina o melhor dos dois mundos.

Compiladores, linguagens e ferramentas de desenvolvimento

[URL 6] **O compilador GNU C/C++**

⇒ www.fsf.org/software/gcc/gcc.html

Um dos mais populares compiladores de C e C++ do planeta. Ele também compila Objective-C (quando este texto foi redigido, o projeto egcs, que se separou do gcc, estava no processo de voltar a fazer parte do pacote).

[URL 7] **A linguagem Java da Sun**

⇒ java.sun.com

Casa da linguagem Java, inclui o download de SDKs, documentação, tutoriais, notícias e muito mais.

[URL 8] **Home page da linguagem Perl**

⇒ www.perl.com

A O'Reilly hospeda esse conjunto de recursos relacionados à linguagem Perl.

[URL 9] **A linguagem Python**

⇒ www.python.org

A linguagem de programação orientada a objetos Python é interpretada e interativa, com uma sintaxe um pouco estranha e muitos seguidores leais.

[URL 10] **SmallEiffel**

⇒ SmallEiffel.loria.fr

O compilador GNU Eiffel pode ser executado em qualquer máquina que tenha um compilador de ANSI C e um ambiente de tempo de execução Posix.

[URL 11] **ISE Eiffel**

⇒ www.eiffel.com

A Interactive Software Engineering foi quem criou o Projeto por Contrato e vende um compilador comercial de Eiffel e ferramentas relacionadas.

[URL 12] **Sather**

⇒ www.icsi.berkeley.edu/~sather

A Sather é uma linguagem experimental que teve origem na Eiffel. Seu objetivo é dar suporte a funções de ordem superior e à abstração de iteração assim como à Common Lisp, CLU e Scheme e ser tão eficiente quanto a C, C++ ou Fortran.

[URL 13] **VisualWorks**

⇒ www.cincom.com

Casa do ambiente VisualWorks Smalltalk. Versões não comerciais para Windows e Linux estão disponíveis gratuitamente.

[URL 14] **O ambiente da linguagem Squeak**

⇒ squeak.cs.uiuc.edu

A Squeak é uma implementação portável e disponível gratuitamente da Smalltalk-80 escrita nela própria; pode produzir saída em código C para melhorar o desempenho.

[URL 15] **A linguagem de programação TOM**

⇒ www.gerbil.org/tom

Uma linguagem muito dinâmica com raízes na Objective-C.

[URL 16] **O projeto Beowulf**

⇒ www.beowulf.org

Um projeto que constrói computadores de alto desempenho a partir de clusters de baratos computadores Linux em rede.

[URL 17] **iContract – Ferramenta de projeto por contrato para Java**

⇒ www.reliable-systems.com

O formalismo das pré-condições, pós-condições e invariantes do projeto por contrato, implementado como um pré-processador para Java. Obedece a herança, implementa quantificadores existenciais e muito mais.

[URL 18] **Nana – Log e asserções para C e C++**

⇒ www.gnu.org/software/nana/nana.html

Suporte aperfeiçoado à verificação de asserções e log em C e C++. Também dá algum suporte ao projeto por contrato.

[URL 19] **DDD – Data Display Debugger**

⇒ http://www.gnu.org/software/ddd/

Um front-end gráfico gratuito para depuradores Unix.

[URL 20] **Navegador de refatorações de John Brant**

⇒ st-www.cs.uiuc.edu/users/Brant/Refactory

Um navegador de refatorações popular para Smalltalk.

[URL 21] **Gerador de documentação DOC++**

⇒ www.zib.de/Visual/software/doc++/index.html

O DOC++ é um sistema de documentação para C/C++ e Java que gera saída L^{A}T$_E$X e HTML para navegação online sofisticada na documentação diretamente a partir do cabeçalho C++ ou de arquivos de classe Java.

[URL 22] **xUnit – Estrutura de testes de unidade**

⇒ www.XProgramming.com

Um conceito simples mas poderoso, a estrutura de testes de unidade xUnit fornece uma plataforma consistente para software de teste escritos em várias linguagens.

[URL 23] **A linguagem Tcl**

⇒ www.scriptics.com

A Tcl ("Tool Command Language") é uma linguagem de script projetada para ser fácil de embutir em um aplicativo.

[URL 24] **Expect – interação com programas automatizada**

⇒ expect.nist.gov

Uma extensão construída em Tcl [URL 23], o expect permite que você crie scripts de interação com programas. Além de ajudá-lo a criar arquivos de comando que (por exemplo) busquem arquivos em servidores remotos ou estendam o poder de seu shell, o expect pode ser útil na execução de testes de regressão. Uma versão gráfica, o expectk, permite o encapsulamento de aplicativos sem GUI em um front-end com janelas.

[URL 25] **T Spaces**

⇒ www.almaden.ibm.com/cs/TSpaces

Tirado de sua página da Web: "O T Spaces é um buffer de comunicação de rede com recursos de banco de dados. Ele permite a comunicação entre aplicativos e dispositivos em uma rede de computadores e sistemas operacionais heterogêneos. O T Spaces fornece serviços de comunicação de grupo, serviços de banco de dados, serviços de transferência de arquivos baseados em URL e serviços de notificação de eventos".

[URL 26] **javaCC – Java Compiler-Compiler**

⇒ www.webgain.com/products/java_cc

Um gerador de analisadores totalmente integrado à linguagem Java.

[URL 27] **O gerador de analisadores bison**

⇒ www.gnu.org/software/bison/bison.html

O bison pega uma especificação de gramática de entrada e, a partir dela, gera o código-fonte C de um analisador adequado.

[URL 28] **SWIG – Simplified Wrapper and Interface Generator**

⇒ www.swig.org

O SWIG é uma ferramenta de desenvolvimento de software que conecta programas escritos em C, C++ e Objective-C a várias linguagens de programação de alto nível como Perl, Python e Tcl/Tk, além de Java, Eiffel e Guile.

[URL 29] **O Object Management Group, Inc.**

⇒ www.omg.org

O OMG é o organizador de várias especificações para a produção de sistemas distribuídos baseados em objetos. Seu trabalho inclui o Common Object Request Broker Architecture (CORBA) e o Internet Inter-ORB Protocolo (IIOP). Combinadas, essas especificações permitem que os objetos se comuniquem uns com os outros, mesmo se escritos em linguagens diferentes e executados em diferentes tipos de computadores.

Ferramentas Unix para DOS

[URL 30] **As ferramentas de desenvolvimento UWIN**

⇒ www.gtlinc.com/uwin.html

Global Technologies, Inc., Old Bridge, NJ

O pacote UWIN fornece bibliotecas de vínculo dinâmico (DLLs) do Windows que emulam grande parte da interface de bibliotecas de nível C do Unix. Usando essa interface, o GTL portou uma grande quantidade de ferramentas de linhas de comando Unix para o Windows. Consulte também [URL 31].

[URL 31] **As ferramentas Cygwin da Cygnus**

⇒ sourceware.cygnus.com/cygwin/

O pacote da Cygnus também emula a interface de bibliotecas C do Unix e fornece um grande conjunto de ferramentas de linha de comando Unix para o sistema operacional Windows.

[URL 32] **Perl Power Tools**

⇒ www.perl.com/pub/language/ppt/

Um projeto para reimplementar o conjunto clássico de comandos Unix em Perl, tornando os comandos disponíveis em todas as plataformas que deem suportem a essa linguagem (e que são muitas).

Ferramentas de controle do código-fonte

[URL 33] **RCS – Revision Control System**

⇒ www.cs.purdue.edu/homes/trinkle/RCS/

Sistema GNU de controle do código-fonte para Unix e Windows NT.

[URL 34] **CVS – Concurrent Version System**

⇒ www.cvshome.com

Sistema de controle do código-fonte disponível gratuitamente para Unix e Windows NT. Estende o RCS dando suporte a um modelo cliente-servidor e ao acesso concorrente a arquivos.

[URL 35] **Ferramenta Aegis de gerenciamento de configuração com base em transações**

Uma ferramenta de controle de revisões orientada a processos que impõe padrões de projeto (como a verificação de se os códigos inseridos no depósito passaram nos testes).

[URL 36] **ClearCase**

⇒ www.rational.com

Controle de versões, gerenciamento de construções e do espaço de trabalho, controle de processos.

[URL 37] **MKS Source Integrity**

⇒ www.mks.com

Controle de versões e gerenciamento de configuração. Algumas versões incorporam recursos que permitem que desenvolvedores remotos trabalhem nos mesmos arquivos simultaneamente (como no CVS).

[URL 38] **PVCS Configuration Manager**

⇒ www.merant.com

Um sistema de controle do código-fonte, muito popular para sistemas Windows.

[URL 39] **Visual SourceSafe**

⇒ www.microsoft.com

Um sistema de controle de versões que se integra às ferramentas de desenvolvimento visual da Microsoft.

[URL 40] **Perforce**

⇒ www.perforce.com

Um sistema de gerenciamento de configuração de software cliente-servidor.

Outras ferramentas

[URL 41] **WinZip – Utilitário de arquivamento para Windows**

⇒ www.winzip.com

Nico Mak Computing, Inc., Mansfield, CT

Um utilitário de arquivamento baseado no Windows. Dá suporte aos formatos zip e tar.

[URL 42] **O Z Shell**

⇒ sunrise.auc.dk/zsh

Um shell projetado para uso interativo, embora também seja uma poderosa linguagem de script. Muitos dos recursos úteis do bash, ksh e tcsh foram incorporados ao zsh; muitos recursos originais foram adicionados.

[URL 43] **Um cliente SMB gratuito para sistemas Unix**

⇒ samba.anu.edu.au/pub/samba/

O Samba permite o compartilhamento de arquivos e outros recursos entre sistemas Unix e Windows. Ele inclui:

- Um servidor SMB, para fornecer serviços de arquivo e impressão no estilo Windows NT e LAN Manager para clientes SMB como o Windows 95, Warp Server, smbfs e outros.
- Um servidor de nomes Netbios, que entre outras coisas dá suporte à navegação. O Samba pode ser o navegador-mestre de sua LAN se você quiser.
- Um cliente SMB de tipo ftp que permite o acesso a recursos do PC (discos e impressoras) a partir do Unix, Netware e outros sistemas operacionais.

Artigos e publicações

[URL 44] **As FAQ do comp.object**

⇒ www.cyberdyne-object-sys.com/oofaq2

Perguntas frequentes relevantes e bem organizadas para o grupo de notícias comp.object.

[URL 45] **eXtreme Programming**

⇒ www.XProgramming.com

Tirado do site da Web: "Na XP, usamos uma combinação muito leve de práticas para criar uma equipe que possa produzir rapidamente software extremamente confiável, eficiente e decomposto. Muitas das práticas XP foram criadas e testadas como parte do projeto C3 da Chrysler, que é um sistema de folha de pagamento muito bem-sucedido implementado em Smalltalk".

[URL 46] **Home page de Alistair Cockburn**

⇒ members.aol.com/acockburn

Procure "Structuring Use Cases with Goals" e modelos de caso de uso.

[URL 47] **Home page de Martin Fowler**

⇒ ourworld.compuserve.com/homepages/martin_fowler

Autor de *Analysis Patterns* e coautor de *UML Distilled* e *Refactoring: Improving the Design of Existing Code*. A home page de Martin Fowler discute seus livros e seu trabalho com a UML.

[URL 48] **Home page de Robert C. Martin**

⇒ www.objectmentor.com

Bons artigos introdutórios sobre técnicas orientadas a objetos, inclusive métricas e análise de dependências.

[URL 49] **Programação orientada a aspectos**

⇒ www.parc.xerox.com/csl/projects/aop/

Uma abordagem para a inclusão de funcionalidade no código, tanto ortogonal quanto declarativamente.

[URL 50] **Especificação do JavaSpaces**

⇒ java.sun.com/products/javaspaces

Um sistema semelhante ao Linda para Java que dá suporte à persistência distribuída e a algoritmos distribuídos.

[URL 51] **Código-fonte do Netscape**

⇒ www.mozilla.org

O código-fonte de desenvolvimento do navegador Netscape.

[URL 52] **O arquivo de jargões**

⇒ www.jargon.org

Eric S. Raymond

Definições de muitos termos comuns (e não tão comuns) da indústria de computadores, junto com uma boa dose de folclore.

[URL 53] **Artigos de Eric S. Raymond**

⇒ www.tuxedo.org/~esr

Artigos de Eric sobre *The Cathedral and the Bazaar* e *Homesteading the Noosphere* descrevendo a base psicossocial e as implicações do movimento de código aberto.

[URL 54] **O K Desktop Environment**

⇒ www.kde.org

Tirado de sua página da Web: "O KDE é um ambiente de desktop gráfico poderoso para estações de trabalho Unix. É um projeto da Internet e é realmente aberto em todos os sentidos.".

[URL 55] **O GNU Image Manipulation Program**

⇒ www.gimp.org

O Gimp é um programa distribuído gratuitamente usado para a criação, composição e retoque de imagens.

[URL 56] **O projeto Demeter**

⇒ www.ccs.neu.edu/research/demeter

Pesquisa dedicada a tornar o software mais fácil de editar e desenvolver com o uso da programação adaptativa.

Miscelânea

[URL 57] **O projeto GNU**

⇒ www.gnu.org

Free Software Foundation, Boston, MA

A Free Software Foundation é uma instituição beneficente isenta de impostos que levanta fundos para o projeto GNU. O objetivo do projeto GNU é produzir um sistema de tipo Unix completo e gratuito. Muitas das ferramentas que eles desenvolveram até hoje se tornaram padrões da indústria.

[URL 58] **Informações sobre servidores Web**

⇒ www.netcraft.com/survey/servers.html

Links para as home pages de mais de 50 servidores Web diferentes. Alguns são produtos comerciais, enquanto outros estão disponíveis gratuitamente.

BIBLIOGRAFIA

[BAK72] F. T. Baker. Chief programmer team management of production programming, *IBM Systems Journal*, 11(1):56-73, 1972.

[BBM96] V. Basili, L. Briand e W. L. Melo. A validation of object-oriented design metrics as quality indicators. *IEEE Transactions on Software Engineering*, 22(10):751-761, outubro de 1996.

[Ber96] Albert J. Bernstein. *Dinosaur Brains: Dealing with All Those Impossible People at Work.* Ballantine Books, New York, NY, 1996.

[Bra95] Marshall Brain, *Win32 System Services.* Prentice Hall, Englewood Cliffs, NJ, 1995.

[Bro95] Frederick P. Brooks, Jr. *The Mythical Man Month: Essays on Software Engineering.* Addison-Wesley, Reading, MA, anniversary edition, 1995

[CG90] N. Carriero e D. Gelenter. *How to Write Parallel Programs: A First Course.* MIT Press, Cambridge, MA, 1990.

[Cla04] Mike Clark. *Pragmatic Project Automation.* The Pragmatic Programmers, LLC, Raleigh, NC e Dallas, TX, 2004.

[CN91] Brad J. Cox e Andrex J. Novobilski. *Object-Oriented Programming, An Evolutionary Approach.* Addison-Wesley, Reading, MA, 1991.

[Coc97a] Alistair Cockburn. Goals and use cases. *Journal of Object Oriented Programming*, 9(7):35-40, setembro de 1997.

[Coc97b] Alistair Cockburn. *Surviving Object-Oriented Projects: A Manager's Guide.* Addison Wesley Longman, Reading, MA, 1997.

[Cop92] James O. Coplien. *Advanced C++ Programming Styles and Idioms.* Addison-Wesley, Reading. MA, 1992.

[DL99] Tom Demarco e Timothy Lister. *Peopleware: Productive Projects and Teams.* Dorset House, New York, NY, segunda edição, 1999.

[FBB+99] Martin Fowler, Kent Beck, John Brant, William Opdyke e Don Roberts. *Refactoring: Improving the Design of Existing Code.* Addison Wesley Longman, Reading, MA, 1999.

[Fow96] Martin Fowler. *Analysis Patterns: Reusable Object Models.* Addison Wesley Longman, Reading, MA, 1996.

[FS99] Martin Fowler e Kendall Scott. *UML Distilled: Applying the Standard Object Modeling Language.* Addison Wesley Longman, Reading, MA, segunda edição, 1999.

[GHJV95] Erich Gamma, Richard Helm, Ralph Johnson e John Vlissides. *Design Patterns: Elements of Reusable Object-Oriented Software.* Addison-Wesley, Reading, MA, 1995.

[Gla99a] Robert L. Glass. Inspections – Some surprising findings. *Communications of the ACM,* 42(4):17-19, abril de 1999.

[Gla99b] Robert L. Glass. The realities of software technology payoffs. *Communications of the ACM,* 42(2):74-79, fevereiro de 1999.

[Hol78] Michael Holt. *Math Puzzles and Games.* Dorset Press, New York, NY, 1978.

[HT03] Andy Hunt e Dave Thomas. *Pragmatic Unit Testing In Java with JUnit.* The Pragmatic Programmers, LLC, Raleigh, NC, e Dallas, TX, 2003.

[Jac94] Ivar Jacobson. *Object-Oriented Software Engineering: A Use-Case Driven Approach.* Addison-Wesley, Reading, MA, 1994.

[KLM+97] Gregor Kiczales, John Lamping, Anurag Mendhekar, Chris Maeda, Cristina Videira Lopes, Jean-Marie Loingtier e John Irwin. Aspect-oriented programming. Em *European Conference on Object-Oriented Programming (ECOOP),* volume LNCS 1241, Springer-Verlag, junho de 1997.

[Knu97a] Donald Ervin Knuth. *The Art of Computer Programming: Fundamental Algorithms,* volume 1. Addison Wesley Longman, Reading, MA, terceira edição, 1997.

[Knu97b] Donald Ervin Knuth. *The Art of Computer Programming: Seminumerical Algorithms,* volume 2. Addison Wesley Longman, Reading, MA, terceira edição, 1997.

[Knu98]   Donald Ervin Knuth. *The Art of Computer Programming: Sorting and Searching*, volume 3. Addison Wesley Longman, Reading, MA, segunda edição, 1998.

[KP99]   Brian W. Kernighan e Rob Pike. *The Practice of Programming*. Addison Wesley Longman, Reading, MA, 1999.

[Kru98]   Philippe Kruchten. *The Rational Unified Process: An Introduction*. Addison Wesley Longman, Reading, MA, 1998.

[Lak96]   John Lakos. *Large-Scale C++ Software Design*. Addison Wesley Longman, Reading, MA, 1996.

[LH89]   Karl J. Lieberherr e Ian Holland. Assuring good style for object-oriented programs. *IEEE Software*, páginas 38-48, setembro de 1989.

[Lis88]   Barbara Liskov. Data abstraction and hierarchy. *SIGPLAN Notices*, 23(5), maio de 1988.

[LMB92]   John R. Levine, Tony Mason e Doug Brown. *Lex and Yacc*. O'Reilly & Associates, Inc., Sebastopol, CA, segunda edição, 1992.

[McC95]   Jim McCarthy. *Dynamics of Software Development*. Microsoft Press, Redmond, WA, 1995.

[Mey96]   Scott Meyers. *More Effective C++: 35 New Ways to Improve Your Programs and Designs*. Addison-Wesley, Reading, MA, 1996.

[Mey97a]   Scott Meyers. *Effective C++: 50 Specific Ways to Improve Your Programs and Designs*. Addison Wesley Longman, Reading, MA, segunda edição, 1997.

[Mey97b]   Bertrand Meyer. *Object-Oriented Software Construction*. Prentice Hall, Englewood Cliffs, NJ, segunda edição, 1997.

[Pet98]   Charles Petzold. *Programming Windows, The Definitive Guide to the Win32 API*. Microsoft Press, Redmond, WA, quinta edição, 1998.

[Sch95]   Bruce Schneier. *Applied Cryptography: Protocols, Algorithms, and Source Code in C*. John Wiley & Sons, New York, NY, segunda edição, 1995.

[Sed83]   Robert Sedgewick. *Algorithms*. Addison-Wesley, Reading, MA, 1983.

[Sed92]   Robert Sedgewick. *Algorithms in C++*. Addison-Wesley, Reading, MA, 1992.

[SF96]   Robert Sedgewick e Phillipe Flajolet. *An Introduction to the Analysis of Algorithms*. Addison-Wesley, Reading, MA, 1996.

[Ste92]   W. Richard Stevens. *Advanced Programming in the Unix Environment*. Addison-Wesley, Reading, MA, 1992.

[Ste98]   W. Richard Stevens. *Unix Network Programming, Volume 1: Networking APIs: Sockets and Xti*. Prentice Hall, Englewood Cliffs, NJ, segunda edição, 1998.

[Ste99]   W. Richard Stevens. *Unix Network Programming, Volume 2: Interprocess Communications*. Prentice Hall, Englewood Cliffs, NJ, segunda edição, 1999.

[Str35]   James Ridley Stroop. Studies of interference in serial verbal reactions. *Journal of Experimental Psychology*, 18:643-642, 1935.

[TFH04]   Dave Thomas, Chad Fowler e Andy Hunt. *Programming Ruby, The Pragmatic Programmer's Guide*. The Pragmatic Programmers, LLC, Raleigh, NC, e Dallas, TX, 2004.

[TH03]   Dave Thomas e Andy Hunt. *Pragmatic Version Control Using CVS*. The Pragmatic Programmers, LLC, Raleigh, NC, e Dallas, TX, 2003.

[WK82]   James Q. Wilson e George Kelling. The police and neighborhood safety. *The Atlantic Monthly*, 249(3):29-38, março de 1982.

[YC86]   Edward Yourdon e Larry L. Constantine. *Structured Design: Fundamentals of a Discipline of Computer Program and Systems Design*. Prentice Hall, Englewood Cliffs, NJ, segunda edição, 1986.

[You95]   Edward Yourdon. When good-enough software is best. *IEEE Software*, maio de 1995.

Apêndice B

Respostas dos Exercícios

Exercício 1: *de Ortogonalidade na página 65*
Você está criando uma classe chamada Split, que divide linhas de entrada em campos. Qual das duas assinaturas de classe Java a seguir é o projeto mais ortogonal?

```java
class Split1 {
  public Split1(InputStreamReader rdr) { ...
  public void readNextLine() throws IOException { ...
  public int numFields() { ...
  public String getField(int fieldNo) { ...
}
class Split2 {
  public Split2(String line) { ...
  public int numFields() { ...
  public String getField(int fieldNo) { ...
}
```

Resposta 1: Em nossa opinião, a classe Split2 é mais ortogonal. Ela se dedica à sua própria tarefa, a divisão de linhas, e ignora detalhes como de onde estão vindo as linhas. Isso não só torna o código mais fácil de desenvolver como também o torna mais flexível. Split2 pode dividir linhas lidas em um arquivo, geradas por outra rotina ou passadas através do ambiente.

Exercício 2: *de Ortogonalidade na página 65*
O que leva a um projeto mais ortogonal: caixas de diálogo sem janela restrita ou com janela restrita?

Resposta 2: Se feito corretamente, provavelmente sem janela restrita. Um sistema que usa caixas de diálogo sem janela restrita está menos preocupado com o que está ocorrendo em algum momento específico. Possivelmente, terá uma infraestrutura melhor de comunicação entre módulos do que um sistema com janela restrita, que pode ter suposições internas sobre o estado do sistema – suposições que levem ao aumento da vinculação e à redução da ortogonalidade.

Exercício 3: *de Ortogonalidade na página 65*
E quanto às linguagens procedurais versus a tecnologia orientada a objetos? Qual resulta em um sistema mais ortogonal?

Resposta 3: Isso é um pouco complicado. A tecnologia orientada a objetos *pode* fornecer um sistema mais ortogonal, mas já que ela tem mais recursos a oferecer, na verdade é mais fácil criar um sistema *não ortogonal* usando objetos do que usando uma linguagem procedural. Recursos como a herança múltipla, exceções, a sobrecarga de operadores e a sobreposição do método pai (por meio de subclasses) fornecem ampla oportunidade de aumento da vinculação de maneiras não óbvias.

Com a tecnologia orientada a objetos e algum esforço extra, você pode obter um sistema muito mais ortogonal. Mas da mesma forma que pode acabar escrevendo um código macarrônico em uma linguagem procedural, linguagens orientadas a objetos mal usadas podem adicionar almôndegas ao seu macarrão.

Exercício 4: *de Protótipos e Notas Post-It na página 78*
O departamento de marketing gostaria de se reunir com você para discutir alguns projetos de páginas da Web. Eles estão pensando em mapas de imagens clicáveis que levem a outras páginas e assim por diante. Mas não conseguem se decidir sobre um modelo para a imagem – talvez seja um carro, um telefone ou uma casa. Você tem uma lista de páginas e conteúdos de destino; eles gostariam de ver alguns protótipos. A propósito, você tem 15 minutos. Que ferramentas pode usar?

Resposta 4: Uma tecnologia mais simples pode ajudá-lo! Desenhe algumas figuras com canetas marcadoras em um quadro branco – um carro, um telefone e uma casa. Não precisa ser uma obra de arte; esboços servem. Coloque notas Post-it descrevendo o conteúdo das páginas de destino nas áreas clicáveis. À medida que a reunião avançar, você poderá aperfeiçoar os desenhos e acertar a posição das notas Post-it.

Exercício 5: *de Linguagens de Domínio na página 85*
Queremos implementar uma minilinguagem para controlar um pacote de desenho simples (talvez um sistema de gráficos de tartaruga). A linguagem é composta por comandos de uma única letra. Alguns comandos são seguidos por um único número. Por exemplo, a entrada a seguir desenharia um retângulo.

```
P 2    # seleciona caneta 2 (pen)
D      # abaixa a caneta (down)
W 2    # desenha 2 cm para a esquerda (west)
N 1    # agora 1 cm para cima (north)
```

```
E 2    # agora 2 cm para a direita (east)
S 1    # agora volta para baixo (south)
U      # levanta a caneta (up)
```

Implemente o código que analisa essa linguagem. Ele deve ser projetado de um modo que seja simples adicionar novos comandos.

Resposta 5: Já que queremos tornar a linguagem extensível, faremos com que o analisador seja baseado em uma tabela. Cada entrada da tabela contém a letra do comando, um flag para informar se um argumento é necessário e o nome da rotina a ser chamada para manipular esse comando específico.

```
typedef struct {
  char cmd;                  /* a letra do comando */
  int hasArg;                /* ele usa um argumento? */
  void (*func)(int, int);    /* rotina a ser chamada */
} Command;
static Command cmds[] = {
  { 'P',  ARG,      doSelectPen },
  { 'U',  NO_ARG,   doPenUp },
  { 'D',  NO_ARG,   doPenDown },
  { 'N',  ARG,      doPenDir },
  { 'E',  ARG,      doPenDir },
  { 'S',  ARG,      doPenDir },
  { 'W',  ARG,      doPenDir }
};
```

O programa principal é muito simples: lê uma linha, procura o comando, obtém o argumento se necessário e então chama a função manipuladora.

```
while (fgets(buff, sizeof(buff), stdin)) {
  Command *cmd = findCommand(*buff);
  if (cmd) {
    int arg = 0;
    if (cmd->hasArg && !getArg(buff+1, &arg)) {
      fprintf(stderr, "'%c' needs an argumentnn", *buff);
      continue;
    }
    cmd->func(*buff, arg);
  }
}
```

A função que procura um comando executa uma busca linear na tabela, retornando a entrada correspondente ou NULL.

```
Command *findCommand(int cmd) {
  int i;
  for (i = 0; i < ARRAY_SIZE(cmds); i++) {
    if (cmds[i].cmd == cmd)
      return cmds + i;
  }
  fprintf(stderr, "Unknown command '%c'nn", cmd);
  return 0;
}
```

Para concluir, a leitura do argumento numérico é muito simples com o uso de sscanf.

```
int getArg(const char *buff, int *result) {
  return sscanf(buff, "%d", result) == 1;
}
```

Exercício 6: *de Linguagens de Domínio na página 85*
Projete uma sintaxe BNF para analisar uma especificação de hora. Todos os exemplos a seguir devem ser aceitos.

```
4pm, 7:38pm, 23:42, 3:16, 3:16am
```

Resposta 6: Com o uso da BNF, uma especificação de hora poderia ser

<tempo>   ::= <hora> <ampm> |
              <hora> : <minuto> <ampm> |
              <hora> : <minuto>
<ampm>   ::= **am** | **pm**
<hora>   ::= <dígito> |
              <dígito> <dígito>
<minuto> ::= <dígito> <dígito>
<dígito> ::= **0** | **1** | **2** | **3** | **4** | **5** | **6** | **7** | **8** | **9**

Exercício 7: *de Linguagens de Domínio na página 85*
Implemente um analisador para a sintaxe BNF do Exercício 6 usando o yacc, o bison ou um gerador de analisadores semelhante.

Resposta 7: Codificamos nosso exemplo usando o bison, a versão GNU do yacc. A título de simplificação, estamos mostrando apenas o corpo do analisador aqui. Examine a fonte em nosso site para ver a implementação completa.

```
time:    spec END_TOKEN
         { if ($1 >= 24*60) yyerror("Time is too large");
           printf("%d minutes past midnight\n", $1);
           exit(0);
         }
         ;
spec:    hour ':' minute
         { $$ = $1 + $3;
         }
       | hour ':' minute ampm
         { if ($1 > 11*60) yyerror("Hour out of range");
           $$ = $1 + $3 + $4;
         }
       | hour ampm
         { if ($1 > 11*60) yyerror("Hour out of range");
           $$ = $1 + $2;
         }
         ;
```

```
hour:      hour_num
           { if ($1 > 23) yyerror("Hour out of range");
             $$ = $1 * 60;
           };
minute:    DIGIT DIGIT
           { $$ = $1*10 + $2;
             if ($$ > 59) yyerror("minute out of range");
           };
ampm:      AM                     { $$ = AM_MINS; }
         | PM                     { $$ = PM_MINS; }
           ;
hour_num: DIGIT                   { $$ = $1; }
         | DIGIT DIGIT            { $$ = $1*10 + $2; }
           ;
```

Exercício 8: *de Linguagens de Domínio na página 85*
Implemente o analisador de hora usando Perl. [*Dica:* Expressões regulares geram bons analisadores].

Resposta 8:

```perl
$_ = shift;
/^(\d\d?)(am|pm)$/          && doTime($1, 0, $2, 12);
/^(\d\d?):(\d\d)(am|pm)$/   && doTime($1, $2, $3, 12);
/^(\d\d?):(\d\d)$/          && doTime($1, $2, 0, 24);
die "Invalid time $_nn";
#
# doTime(hour, min, ampm, maxHour)
#
sub doTime($$$$) {
  my ($hour, $min, $offset, $maxHour) = @_;
  die "Invalid hour: $hour" if ($hour >= $maxHour);
  $hour += 12 if ($offset eq "pm");
  print $hour*60 + $min, " minutes past midnight\n";
  exit(0);
}
```

Exercício 9: *de Estimando na página 91*
Alguém lhe faz a pergunta "Qual tem maior largura de banda: uma linha de comunicações de 1 Mbps ou uma pessoa caminhando entre dois computadores com uma fita de 4GB cheia em seu bolso?". Que restrições você fará à resposta para demonstrar que seu escopo está correto? (Por exemplo, você poderia dizer que o tempo necessário ao acesso à fita é ignorado).

Resposta 9: Nossa resposta deve ser baseada em várias suposições:

- Se a fita contém as informações que precisamos que sejam transferidas.
- Se sabemos a velocidade com que a pessoa caminha.
- Se sabemos a distância entre as máquinas.
- Se não estamos levando em consideração o tempo necessário à transferência de informações de e para a fita.

- Se a sobrecarga da classificação de dados em uma fita é aproximadamente igual à sobrecarga de enviá-los através de uma linha de comunicação.

Exercício 10: *de Estimando na página 91*
Então, qual tem maior largura de banda?

Resposta 10: Dependendo das restrições da Resposta 9: Uma fita de 4 GB contém 32×10^9 bits, portanto, uma linha de 1 Mbps teria de enviar dados durante cerca de 32.000 segundos, ou aproximadamente 9 horas, para transferir o volume de informações equivalente. Se a pessoa estiver caminhando a uma velocidade constante de 3 inteiros e um meio mph, então nossas duas máquinas teriam de estar pelo menos a 31 milhas de distância da linha de comunicações para se sair melhor que nosso mensageiro. Caso contrário, a pessoa vence.

Exercício 11: *de Manipulação de Texto na página 124*
Seu programa C usa um tipo enumerado para representar um entre 100 estados. Você gostaria de poder exibir o estado como uma string (e não como um número) para fins de depuração. Escreva um script que leia na entrada padrão um arquivo contendo

```
name
state_a
state_b
 : :
```

Produza o arquivo *name.h*, que contém

```
extern const char* NAME_names[];
typedef enum {
   state_a,
   state_b,
    : :
} NAME;
```

e o arquivo *name.c*, que contém

```
const char* NAME_names[] = {
   "state_a",
   "state_b",
     : :
};
```

Resposta 11: Implementamos nossa resposta usando Perl.

```perl
my @consts;
my $name = <>;
die "Invalid format - missing name" unless defined($name);
chomp $name;
# Lê o resto do arquivo
while (<>) {
  chomp;
  s/^\s*//; s/\s*$//;
  die "Invalid line: $_" unless /^(\w+)$/;
  push @consts, $_;
}
# Agora gera o arquivo
open(HDR, ">$name.h") or die "Can't open $name.h: $!";
open(SRC, ">$name.c") or die "Can't open $name.c: $!";
my $uc_name = uc($name);
my $array_name = $uc_name . "_names";
print HDR "/*File generated automatically - do not edit */\n";
print HDR "extern const char *$ {array_name}[];";
print HDR "typedef enum {\n ";
print HDR join ",\n ", @consts;
print HDR "\n} $uc_name;\n\n";
print SRC "/*File generated automatically - do not edit */\n";
print SRC "const char *$ {array_name}[] = {\n \"";
print SRC join "\",\n \"", @consts;
print SRC "\"\n};\n";
close(SRC);
close(HDR);
```

Usando o princípio NSR, não recortaremos e colaremos esse novo arquivo em nosso código. Em vez disso, usaremos #include para lê-lo – o arquivo simples (flat file) é a fonte mestre dessas constantes. Isso significa que precisaremos de um makefile para gerar novamente o cabeçalho quando o arquivo mudar. O fragmento a seguir foi tirado da base de testes de nossa árvore de fontes (disponível no site da Web).

```
etest.c etest.h:   etest.inc enumerated.pl
                   perl enumerated.pl etest.inc
```

Exercício 12: *de Manipulação de Texto na página 124*
Tendo chegado na metade da redação deste livro, percebemos que não tínhamos inserido a diretiva use strict em muitos de nossos exemplos de Perl. Escreva um script que percorra os arquivos .pl de um diretório e adicione uma diretiva use strict no fim do bloco de comentário inicial de todos os arquivos que ainda não tiverem uma. Lembre-se de manter um backup de todos os arquivos que você alterar.

Resposta 12: Aqui está nossa resposta, escrita em Perl.

```perl
my $dir = shift or die "Missing directory";
for my $file (glob("$dir/*.pl")) {
  open(IP, "$file") or die "Opening $file: $!";
  undef $/;                # Desativa o separador de registro de entradas --
  my $content = <IP>;      #lê o arquivo inteiro como uma string.
  close(IP);
  if ($content !~ /^use strict/m) {
    rename $file, "$file.bak" or die "Renaming $file: $!";
    open(OP, ">$file") or die "Creating $file: $!";
    # Insere 'use strict' na primeira linha que não
    # começa com '#'
    $content =~ s/^(?!#)/\nuse strict;\n\n/m;
    print OP $content;
    close(OP);
    print "Updated $file\n";
  }
  else {
    print "$file already strict\n";
  }
}
```

Exercício 13: *de Geradores de Código na página 128*
Crie um gerador de código que pegue o arquivo de entrada da Figura 3.4 e gere saída em duas linguagens à sua escolha. Tente tornar fácil adicionar novas linguagens.

Resposta 13: Usamos Perl para implementar nossa solução. Ela carrega dinamicamente um módulo para gerar a linguagem solicitada, portanto, torna fácil adicionar novas linguagens. A rotina principal carrega o back-end (com base em um parâmetro de linha de comando) e então lê sua entrada e chama rotinas de geração de código com base no conteúdo de cada linha. Não estamos particularmente preocupados com a manipulação de erros – saberemos muito rápido se algo deu errado.

```perl
my $lang = shift or die "Missing language";
$lang .= "_cg.pm";
require "$lang" or die "Couldn't load $lang";
# Lê e analisa o arquivo
my $name;
while (<>) {
  chomp;
  if    (/^\s*$/)          { CG::blankLine(); }
  elsif (/^\#(.*)/)        { CG::comment($1); }
  elsif (/^M\s*(.+)/)      { CG::startMsg($1); $name = $1; }
  elsif (/^E/)             { CG::endMsg($name); }
  elsif (/^F\s*(\w+)\s+(\w+)$/)
                           { CG::simpleType($1,$2); }
```

```perl
    elsif (/^F\s*(\w+)\s+(\w+)\[(\d+)\]$/)
                { CG::arrayType($1,$2,$3); }
    else {
      die "Invalid line: $_";
    }
}
```

Criar um back-end de linguagens é simples: forneça um módulo que implemente os seis pontos de entrada requeridos. Aqui está o gerador de C:

```perl
#!/usr/bin/perl -w
package CG;
use strict;
# Gerador de código para 'C' (consulte cg_base.pl)
sub blankLine() { print "\n"; }
sub comment()   { print "/*$_[0] */\n"; }
sub startMsg()  { print "typedef struct {\n"; }
sub endMsg()    { print "} $_[0];\n\n"; }
sub arrayType() {
  my ($name, $type, $size) = @_;
  print "  $type $name\[$size];\n";
}
sub simpleType() {
  my ($name, $type) = @_;
  print "  $type $name;\n";
}
1;
```

E aqui está o de Pascal:

```perl
#!/usr/bin/perl -w
package CG;
use strict;
# Gerador de código para 'Pascal' (consulte cg_base.pl)
sub blankLine() { print "\n"; }
sub comment()   { print "{$_[0] }\n"; }
sub startMsg()  { print "$_[0] = packed record\n"; }
sub endMsg()    { print "end;\n\n"; }
sub arrayType() {
  my ($name, $type, $size) = @_;
  $size--;
  print "  $name: array[0..$size] of $type;\n";
}
sub simpleType() {
  my ($name, $type) = @_;
  print "  $name: $type;\n";
}
1;
```

Exercício 14: *de Projeto por Contrato na página 140*
O que gera um bom contrato? Qualquer pessoa pode adicionar pré e pós-condições, mas elas serão úteis? Pior ainda, poderiam causar mais danos do que benefícios? Para o exemplo abaixo e para os do Exercício 15 e 16, decida se o contrato especificado é bom, ruim ou péssimo e explique por que.

Primeiro, examinemos um exemplo no Eiffel. Aqui, temos uma rotina para a inclusão de uma STRING em uma lista circular duplamente encadeada (lembre-se de que as pré-condições são rotuladas com require e a pós-condições com ensure).

```
-- Adiciona um item exclusivo a uma lista duplamente encadeada
-- e retorna o NODE recém-criado.
add_item (item : STRING) : NODE is
  require
    item /= Void                    -- '/=' é 'não igual'.
    find_item(item) = Void          -- Deve ser exclusivo
  deferred                          -- Classe base abstrata.
  ensure
    result.next.previous = result   -- Verifica os links do nó
    result.previous.next = result   -- recém-adicionado.
    find_item(item) = result        -- Deve encontrá-lo.
end
```

Resposta 14: Esse exemplo no Eiffel é *bom*. Demandamos que dados não nulos sejam passados e garantimos que a semântica de uma lista circular duplamente encadeada será respeitada. Também ajuda podermos encontrar a string que armazenamos. Já que essa é uma classe diferida, a classe real que a implementa pode usar qualquer mecanismo subjacente. Ela pode usar ponteiros, uma matriz ou qualquer outra coisa; contanto que honre o contrato, não nos importamos.

Exercício 15: *de Projeto por Contrato na página 141*
Agora, examinemos um exemplo em Java – ele se parece um pouco com o exemplo do Exercício 14. insertNumber insere um inteiro em uma lista ordenada. As pré e pós-condições são rotuladas como no iContract (consulte [URL 17]).

```
private int data[];
/**
 * @post data[index-1] < data[index] &&
 *       data[index] == aValue
 */
public Node insertNumber (final int aValue)
{
  int index = findPlaceToInsert(aValue);
  ...
```

Resposta 15: Esse exemplo é *ruim*. A matemática da cláusula de índice (index-1) não funcionará em condições limítrofes como a primeira entrada. A pós-condição prevê uma implementação específica: queremos que os contatos sejam mais abstratos do que isso.

Exercício 16: *de Projeto por Contrato na página 141*
Aqui, está um fragmento de uma classe de pilha em Java. Esse é um bom contrato?

```
/**
 * @pre anItem != null   // Requer dados reais
 * @post pop() == anItem // Verifica se ele
 *                       // está na pilha
 */
public void push(final String anItem)
```

Resposta 16: Esse é um bom contrato, mas uma implementação inadequada. Aqui, o infame "Heisenbug" [URL 52] mostra sua cara *feia*. Provavelmente o programador cometeu um erro simples na digitação – pop em vez de top. Embora esse seja um exemplo simples e inventado, os efeitos colaterais nas asserções (ou em qualquer local inesperado do código) podem ser muito difíceis de diagnosticar.

Exercício 17: *de Projeto por Contrato na página 141*
Os exemplos clássicos do DBC (como nos Exercícios 14-16) mostram uma implementação de um TAD (Tipo de Dado Abstrato) – normalmente uma pilha ou fila. Mas não são muitas pessoas que criam esses tipos de classes de baixo nível.

Portanto, nesse exercício, projete uma interface para um liquidificador de cozinha. Podemos acabar obtendo um liquidificador criado com CORBA, habilitado para a Internet e baseado na Web, mas por enquanto só precisamos da interface que o controla. Ele tem 10 configurações de velocidade (0 significa desligado). Você não pode operá-lo vazio e só pode alterar a velocidade uma unidade de cada vez (isto é, de 0 para 1 e de 1 para 2, e não de 0 para 2).

Aqui, estão os métodos. Adicione pré e pós-condições apropriadas e uma invariante.

```
int getSpeed()
void setSpeed(int x)
boolean isFull()
void fill()
void empty()
```

Resposta 17: Mostraremos as assinaturas de funções em Java, com as pré e pós-condições rotuladas como no iContract.

Primeiro, a invariante da classe:

```
/**
 * @invariant getSpeed() > 0
 *          implies isFull()              // Não funciona vazio
 * @invariant getSpeed() >= 0 &&
 *          getSpeed() < 10               // Verificação de intervalo
 */
```

Em seguida, as pré e pós-condições:

```
/**
 * @pre Math.abs(getSpeed() - x) <= 1 // Só muda uma unidade
 * @pre x >= 0 && x < 10              // Verificação de intervalo
 * @post getSpeed() == x              // Obedece a velocidade
solicitada
 */
public void setSpeed(final int x)
/**
 * @pre !isFull()                     // Não enche duas vezes
 * @post isFull()                     // Verifica se foi feito
 */
void fill()
/**
 * @pre isFull()                      // Não esvazia duas vezes
 * @post !isFull()                    // Verifica se foi feito
 */
void empty()
```

Exercício 18: *de Projeto por Contrato na página 141*
Quantos números existem na série 0, 5, 10, 15, ..., 100?

Resposta 18: Há 21 termos na série. Se você disse 20, acabou de vivenciar um erro das estacas de cerca.

Exercício 19: *de Programação Assertiva na página 147*
Uma rápida verificação da realidade. Quais dessas coisas "impossíveis" podem ocorrer?

1. Um mês com menos de 28 dias
2. stat(".",&sb) == -1 (isto é, não é possível acessar o diretório atual)
3. Em C++: a = 2; b = 3; if (a + b != 5) exit(1);
4. Um triângulo com soma dos ângulos internos ≠ 180°
5. Um minuto que não tenha 60 segundos
6. Em Java: (a + 1) <= a

Resposta 19:

1. Setembro de 1752 só teve 19 dias. Isso foi feito visando a sincronização dos calendários como parte da Reforma Gregoriana.
2. O diretório pode ter sido removido por outro processo, você pode não ter permissão para lê-lo, &sb pode ser inválido – pode escolher.

3. Furtivamente, não especificamos os tipos de a e b. A sobreposição de operadores pode ter definido que +, = ou != teria um comportamento inesperado. Além disso, a e b podem ter aliases para a mesma variável, portanto, a segunda atribuição sobreporá o valor armazenado na primeira.

4. Em geometria não euclidiana, a soma dos ângulos de um triângulo não resulta em 180°. Pense em um triângulo traçado na superfície de uma esfera.

5. Os minutos de um ano bissexto podem ter 61 ou 62 segundos.

6. Um estouro pode deixar o resultado de a + 1 negativo (isso também pode ocorrer em C e C++).

Exercício 20: *de Programação Assertiva na página 147*
Desenvolva uma classe simples de verificação de asserções para Java.

Resposta 20: Optamos por implementar uma classe muito simples com um único método estático, TEST, que exibe uma mensagem e um rastreamento de pilha quando o parâmetro condition passado é falso.

```java
package com.pragprog.util;
import java.lang.System;    // para exit()
import java.lang.Thread;    // para dumpStack()
public class Assert {
  /** Exibe uma mensagem, lista um rastreamento de pilha e sai
   * quando nosso parâmetro é falso.
   */
  public static void TEST(boolean condition) {
    if (!condition) {
      System.out.println("==== Assertion Failed ====");
      Thread.dumpStack();
      System.exit(1);
    }
  }
  // Base de teste. Se nosso argumento for 'okay', testa uma asserção
  // bem-sucedida, se for 'fail' testa uma que falhe
  public static final void main(String args[]) {
    if (args[0].compareTo("okay") == 0) {
      TEST(1 == 1);
    }
    else if (args[0].compareTo("fail") == 0) {
      TEST(1 == 2);
    }
    else {
      throw new RuntimeException("Bad argument");
    }
  }
}
```

Exercício 21: *de Quando usar exceções na página 150*
Ao projetar uma nova classe contêiner, você identificou as possíveis condições de erro a seguir:

1. Nenhuma memória disponível para um novo elemento na rotina add.
2. Entrada solicitada, não encontrada na rotina `fetch`.
3. Ponteiro `null` passado para a rotina add.

Como cada uma deve ser manipulada? Um erro deve ser gerado, uma exceção deve ser lançada ou a condição deve ser ignorada?

Resposta 21: Ficar sem memória é uma condição excepcional, portanto, achamos que o caso (1) deve lançar uma exceção.

Não conseguir encontrar uma entrada é uma ocorrência bem comum. O aplicativo que chamou nossa classe de coleção poderia ter um código que verificasse se uma entrada está presente antes de adicionar uma possível duplicata. Achamos que o caso (2) só deve retornar um erro.

O caso (3) é mais problemático – se o valor `null` for relevante para o aplicativo, ele poderia ser justificadamente adicionado ao contêiner. Se, no entanto, não fizer sentido armazenar valores nulos, uma exceção deve ser lançada.

Exercício 22: *de Como Balancear Recursos na página 158*
Alguns desenvolvedores de C e C++ gostam de configurar um ponteiro com `NULL` após desalocarem a memória que ele referencia. Por que essa é uma boa ideia?

Resposta 22: Na maioria das implementações em C e C++, não há como verificar se um ponteiro realmente aponta para memória válida. Um erro comum é desalocar um bloco de memória e referenciar essa memória posteriormente no programa. Nesse momento, a memória referenciada já deve ter sido realocada para alguma outra finalidade. Configurando o ponteiro com `NULL`, os programadores esperam evitar essas referências enganosas – quase sempre, desreferenciar um ponteiro `NULL` gera um erro de tempo de execução.

Exercício 23: *de Como Balancear Recursos na página 158*
Alguns desenvolvedores de Java gostam de configurar uma variável de objeto com `NULL` após terminarem de usar o objeto. Por que essa é uma boa ideia?

Resposta 23: Configurando a referência com `NULL`, você reduzirá em uma unidade a quantidade de ponteiros que conduzem ao objeto referenciado. Quando essa contagem alcançar zero, o objeto será elegível para a coleta de lixo. A configuração das referências com `NULL` pode ser significativa para programas de execução demorada, em que os programadores têm de assegurar que a utilização da memória não aumente com o tempo.

Exercício 24: *de A Desvinculação e a Lei de Deméter na página 165*
Discutimos o conceito de desvinculação física na caixa da página 164. Qual dos arquivos de cabeçalho C++ está mais rigorosamente vinculado ao resto do sistema?

person1.h:
```
#include "date.h"
class Person1 {
private:
  Date myBirthdate;
public:
  Person1(Date &birthDate);
  // ...
```

person2.h:
```
class Date;
class Person2 {
private:
  Date *myBirthdate;
public:
  Person2(Date &birthDate);
  // ...
```

Resposta 24: Um arquivo de cabeçalho deve definir a interface entre a implementação correspondente e o resto do mundo. O arquivo de cabeçalho propriamente dito não precisa conhecer os aspectos internos da classe Date – só precisa informar ao compilador que o construtor usa um objeto Date como parâmetro. Portanto, a menos que o arquivo de cabeçalho use objetos Date em funções inline, o segundo trecho funcionará bem.

O que há de errado com o primeiro trecho? Em um projeto pequeno, nada, exceto por você estar desnecessariamente fazendo tudo que use uma classe Person1 também incluir o arquivo de cabeçalho de Date. Uma vez que esse tipo de uso se tornar comum em um projeto, você logo descobrirá que incluir um arquivo de cabeçalho acaba provocando a inclusão de grande parte do resto do sistema – um obstáculo sério nos tempos de compilação.

Exercício 25: *de A Desvinculação e a Lei de Deméter na página 165*
No exemplo abaixo e nos dos Exercícios 26 e 27, determine se as chamadas de método mostradas são permitidas de acordo com a Lei de Deméter. Esse primeiro é em Java.

```java
public void showBalance(BankAccount acct) {
  Money amt = acct.getBalance();
  printToScreen(amt.printFormat());
}
```

Resposta 25: A variável acct é passada como um parâmetro, portanto, a chamada a getBalance é permitida. Chamar amt.printFormat(), no entanto, não é. Não "possuímos" amt e ela não foi passada para nós. Poderíamos eliminar a vinculação de showBalance a Money com algo como:

```java
void showBalance(BankAccount b) {
  b.printBalance();
}
```

Exercício 26: *de A Desvinculação e a Lei de Deméter na página 165*
Esse exemplo também é em Java.

```
public class Colada {
  private Blender myBlender;
  private Vector myStuff;
  public Colada() {
    myBlender = new Blender();
    myStuff = new Vector();
  }
  private void doSomething() {
    myBlender.addIngredients(myStuff.elements());
  }
}
```

Resposta 26: Já que Colada cria e possui tanto myBlender quanto myStuff, as chamadas a addIngredients e elements são permitidas.

Exercício 27: *de A Desvinculação e a Lei de Deméter na página 165*
Esse exemplo é em C++.

```
void processTransaction(BankAccount acct, int) {
  Person *who;
  Money amt;
  amt.setValue(123.45);
  acct.setBalance(amt);
  who = acct.getOwner();
  markWorkflow(who->name(), SET_BALANCE);
}
```

Resposta 27: Nesse caso, processTransaction possui amt – ela é criada na pilha. acct é passada, portanto, tanto setValue quanto setBalance são permitidas. Mas processTransaction não possui who, logo, a chamada a who->name() está incorreta. A Lei de Deméter sugere a substituição dessa linha por

```
markWorkflow(acct.name(), SET_BALANCE);
```

O código de processTransaction não é obrigado a saber que subobjeto dentro de BankAccount contém o nome – esse conhecimento estrutural não é revelado pelo contrato de BankAccount. Em vez disso, solicitaremos ao objeto BankAccount o nome da conta. Ele sabe onde mantém o nome (talvez em um objeto Person, em um objeto Business ou em um objeto Customer polimórfico).

Exercício 28: *de Metaprogramação na página 171*
Quais dos itens a seguir seriam representados melhor como código dentro de um programa e quais externamente como metadados?

1. Atribuições de portas de comunicação
2. Suporte de um editor para o realce da sintaxe de várias linguagens

3. Suporte de um editor para diferentes dispositivos gráficos
4. Uma máquina de estado para um analisador ou scanner
5. Amostras de valores e resultados para uso em testes de unidade

Resposta 28: Não há respostas definitivas aqui – as perguntas foram formuladas principalmente para aguçar o raciocínio. No entanto, é isso que pensamos:

1. **Atribuições de portas de comunicação.** É claro que essas informações devem ser armazenadas como metadados. Mas em que nível de detalhe? Alguns programas de comunicações do Windows só permitem a seleção da taxa de transmissão e da porta (digamos COM1 para COM4). Mas talvez você também tenha de especificar o tamanho da palavra, a paridade, os bits de parada a configuração duplex. Tente permitir o nível mais fino de detalhe onde for prático.

2. **Suporte de um editor para o realce da sintaxe de várias linguagens.** Deve ser implementado como metadado. Você não vai querer alterar um código só porque a última versão da linguagem Java introduziu uma nova palavra-chave.

3. **Suporte de um editor para diferentes dispositivos gráficos.** Isso pode ser difícil de implementar estritamente como metadado. Você não vai querer sobrecarregar seu aplicativo com vários drivers de dispositivos só para selecionar um no tempo de execução. No entanto, pode usar metadados para especificar o nome do driver e carregar o código dinamicamente. Esse é outro bom argumento para manter os metadados em um formato legível por humanos; se você usar o programa para configurar um driver de vídeo disfuncional, pode não conseguir usá-lo para voltar ao estado anterior.

4. **Uma máquina de estado para um analisador ou scanner.** Isso vai depender do que você estiver analisando ou examinando. Se estiver analisando dados rigidamente definidos por um corpo de padrões e que provavelmente não mudarão sem um ato do Congresso, então embuti-los no código pode ser adequado. Mas se encontrar uma situação mais volátil, talvez seja melhor definir as tabelas de estado externamente.

5. **Amostras de valores e resultados para uso em testes de unidade.** A maioria dos aplicativos define esses valores dentro do ferramental de teste, mas você pode obter maior flexibilidade movendo os dados de teste – e a definição dos resultados aceitáveis – para fora do código.

Exercício 29: de *É Apenas um Modo de Ver na página 186*
Suponhamos que você tivesse um sistema de reservas de passagens aéreas que incluísse o conceito de voo:

```
public interface Flight {
   // Retorna falso se o voo estiver cheio.
   public boolean addPassenger(Passenger p);
   public void addToWaitList(Passenger p);
   public int getFlightCapacity();
   public int getNumPassengers();
}
```

Se você adicionar um passageiro à lista de espera, ele será inserido no voo automaticamente quando uma vaga estiver disponível.

Há uma pesada tarefa de emissão de relatórios que procura voos com excesso de reservas ou cheios para sugerir quando voos adicionais podem ser agendados. Ela funciona bem, mas leva horas para ser executada.

Gostaríamos de ter um pouco mais de flexibilidade no processamento dos passageiros da lista de espera e temos de fazer algo com relação a esse grande relatório – ele demora demais para ser executado. Use as ideias desta seção para projetar novamente essa interface.

Resposta 29:   Pegaremos `Flight` e adicionaremos mais alguns métodos para a manutenção de duas listas de ouvintes: uma para a notificação da lista de espera e a outra para a notificação de voos cheios.

```
public interface Passenger {
   public void waitListAvailable();
}
public interface Flight {
   ...
   public void addWaitListListener(Passenger p);
   public void removeWaitListListener(Passenger p);
   public void addFullListener(FullListener b);
   public void removeFullListener(FullListener b);
   ...
}
public interface BigReport extends FullListener {
   public void FlightFullAlert(Flight f);
}
```

Se tentarmos adicionar um passageiro e não conseguirmos pelo fato de o voo estar cheio, poderemos, opcionalmente, colocar o passageiro na lista de espera. Quando uma vaga surgir, `waitListAvailable` será chamado. Esse método poderá então optar por adicionar o passageiro automaticamente ou fazer um representante do serviço chamar o cliente para perguntar se ele ainda está interessado ou o que quer que seja. Agora temos flexibilidade para exercer diferentes comportamentos para cada cliente.

Em seguida, queremos evitar fazer `BigReport` percorrer centenas de registros procurando voos cheios. Com `BigReport` registrado como ouvinte em objetos `Flight`, cada voo poderá relatar individualmente quando estiver cheio – ou quase cheio, se quisermos. Agora, os usuários poderão obter relatórios em tempo real a partir de `BigReport` instantaneamente, sem esperar horas por sua execução como era feito anteriormente.

Exercício 30: *de Quadros-negros na página 192*
Em cada uma das aplicações a seguir, um sistema de quadro-negro seria apropriado ou não? Por quê?

1. **Processamento de imagens.** Você gostaria de fazer vários processos paralelos capturarem pedaços de uma imagem, processá-los e retornar o bloco concluído.
2. **Agenda de grupo.** Você tem pessoas espalhadas no mundo todo, em diferentes fusos horários e falando diferentes idiomas, tentando marcar uma reunião.
3. **Ferramenta de monitoramento de rede.** O sistema coleta estatísticas de desempenho e compõe relatórios de problemas. Você gostaria de implementar alguns agentes para usar essas informações para procurar problemas no sistema.

Resposta 30:
1. **Processamento de imagens.** Para o simples agendamento de uma carga de trabalho entre os processos paralelos, uma fila de trabalhos compartilhada pode ser mais do que adequada. Você pode querer considerar um sistema de quadro-negro se houver feedback envolvido – isto é, se os resultados de um bloco processado afetar outros blocos, como em aplicativos de visão de máquina ou complexas transformações por distorção de imagens em 3D.
2. **Agenda de grupo**. Essa pode ser uma boa aplicação. Você pode postar reuniões marcadas e informações de disponibilidade no quadro-negro. Há entidades funcionando autonomamente, o feedback das decisões é importante e participantes podem entrar e sair.

   Se quiser, considere a divisão desse tipo de sistema de quadro-negro de acordo com quem está pesquisando: a equipe júnior talvez só queira saber do escritório central, o departamento de recursos humanos pode querer apenas filiais que falem inglês no mundo todo e o CEO pode ter interesse na equipe inteira.

   Também há alguma flexibilidade nos formatos de dados: podemos ignorar formatos ou linguagens que não entendemos. Só teremos de conhecer formatos diferentes para as filiais que tiverem reuniões umas com as outras e não precisaremos expor todos os participantes a um fechamento final transitório em todos os formatos possíveis. Isso reduzirá a vinculação ao local necessário e não nos restringirá artificialmente.

3. **Ferramenta de monitoramento de rede.** Isso é muito semelhante ao programa aplicativo de hipoteca/empréstimo descrito na página 168. Você tem relatórios de problemas sendo enviados para os usuários e estatísticas relatadas automaticamente, tudo postado no quadro-negro. Um agente humano ou de software pode analisar o quadro-negro para diagnosticar falhas na rede: dois erros em uma linha podem ser apenas raios cósmicos, mas 20.000 erros indicam um problema de hardware. Da mesma forma que os detetives resolvem um mistério de assassinato, você pode ter várias entidades analisando e dando ideias para resolver os problemas de rede.

Exercício 31: *de Programação Baseada no Acaso na página 198*
Consegue identificar algumas coincidências no fragmento de código C a seguir? Suponha que esse código estivesse embutido no meio de uma rotina de biblioteca.

```
fprintf(stderr,"Error, continue?");
gets(buf);
```

Resposta 31: Há vários problemas em potencial nesse código. Em primeiro lugar, ele presume um ambiente `tty`. Isso pode ser bom se a suposição for verdadeira, mas e se o código for chamado a partir de um ambiente de GUI onde nem `stderr` nem `stdin` estiverem abertos?

Em segundo lugar, há o problemático `gets`, que gravará todos os caracteres que receber do buffer passado. Usuários maliciosos têm usado essa falha para criar brechas de segurança por *saturação de buffer* em vários sistemas diferentes. Nunca use `gets()`.

Em terceiro lugar, o código assume que o usuário entende inglês.

Para concluir, ninguém em seu juízo perfeito jamais embutiria uma interação de usuário como essa em uma rotina de biblioteca.

Exercício 32: *de Programação Baseada no Acaso na página 198*
Esse trecho de código C pode funcionar durante algum tempo, em certas máquinas. Em seguida, pode não funcionar. O que há de errado?

```
/* Reduz a string a seus últimos caracteres de tamanho máximo */
void string_tail(char *string, int maxlen) {
  int len = strlen(string);
  if (len > maxlen) {
```

```
        strcpy(string, string + (len - maxlen));
    }
}
```

Resposta 32: Não há garantia de que a função POSIX `strcpy` funcione para strings sobrepostas. Pode funcionar em algumas arquiteturas, mas só acidentalmente.

Exercício 33: *de Programação Baseada no Acaso na página 199*
Esse código vem de um conjunto de rastreamento Java de uso geral. A função grava uma string em um arquivo de log. Ela passa em seu teste de unidade, mas falha quando um dos desenvolvedores da Web a usa. Em que coincidência se baseia?

```
public static void debug(String s) throws IOException {
    FileWriter fw = new FileWriter("debug.log", true);
    fw.write(s);
    fw.flush();
    fw.close();
}
```

Resposta 33: Ela não funcionará em um contexto de applet com restrições de segurança a gravações no disco local. Mais uma vez, quando você tiver a opção de usar ou não contextos de GUI, se quiser verifique dinamicamente como é o ambiente atual. Nesse caso, você pode querer inserir um arquivo de log em um lugar que não seja o disco local se ele não puder ser acessado.

Exercício 34: *de Velocidade do Algoritmo na página 205*
Codificamos um conjunto de rotinas de classificação simples, que podem ser baixadas de nosso site na Web (www.pragmaticprogrammer.com). Execute-as em várias máquinas que estiverem disponíveis para você. Seus números seguem as curvas esperadas? O que conseguiu deduzir sobre as velocidades relativas de suas máquinas? Quais são os efeitos de diferentes configurações de otimização do compilador? A classificação pela base é realmente linear?

Resposta 34: É claro que não podemos dar nenhuma resposta definitiva para esse exercício. No entanto, podemos dar algumas pistas.

Se achar que seus resultados não estão seguindo uma curva suave, verifique se alguma outra atividade está usando parte da potência de seu processador. Provavelmente, você não obterá bons números em um sistema multiusuário e, mesmo se for o único usuário, pode descobrir que processos de segundo plano periodicamente roubam ciclos de seus programas. Se quiser, verifique também a memória: se o aplicativo começar a usar espaço de permuta, o desempenho despencará.

É interessante fazer testes com diferentes compiladores e diferentes configurações de otimização. Descobrimos alguns em que foram possíveis acelerações muito surpreendentes ao ativarmos otimizações agressivas. Também descobrimos que nas arquiteturas mais abrangentes RISC, com frequência os compiladores do fabricante superavam o mais portável GCC. Presumivelmente, o fabricante conhece os segredos da geração de código eficiente nessas máquinas.

Exercício 35: *de Velocidade do Algoritmo na página 205*
A rotina abaixo exibe o conteúdo de uma árvore binária. Supondo que a árvore esteja balanceada, aproximadamente que espaço a rotina usará na pilha ao exibir uma árvore de 1.000.000 de elementos? (Presuma que chamadas de sub-rotina não imponham uma sobrecarga significativa à pilha).

```
void printTree(const Node *node) {
  char buffer[1000];
  if (node) {
    printTree(node->left);
    getNodeAsString(node, buffer);
    puts(buffer);
    printTree(node->right);
  }
}
```

Resposta 35: A rotina `printTree` usa cerca de 1.000 bytes de espaço na pilha para a variável buffer. Ela chama a si própria recursivamente para descer pela árvore e cada chamada aninhada adiciona outros 1.000 bytes à pilha. Ela também chama a si própria quando chega aos nós de folha, mas sai imediatamente quando descobre que o ponteiro passado é NULL. Se a profundidade da árvore for igual a D, o requisito máximo de pilha será de aproximadamente 1000 x $(D + 1)$.

Uma árvore binária balanceada contém duas vezes mais elementos a cada nível. Uma árvore de profundidade D contém $1+2+4+8+...+2^{(D-1)}$, ou $2^{(D-1)}$, elementos. Portanto, nossa árvore de 1 milhão de elementos precisará de $\lceil \lg(1.000.001) \rceil$, ou 20 níveis.

Logo, podemos esperar que nossa rotina use cerca de 21.000 bytes de pilha.

Exercício 36: *de Velocidade do Algoritmo na página 205*
Consegue vislumbrar alguma maneira de reduzir os requisitos de pilha da rotina do Exercício 35 (além da redução do tamanho do buffer)?

Resposta 36: Algumas otimizações vêm à mente. Primeiro, a rotina printTree chama a si própria em nós de folha, só para sair porque não há filhos. Essa chamada aumenta a profundidade máxima da pilha em cerca de 1.000 bytes. Também podemos eliminar a recursão final (a segunda chamada recursiva), embora isso não afete o uso da pilha no pior cenário.

```
while (node) {
  if (node->left) printTree(node->left);
  getNodeAsString(node, buffer);
  puts(buffer);
  node = node->right;
}
```

O maior ganho, no entanto, vem da alocação de somente um buffer, compartilhado por todas as chamadas de printTree. Passe esse buffer como parâmetro para as chamadas recursivas e só 1.000 bytes serão alocados, independente da profundidade da recursão.

```
void printTreePrivate(const Node *node, char *buffer) {
  if (node) {
    printTreePrivate(node->left, buffer);
    getNodeAsString(node, buffer);
    puts(buffer);
    printTreePrivate(node->right, buffer);
  }
}
void newPrintTree(const Node *node) {
  char buffer[1000];
  printTreePrivate(node, buffer);
}
```

Exercício 37: *de Velocidade do Algoritmo na página 205*
Na página 202, alegamos que um corte binário é da ordem $O(\lg(n))$. Consegue provar isso?

Resposta 37: Há algumas maneiras de se chegar a essa conclusão. Uma é considerar o problema por outro ângulo. Se a matriz tiver apenas um elemento, não percorreremos o loop. Cada iteração adicional dobrará o tamanho da matriz da pesquisa. Portanto, a fórmula geral para o tamanho da matriz é $n = 2^m$, onde m é a quantidade de iterações. Se você calcular logaritmos na base 2 para cada lado, obterá $\lg(n) = \lg(2^m)$, que pela definição de logaritmos se torna $\lg(n) = m$.

Exercício 38: *de Refatoração na página 210*
É evidente que o código a seguir foi atualizado várias vezes com o passar dos anos, mas as alterações não melhoraram sua estrutura. Refatore-o.

```
if (state == TEXAS) {
  rate = TX_RATE;
  amt  = base * TX_RATE;
  calc = 2*basis(amt) + extra(amt)*1.05;
}
```

```
    else if ((state == OHIO) || (state == MAINE)) {
      rate = (state == OHIO) ? OH_RATE : ME_RATE;
      amt  = base * rate;
      calc = 2*basis(amt) + extra(amt)*1.05;
      if (state == OHIO)
        points = 2;
    }
    else {
      rate = 1;
      amt  = base;
      calc = 2*basis(amt) + extra(amt)*1.05;
    }
```

Resposta 38: Poderíamos sugerir uma reestruturação mais leve aqui: certifique-se de que cada teste seja executado apenas uma vez e faça com que todos os cálculos sejam de uso geral. Se a expressão 2*basis(…)*1.05 aparecer em outros locais do programa, talvez seja melhor transformá-la em função. Aqui, não nos preocupamos.

Adicionamos uma matriz rate_lookup, inicializada de modo que as entradas que não forem Texas, Ohio e Maine tenham o valor 1. Essa abordagem torna fácil adicionar valores de outros estados no futuro. Dependendo do padrão de uso esperado, também podemos transformar o campo points em uma pesquisa em matriz.

```
rate = rate_lookup[state];
amt  = base * rate;
calc = 2*basis(amt) + extra(amt)*1.05;
if (state == OHIO)
  points = 2;
```

Exercício 39: *de Refatoração na página 210*
A classe Java a seguir precisa dar suporte a mais algumas formas. Refatore a classe para prepará-la para os acréscimos:

```java
public class Shape {
  public static final int SQUARE = 1;
  public static final int CIRCLE = 2;
  public static final int RIGHT_TRIANGLE = 3;
  private int shapeType;
  private double size;
  public Shape(int shapeType, double size) {
    this.shapeType = shapeType;
    this.size = size;
  }
  // … outros métodos …
  public double area() {
    switch (shapeType) {
    case SQUARE: return size*size;
    case CIRCLE: return Math.PI*size*size/4.0;
    case RIGHT_TRIANGLE: return size*size/2.0;
```

```
        }
        return 0;
    }
}
```

Resposta 39:   Se você deparar com alguém usando tipos enumerados (ou seu equivalente em Java) para diferenciar as variações de um tipo, é provável que consiga melhorar o código criando subclasses:

```
public class Shape {
  private double size;
  public Shape(double size) {
    this.size = size;
  }
  public double getSize() { return size; }
}
public class Square extends Shape {
  public Square(double size) {
    super(size);
  }
  public double area() {
    double size = getSize();
    return size*size;
  }
}
public class Circle extends Shape {
  public Circle(double size) {
    super(size);
  }
  public double area() {
    double size = getSize();
    return Math.PI*size*size/4.0;
  }
}
// etc...
```

Exercício 40:   *de Refatoração na página 211*
Esse código Java faz parte de uma estrutura que será usada em todo o seu projeto. Refatore-o para que seja mais genérico e mais fácil de estender no futuro.

```
public class Window {
public Window(int width, int height) { ... }
public void setSize(int width, int height) { ... }
public boolean overlaps(Window w) { ... }
public int getArea() { ... }
}
```

Resposta 40:   Esse caso é interessante. À primeira vista, parece sensato que uma janela deva ter uma largura e uma altura. No entanto, considere o futuro. Suponhamos que quiséssemos dar suporte a janelas modeladas arbitrariamente (o que será difícil se a classe Window souber tudo sobre retângulos e suas propriedades).

Sugerimos que a forma da janela fique separada da classe Window.

```java
public abstract class Shape {
  // ...
  public abstract boolean overlaps(Shape s);
  public abstract int getArea();
}
public class Window {
  private Shape shape;
  public Window(Shape shape) {
    this.shape = shape;
    ...
  }
  public void setShape(Shape shape) {
    this.shape = shape;
    ...
  }
  public boolean overlaps(Window w) {
    return shape.overlaps(w.shape);
  }
  public int getArea() {
    return shape.getArea();
  }
}
```

Observe que, nessa abordagem, usamos a delegação em vez de subclasses: uma janela não é um "tipo de" forma – uma janela "tem uma" forma. Ela usa uma forma para executar sua tarefa. Com frequência você achará a delegação útil ao refatorar.

Também poderíamos ter estendido esse exemplo introduzindo uma interface Java que especificasse os métodos que uma classe teria de suportar para dar suporte a funções de formas. Essa é uma boa ideia. Significa que, quando você estender o conceito de uma forma, o compilador o avisará sobre as classes afetadas. Recomendamos o uso de interfaces dessa forma quando você delegar todas as funções de alguma outra classe.

Exercício 41: *de Código que Seja Fácil de Testar na página 219*
Projete um padrão de teste para a interface de liquidificador descrita na resposta do Exercício 17 na página 311. Escreva um script de shell que execute um teste de regressão para o liquidificador. Você tem de testar a funcionalidade básica, condições limítrofes e de erro e qualquer obrigação contratual. Que restrições são impostas à alteração da velocidade? Elas estão sendo obedecidas?

Resposta 41: Primeiro, adicionaremos um método main para agir como um driver de teste de unidade. Ele aceitará uma linguagem muito resumida e simples como argumento: "E" para esvaziar o liquidificador, "F" para enchê-lo, os dígitos 0-9 para configurar a velocidade e assim por diante.

```java
public static void main(String args[]) {
  // Cria o liquidificador a ser testado
  dbc_ex blender = new dbc_ex();
  // E o testa de acordo com a string da entrada padrão
  try {
    int a;
    char c;
    while ((a = System.in.read()) != -1) {
      c = (char)a;
      if (Character.isWhitespace(c)) {
        continue;
      }
      if (Character.isDigit(c)) {
        blender.setSpeed(Character.digit(c, 10));
      }
      else {
        switch (c) {
          case 'F': blender.fill();
                    break;
          case 'E': blender.empty();
                    break;
          case 's': System.out.println("SPEED: " +
                                      blender.getSpeed());
                    break;
          case 'f': System.out.println("FULL " +
                                      blender.isFull());
                    break;
          default: throw new RuntimeException(
                       "Unknown Test directive");
        }
      }
    }
  }
  catch (java.io.IOException e) {
    System.err.println("Test jig failed: " + e.getMessage());
  }
  System.err.println("Completed blending\n");
  System.exit(0);
}
```

Em seguida, vem o script de shell que conduz os testes.

```sh
#!/bin/sh
CMD="java dbc.dbc_ex"
failcount=0
expect_okay() {
    if echo "$*" | $CMD #>/dev/null 2>&1
    then
      :
    else
      echo "FAILED! $*"
      failcount=`expr $failcount + 1`
    fi
}
expect_fail() {
    if echo "$*" | $CMD >/dev/null 2>&1
    then
      echo "FAILED! (Should have failed): $*"
      failcount=`expr $failcount + 1`
    fi
}
report() {
  if [ $failcount -gt 0 ]
  then
    echo -e "\n\n*** FAILED $failcount TESTS\n"
    exit 1 # Caso façamos parte de algo maior
  else
    exit 0 # Caso façamos parte de algo maior
  fi
}
#
# Começa os testes
#
expect_okay F123456789876543210E # Deve percorrer tudo
expect_fail F5      # Falha, velocidade muito alta
expect_fail 1       # Falha, vazio
expect_fail F10E1   # Falha, vazio
expect_fail F1238   # Falha, saltos
expect_okay FE      # Não é ligado
expect_fail F1E     # Esvaziando ao ser executado
expect_okay F10E    # Deve funcionar bem
report              # Relata resultados
```

Os testes verificam se mudanças inválidas de velocidade estão sendo detectadas, se você está tentando esvaziar o liquidificador enquanto ele é executado e assim por diante. Isso foi inserido no makefile para podermos compilar e executar o teste de regressão simplesmente digitando

```
% make
% make test
```

Observe que o teste termina com 0 ou 1 para também podermos usá-lo como parte de um teste maior.

Não havia nada nos requisitos mencionando a condução desse componente através de um script, ou mesmo com o uso de uma linguagem. Os usuários finais nunca o verão. Mas temos uma ferramenta poderosa que podemos usar para testar nosso código, rápida e exaustivamente.

Exercício 42: *de O Abismo dos Requisitos na página 233*

Quais dos itens a seguir parecem requisitos genuínos? Reescreva os que não forem para torná-los mais úteis (se possível).

1. O tempo de resposta deve ser menor do que 500 ms.
2. As caixas de diálogo terão um plano de fundo cinza.
3. O aplicativo será organizado como vários processos front-end e um servidor back-end.
4. Se um usuário inserir caracteres não numéricos em um campo numérico, o sistema emitirá um alarme sonoro e não os aceitará.
5. O código e os dados do aplicativo devem caber dentro de 256kB.

Resposta 42:

1. Essa declaração soa como um requisito real: o ambiente pode impor restrições ao aplicativo.
2. Ainda que isso possa ser um padrão empresarial, não é um requisito. Ficaria melhor se declarado como "o plano de fundo da caixa de diálogo tem de poder ser configurado pelo usuário final. Originalmente, a cor será cinza". Melhor ainda seria a declaração mais abrangente "todos os elementos visuais do aplicativo (cores, fontes e texto) têm de poder ser configurados pelo usuário final".
3. Essa declaração não é um requisito, é arquitetura. Quando encontrar algo assim, você terá de pesquisar bem para descobrir o que o usuário está pensando.
4. O requisito subjacente provavelmente seria algo mais parecido com "o sistema impedirá que o usuário insira entradas inválidas nos campos e o avisará quando essas entradas forem inseridas".
5. É provável que essa declaração seja um requisito de hardware.

Uma solução para o enigma dos Quatro Pontos da página 235.

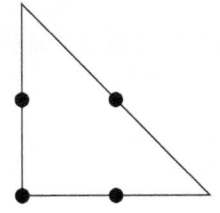

Índice

A

ACM, *consulte* Association for Computing Machinery
Acróstico WISDOM, 42
Advanced C++ Programming Styles and Idioms, 287
Advanced Programming in the Unix Environment, 286
Agente, 98, 140, 319-320
Algoritmo
   análise combinatória, 201-202
   classificação rápida, 201-202
   corte binário, 201-202
   dividir para conquistar, 201-202
   estimando, 199, 200
   linear, 199
   memória, 157-158
   notação $O()$, 200, 202-203
   selecionando, 203-204
   sublinear, 199
   tempo de execução, 202-203
Alocações, aninhando, 153
Ambiente de Desenvolvimento Integrado (IDE), 94, 254
Analisando, 81
   geradores de código, 128
   mensagens de log, 218
   minilinguagem, 83-84
   strings, 177
Análise de cobertura, 267
Analysis Patterns, 286
Aninhar alocações, 153
Anonimato, 280
Apresentação, 42
Aprimoramento, excessivo, 33

Arquitetura
   desvinculação temporal, 174
   flexibilidade, 68-69
   implantação, q178
   protótipo, 77
Arquivo
   cabeçalho, 51-52
   exceção, 148
   fonte, 125-126
   implementação, 51-52
   log, 218
   makefile, 254
Arquivo de jargões, 295-296
Art of Computer Programming, 204-205
Árvore de desenvolvimento, 109
Asserção, 136, 144-145, 197
   desativando, 145-146
   efeitos colaterais, 146
Assistente, 220
Association for Computing Machinery (ACM), 284
   Communications of the ACM, 285
   SIGPLAN, 285
Atalhos de teclado, 104
Aumento de recursos, 32
Automação, 252
   compilação, 254
   construção, 110, 255
   cron, 253
   documentação, 273
   equipe, 251
   geração de sites Web, 257
   procedimentos de aprovação, 257
   scripts, 256
   testes, 51-52, 260

autônoma, 83-84
auto-ptr, 156
Avisos, compilação, 114
awk, 121

B

Balanceamento de recursos, 151
   aninhar alocações, 153
   código associado, 152
   encapsulamento em classe, 154
   estruturas de dados dinâmicas, 157-158
   exceções C++, 154
   Java, 156
   verificando, 157-158
Banco de dados
   esquema, 128f, 162-163, 166-167
   gerador de código ativo, 126-127
   manutenção de esquema, 122
Barra de sincronização, 172-173
Barramento de software, 181
Bean, *consulte* Enterprise Java Beans (EJB)
Beck, Kent, 215-216, 280
Bem expirável, 34
Bibliotecário, *consulte* Bibliotecário do projeto
Bibliotecário do projeto, 55, 248
bison, 81, 291-292
BIST, *consulte* Built-In Self Test
BNF, *consulte* Forma de Backus-Naur (BNF)
Brain, Marshall, 287
Brant, John, 290-291
Brooks, Fred, 286
Bug, 112
   contrato quebrado como, 134
   consulte também Depurando; Erro
Built-In Self Test (BIST), 211

C

Cache, 53
Canal de eventos, 181-182
Carteira de conhecimentos, 34
   aprendendo e lendo, 36
   construindo, 35
   pensamento crítico, 37-38
   pesquisando, 37
Caso de uso, 226
   diagramas, 228
Catalisando a mudança, 29-30

Catedrais, xi
Células espiãs, 160
"Cenário em larga escala", 29-30
Cetus Links, 287
Chamada de procedimento remoto (RPC), 51-52, 60-61
Chamar, rotina, 138, 195
Christiansen, Tom, 103
Circuito integrado, 211
Classe
   alocação de recursos, 154
   asserções, 136
   base, 135
   encapsuladora, 154-155, 157-158, 162-163
   encapsulando recursos, 154
   invariante, 133, 136
   número de estados, 267
   subclasse, 135
   taxas de vinculação, 264
   vinculando, 160-161, 163-164
Classe base, 135
ClearCase, 293-294
Cockburn, Alistair, xv, 227, 286, 294-295
Codificação
   consulte também Código associado; Código desvinculado; Metadados, Sistema de controle do código-fonte (SCCS)
   análise de cobertura, 267
   associada, 152
   "cautelosa", 62, 160
   código de servidor, 218
   comentários, 51-52, 271
   defensiva, 130
   e documentação, 51-52, 270
   especificações, 241
   esquema de banco de dados, 126-127
   estimando, 89-90
   exceções, 147-148
   implementação, 195
   iterativa, 91
   métricas, 264
   módulos, 160
   ortogonalidade, 56, 58, 62
   "preguiçosa", 134
   projéteis luminosos, 70-73
   propriedade, 280
   protótipos, 77

teste de unidade, 212-214
várias representações, 49-50
velocidade do algoritmo, 199
Código associado, 152
  desempenho, 163-164
  reduzindo, 160, 180
  taxas de vinculação, 264
  vinculação temporeal, 172
  consulte também Código desvinculado
Código de biblioteca, 60-61
Código de servidor, 218
Código desvinculado, 60, 62
  arquitetura, 174
  desvinculação física, 163-164
  desvinculação temporal, 172
  fluxo de trabalho, 172
  Lei de Deméter, 162
  metadados, 167
  reduzindo a vinculação, 160
  sistema de quadro-negro, 188
  teste modular, 266
  consulte também Código associado
Código rastreador, 70-71
  e protótipos, 73
  vantagens de, 72
Código-fonte
  documentação, *consulte* Comentários
  download, *consulte* Exemplo de código
  duplicação em, 51-52
  gerando, 125-126
  o gato comeu, 25
  revisões, *consulte* Revisões de código
Coesão, 57
Coleta de lixo, 156
COM, *consulte* Component Object Model
Comando "at", 253
Comentário, 51-52, 271
  DBC, 136
  desnecessários, 272
  evitando duplicação, 51-52
  parâmetros, 272
  tipos de, 271
  consulte também Documentação
Common Object Request Broker (CORBA), 51-52, 60-61, 68-69
  Event Service, 181-182
Communications of the ACM, 285
Compilação, 254
  avisos e depuração, 114

compiladores, 289-290
DBC, 136
Component Object Model (COM), 77
Componentes autônomos, *consulte* Ortogonalidade; Coesão
Comunicação, 40
  apresentação, 42
  duplicação, 54-55
  e métodos formais, 243
  email, 44
  equipes, 247-248
  estilo, 42
  público-alvo, 41, 43
  rascunhando, 40
  usuários, 278
Concorrência, 172
  análise de requisitos de, 172
  e a Programação Baseada no Acaso, 176
  fluxo de trabalho, 172
  interfaces, 177
  projeto, 176
Concurrent Version System (CVS), 293-294
Condição limítrofe, 195, 265
Configuração
  cooperativa, 170
  dinâmica, 166-167
  metadados, 169
Conjunto de resposta, 162-163, 264
Constantine, Larry L., 57
Construção
  automação, 110, 255
  dependências, 255
  final, 256
  noturna, 253
  refatoração, 208-209
"Construção de software", 206
Construção final, 256
Construtor, 154
  inicialização, 177
Contato, email dos autores, xv
Contexto, use em vez de dados globais, 62
Contrato, 132, 196
  Consulte também Projeto por contrato (DBC)
Controlador (MVC), 184-185
Coplien, Jim, 287
CORBA, *consulte* Common Object Request Broker
Corte binário, 119, 201-202

Cox, Brad J., 211
Criação de marca, 248
cron, 253
Cronograma, projeto, 89-90
CSS, *consulte* Folhas de Estilo em Cascata
CVS, *consulte* Concurrent Version System
Cygwin, 102, 292-293

D

Dados
 cache, 53
 de teste, 122, 265
 dicionário, 166-167
 estruturas de dados dinâmicas, 157-158
 globais, 62
 legíveis versus inteligíveis, 97
 linguagem, 82
 normalizando, 52-53
 sistema quadro-negro, 190-191
 visualizações, 181-182
 visualizando, 115
 consulte também Metadados
Dados do mundo real, 265
Dados sintéticos, 265
Dançar conforme a música, 69
Data Display Debugger (DDD), 115, 290-291
DBC, *consulte* Projeto por contrato
DDD, *consulte* Data Display Debugger
Deadlock, 153
Delegação, 326
Delphi, 77
 consulte também Object Pascal
Dependência, reduzindo, *consulte* Sistema modular; Ortogonalidade
Depósito, 109
Depuração, 112
 asserções, 145-146
 avisos do compilador e, 114
 bomba-relógio, 213-214
 bug inesperado, 119
 busca binária, 119
 e a ramificação do código-fonte, 109
 e teste, 114, 217
 "Heisenbug", 146
 lista de verificação, 120
 localização de bug, 118
 rastreando, 116

reprodução de bug, 115
rubber ducking, 117
variáveis corrompidas, 117
visualização, 186
visualizando dados, 115
Descritor de implantação, 170
Desculpas, 25
Desenvolvimento iterativo, 91
Design Patterns, 286
 Oberver, 180
 Singleton, 63
 Strategy, 63
Destruidor, 154
"Deterioração de software", 26
Detetives, 187
Diagrama de atividades, 172
Diagrama de sequência, 180
Dividindo, 190
DocBook, 275-276
Documentação
 atualização automática, 273
 comentários, 51-52, 136, 271, 273
 e código, 51-52, 270
 executável, 273
 formatos, 274-275
 hipertexto, 232
 HTML, 123
 interna/externa, 270
 invariante, 140
 linguagens de marcação, 64
 processadores de texto, 274-276
 rascunho, 40
 redatores técnicos, 274
 redigindo especificações, 240
 requisitos, 226
 consulte também Comentário; documentação na Web
Documentação na Web, 123, 232, 274-275
 geração automática, 257
 notícias e informações, 287
Documento de hipertexto, 232
Documento executável, 273
Dodó, 170
Domínio do problema, 80, 88
 metadados, 168
Download de código-fonte, *consulte* Exemplo de código
Dr. Dobbs Journal, 285

Duck, rubber, *Consulte* Rubber duck
Dumpty, Humpty, xiii, 187
Duplicação, 48
   documentação e código, 51-52
   e revisões de código, 55
   em linguagens, 51-52
   entre desenvolvedores, 54-55
   equipes, 248
   erros de projeto, 52-53
   geradores de código evitam, 49-50
   princípio NSR, 48-49, 51-52
   sob pressões de tempo, 54-55
   tipos de, 48-49
   várias representações, 49-50
Duplicação imposta, 49-50
Duplicação inadvertida, 52-53
Dynamics of Sofware Development, 286

E

Editor, 104
   autorrecuo, 107
   bloco de notas do Windows, 106
   gerando código, 125-126
   modelo, 106
   movimentação do cursor, 106
   quantos conhecer, 104
   recursos, 105
   tipos de, 288
Editor elvis, 289-290
Editor Emacs, 106, 288
   emulador de vi Viper, 289-290
Editor vi, 288
Editor vim, 288
Editor XEmacs, 288
Efeito colateral, 146
Efeito Stroop, 271
Effective C++, 287
Eiffel, 132, 137, 289-290
EJB, *consulte* Enterprise Java Beans
Email, 44
   endereço para retorno, xv
Encapsulador, 154-155, 157-158, 162-163
Encapsulamento, objeto, 149, 180
Enfeitar, 33
Enigma dos Quatro Pontos, 235
Eno, Brian, 227
Enterprise Java Beans (EJB), 60-61, 169
Entropia, 26

Equipe, projeto, 58, 246
   automação, 251
   comunicação, 247-248
   construtores de ferramentas, 251
   duplicação, 248
   evitando duplicação, 54-55
   funcionalidade, 249
   organização, 249
   pragmatismo em, xi
   qualidade, 247-248
   revisão de código, 258-259
Equipe de programação
   custo de, 259
Erro
   específico do domínio, 81
   mensagens de log, 218
   mensagens do DBC, 138
   ortogonalidade, 218
   projeto, 52-53
   teste, 262, 269
   travar antecipadamente, 143
   consulte também Exceção
Escolhas, 271
Escopo, requisito, 231
Espaço de tuplas, 189
Especialista, *consulte* Guru
Especialização, 243
Especificação, 80
   como cobertor aconchegante, 241
   implementação, 241
   linguagem, 83-84
   redigindo, 240
Estilo, comunicação, 42
Estimando, 86
   algoritmos, 199, 200
   cronogramas de projeto, 89-90
   domínio do problema, 88
   iterativa, 91
   modelos, 88
   precisão, 86
   registros, 89-90
   teste, 203-204
Estrutura de dados dinâmica, 157-158
Eton College, xii
Event, 179-180
Exceção, 144
   arquivos ausentes, 148
   balanceamento de recursos, 154

e manipuladores de erros, 149
efeitos de, 149
quando usar, 147-148
Exemplo de código
  abrir arquivo de senhas, 148
  abrir arquivo de usuário, 149
  adicionar log, 62
  análise de string com StringTokenizer, 178
  análise de string com strtok, 177
  balanceamento de recursos correto, 153
  balanceamento de recursos inadequado, 151, 152
  classe não normalizada, 52-53
  classe normalizada, 53
  download, xv
  efeito colateral, 146
  encadeamento de métodos, 160-161
  exemplo de auto_ptr, 156
  exemplo do JavaDoc, 272
  macro assert, 144-145
  manipulação de erro com código emaranhado, 147-148
  manipulação de erros com exceções, 147-148
  raiz quadrada, 212
  recursos e exceções, 154, 155
  reservas de passagens aéreas, 186, 318-319
Exemplo de código por nome
  AOP, 62
  assert, 144-145
  bad_balance.c, 151, 152
  balance.c, 153-155
  balance.cc, 156
  class Line, 52-53
  exception, 147-148
  findPeak, 272
  interface Flight, 186, 318-319
  misc.c, 177
  Misc.java, 178
  openpasswd.java, 148
  openuserfile.java, 149
  plotDate, 160-161
  side_effect, 146
  spaguetti, 147-148
  sqrt, 212
Exemplo do liquidificador
  contrato para, 142, 311
  fluxo de trabalho, 172-173
  padrão de teste de regressão, 327

Exemplos de programas, *consulte* Exemplo de código
expect, 291-292
Explosão combinatória, 162, 189
eXtensible Style Language (XSL), 274-275
Extinção, 170
eXtreme Programming 260, 280, 294-295

F

"Fadiga inicial", 29
FAQ do comp.object, 294-295
Fatores humanos, 263
Ferramenta aegis de gerenciamento de configuração com base em transações, 268, 293-294
Ferramental de teste, 215-216
Ferramentas adaptáveis, 227
Flexibilidade, 68-69
Fluxo de trabalho, 172
  baseado em conteúdo, 256
  sistema de quadro-negro, 190-191
Folha de estilo, 42, 275-276
Folhas de Estilo em Cascata (CSS), 274-275
Forma de Backus-Naur (BNF), 81
Formato binário, 95
  problemas de análise, 97
Formato ISO9660, 255
Fornecedor
  bibliotecas, 60-61
  reduzindo a dependência de, 58, 60-61, 68-69
Fowler, Martin, xv, 208, 295-296
Free Software Foundation, *consulte* Projeto GNU
Função
  acessadora, 53
  Lei de Deméter para ~s, 162
  semelhante, 63
Função acessadora, 53

G

Gamma, Erich, 215-216
Gato
  culpando, 25
  de Schrödinger, 69
  domesticando, 246
Gehrke, Peter, xvi
Gerador de código, 49-50, 124-125
  analisadores, 128

ativo, 126-127
makefiles, 254
passivo, 125-126
Gerador de documentação DOC++, 273, 291-292
Gerador de perfil de código, 203-204
Gerenciamento da angústia, 207
Gerenciamento de configuração, 108, 293-294
Gerenciamento de restrições, 235
Gerenciamento de riscos, 35
   ortogonalidade, 58
Gerenciando expectativas, 278
Glass, Robert, 243, 258-259
Glossário, projeto, 232
Goto, 149
Gramados, cuidar de, xii
Grupo de notícias, 37, 39, 55
Grupo de notícias da Usenet, 37, 39, 55
Guru, 39, 220

H

Hash seguro, 96
"Heisenbug", 146, 311
Helicóptero, 56n
Herança, 134
   asserções, 136
   fan-in/fan-out, 264
Hopper, Grace, 29-30, 112
Humpty Dumpty, xiii, 187

I

iContract, 133, 137, 290-291
IDE, *consulte* Ambiente de Desenvolvimento Integrado
IEEE Computer Society, 284
   IEEE Computer, 284
   IEEE Software, 285
Implantação, 178
Implementação
   acidentes, 195
   codificação, 195
   especificações, 241
Independência, *consulte* Ortogonalidade
Informações
   produtores e consumidores, 188
Infraestrutura, 59-60
Iniciando um projeto
   especificações, 239

protótipo, 238
resolução de problemas, 234
   consulte também Requisito
Inspeção, código, *consulte* Revisões de código
Insure++, 158
Inteligência artificial, invasora, 48
Interface
   C/Object Pascal, 123
   concorrência, 177
   GUI, 100
   manipulador de erros, 150
   protótipo, 77
   sistema de quadro-negro, 190
   usuário, 224-225
Invariante, 133, 136, 177
   loop, 139
   semântica, 139, 157-158

J

Jacobson, Ivar, 226
Jargão, xiii, 232
Java, 68-69, 289-290
   acesso a propriedades, 122
   analisador de string, 178
   arquivos Property, 167
   balanceamento de recursos, 156
   DBC, 137
   e shells do Windows, 103
   Enterprise Java Beans, 60-61, 169
   exceções, 144
   geração de código, 254
   iContract, 133, 137, 290-291
   javaCC, 81, 291-292
   JavaDoc, 270, 273
   JavaSpaces, 188, 295-296
   JUnit, 217
   mensagens de erro, 138
   programação com vários segmentos, 176
   RMI, 150
   testes de unidade, 214-215
   visualização em árvore, 182-183
JavaDoc, *consulte* Java
Jornal promocional, 285

K

K Desktop Environment, 295-296
Kaizen, xii, 36
   consulte também Carteira de conhecimentos

Kernighan, Brian, 121
Kirk, James T., 48
Kits de ferramentas, 60-61
Knuth, Donald, 204-205, 270
Korn, David, 103
Kramer, Reto, xvi
Krutchen, Phillipe, 249

L

Lakos, John, xvi, 30-31, 163-164, 287
Large-Scale C++ Software Design, 163-164, 287
Lei de Deméter, 162
Lema do trabalhador de minas, x
Lex and Yacc, 81
Linguagem, programação
  aprendendo, 36
  conversões, 125-126, 128
  DBC, 137
  domínio, 79
  duplicação em, 51-52
  especificação, 80, 83-84
  manipulação de texto, 121
  protótipos, 77
  scripts, 77, 167
  consulte também Minilinguagem
Linguagem C
  asserções, 144-145
  DBC, 137
  duplicação, 51-52
  interface com Object Pascal, 123
  macros, 144
  manipulação de erros, 144
  mensagens de erro, 138
Linguagem C++, 68-69
  asserções, 144-145
  auto-ptr, 156
  DBC, 137
  desvinculando, 163-164
  DOC++, 273, 291-292
  duplicação, 51-52
  exceções, 154
  livros, 287
  mensagens de erro, 138
  testes de unidade, 214-215
Linguagem de manipulação de texto, 121
Linguagem de marcação, 275-276
Linguagem de programação TOM, 290-291
Linguagem de script, 77, 167

Linguagem imperativa, 82
Linux, 37, 275-276, 187
Literate programming, 270
Log, 60-61, 218
  consulte também Rastreando
Lógica de predicados, 133
Lógica do negócio, 168
Loop
  aninhado, 201-202
  simples, 201-202

M

Macro, 100, 108
  asserções, 144-145
  documentação, 274
  manipulação de erros, 144
Makefile, 254
  recursivo, 255
Manipulador de erros, 149
Manutenção, 48
  linguagens imperativas, 83
Martin, Robert C., 295-296
Mecanismo de regras, 190-191
Mesa de mixagem, 227
Metadados, 166-167, 224-225
  código desvinculado, 167
  configuração, 169
  controlando transações, 60-61
  e métodos formais, 243
  em texto simples, 96
  lógica do negócio, 168
Metáfora da jardinagem, 206
Método paint(), 195
Métodos formais, 242, 243
Métrica, 264
Métrica da Complexidade Ciclomática de McCabe, 264
Meyer, Bertrand, 53, 132, 206, 286
Meyer, Scott, 287
Microsoft Visual C++, 220
Microsoft Windows, 68-69
Minilinguagem, 81
  analisando, 83-84
  embutida, 83-84
  imperativa, 82
  linguagem de dados, 82
Minilinguagem autônoma, 83-84
Minilinguagem embutida, 83-84, 167
MKS Source Integrity, 293-294

Modelo, 181-182
  cálculos, 89
  componentes e parâmetros, 88
  documentos executáveis, 273
  e estimativas, 88
  visualização, 184-185
Modelo, caso de uso, 227
Modelo do consumidor faminto, 175
Modelo do Linda, 189
Model-View-Controller (MVC), 60, 181-182
More Effective C++, 287
Mozilla, 295-296
Mudança, catalisando, 29-30
MVC, *consulte* Model-View-Controller

N

Nana, 137, 290-291
Não se repita, *consulte* princípio NSR
Navegador de classes, 208-209
Navegador de refatoração, 208-209, 290-291
Netscape, 167, 295-296
Nó Górdio, 234
Nome, variável, 271
Normalizar, 52-53
Nota Post-It, 75, 77
Notação do "grande O", 199
Notação húngara, 271
notação O(), 200, 202-203
Novobilski, Andrew J., 211

O

Object Managment Group (OMG), 292-293
Object Pascal, 51-52
  interface com C, 123
Object-Oriented Programming, 211
Object-Oriented Software Construction, 286
Objeto
  destruição, 155, 156
  estado válido/inválido, 176
  persistência, 60-61
  protocolo de publicação/assinatura, 180
  singleton, 63
  vinculando, 162n
  visualizador, 185
Obsolescência, 96
OLTP, *consulte* On-Line Transaction Processing System
OMG, *consulte* Object Management Group

On-Line Transaction Processing System (OLTP), 174
Opções, fornecendo, 25
Ordenando, *consulte* fluxo de trabalho
Ortogonalidade, 56
  codificando, 56, 58, 62
  documentação, 64
  equipes de projeto, 58, 249
  kits de ferramentas e bibliotecas, 60-61
  princípio NSR, 64
  produtividade, 57
  projeto, 59-60
  sistema não ortogonal, 56
  testando, 63
  consulte também Sistema modular
Ouvindo, 43

P

Papagaios, assassinos, *consulte* Criação de marca
Papua Nova Guiné, 37-38
Pascal, 51-52
Peixe, perigos de, 56
Pensamento crítico, 37-38
Perl, 77, 83-84, 121
  acesso a propriedades Java, 122
  documentação na Web, 123
  e a composição de tipos, 122
  ferramentas poderosas, 292-293
  geração de dados de teste, 122
  geração de esquema de banco de dados, 122
  home page, 289-290
  interface C/Object Pascal, 123
  testando, 219
  utilitários Unix em, 103
Perl Journal, 285
Persistência, 60-61, 67
Pesquisando, 37
Petzold, Charles, 287
Pike, Rob, 121
Piloto
  pousar, estar no controle, etc., 239
  quem comeu peixe, 56
Pintura, 33
Plataforma de integração, 72
POA, *consulte* Programação Orientada a Aspectos
Polimorfismo, 134

Política empresarial, 224-225
Powerbuilder, 77
Prazo, 28, 268
Pré e pós-condição, 133, 136-137
Pré-processador, 137
Princípio de Substituição de Liskov, 134
Princípio do Acesso Uniforme, 53n
princípio NSR, 48-49, 51-52, 64
   consulte também Duplicação
Problema Y2K, 54-55, 230
Processador de texto, 274-276
Produtividade, 32, 57
Programa sendmail, 82
Programação baseada no acaso, 195
Programação com vários segmentos, 176
Programação Orientada a Aspectos (POA), 60-61, 295-296
Programação paralela, 172
Programador pragmático
   características, viii
   endereço de email, xv
   site da Web, xv
Programming Windows, 287
Projeto
   cronogramas, 89-90
   glossário, 232
   "lideranças", 250
   sabotador, 266
   consulte também Automação; Equipe, projeto
Projeto (Design)
   concorrência, 176
   contexto, 196
   físico, 163-164
   funções acessadoras, 53
   implantação, 178
   metadados, 167
   ortogonalidade, 56, 59-60
   refatoração, 208
   teste do projeto/metodologia, 264
   usando serviços, 176
Projeto Beowulf, 290-291
Projeto Demeter, 296-297
Projeto em camadas, 59-60
Projeto GNU, 296-297
   compilador de C/C++, 289-290
   General Public License (GPL), 102

GNU Image Manipulation Program (GIMP), 296-297
SmallEiffel, 289-290
Projeto por contrato (DBC), 132, 177
   asserções, 136
   como comentários, 136
   contratos dinâmicos, 140
   e agentes, 140
   exemplo de inserção em lista, 133
   iContract, 290-291
   invariante de classe, 133
   pré e pós-condição, 133, 136-137
   predicados, 133
   suporte da linguagem, 137
   teste de unidade, 212
Protocolo de publicação/assinatura, 180
Protótipo, 75, 238
   arquitetura, 77
   código descartável, 78
   e código rastreador, 73
   e linguagens de programação, 77
   tipos de, 76
   usando, 76
Público-alvo, 43
   necessidades, 41
Pugh, Greg, 117
Purify, 158
PVCS Configuration Management, 293-294
Python, 77, 121, 289-290

Q

Qualidade
   controle, 30-31
   equipes, 247-248
   requisitos, 33

R

Rastreando, 116
   consulte também Log
Rational Unified Process, 249
Raymond, Eric S., 295-296
RCS, consulte Revision Control System
Realce da sintaxe, 106
Recuo automático, 107
Redator técnico, 274
Redigindo, 40
   consulte também Documentação

Refatoração, 27, 207
   automática, 208-209
   e projeto, 208
   restrições de tempo, 207
   testando, 208-209
Regressão, 98, 219, 254, 264
Relacionamento
   tem um, 326
   tipo de, 134, 326
Remote Method Invocation (RMI), 150
   manipulação de exceções, 60-61
Requisito, 33, 224
   aumento, 231
   DBC, 133
   distribuição, 233
   documentando, 226
   e política, 224-225
   em linguagem de domínio, 80
   especificando excessivamente, 230
   expressando como invariante, 139
   glossário, 232
   interface de usuário, 224-225
   métodos formais, 242
   mudando, 48
   problema do negócio, 224-225
   teste de usabilidade, 263
Resolução de problemas, 235
   lista de verificação para, 236
Responsabilidade, 24, 272, 280
Retorno, endereço de email, xv
Reutilização, 55, 58
Revendedor, *consulte* Fornecedor
Reversibilidade, 66
   arquitetura flexível, 68-69
Revision Control System (RCS), 272, 293-294
Revisões de código, 55, 258-259
Revisões estruturadas, *consulte* Revisões de código
RMI, *consulte* Remote Method Invocation
rotina strtok, 177
RPC, *consulte* Chamada de procedimento remoto
Rubber ducking, 25, 117

S

Sabotador, 266
Samba, 294-295
Sapo, cozido, *consulte* Sapo cozido
Sapo cozido, 29-30, 197, 247-248
Sather, 137, 230
SCCS, *consulte* Sistema de controle do código-fonte
Schrödinger, Erwin (e seu gato), 69
Screen scraping, 83
sed, 121
Sedgewick, Robert, 204-205
Sequência de "teclas de atalho", 218
Serviços, projeto usando, 176
Servidor Web HTTP, 218
Shell, comando, 99
   versus GUI, 100
   consulte também Shell de comando
Shell bash, 102, 104
Shell de comando, 99
   bash, 102
   Cygwin, 102
   UWIN, 103
   versus GUI, 100
   Windows, 102
SIGPLAN, 285
Sistema de controle do código-fonte (SCCS), 108
   Aegis, 268
   árvore de desenvolvimento, 109
   construções usando, 110
   CVS, 293-294
   depósito, 109
   ferramentas, 293-294
   RCS, 272, 293-294
   texto simples e, 98
Sistema de GUI
   interface, 100
   testando, 266
   versus shell de comando, 100
Sistema de quadro-negro, 187
   dividindo, 190
   fluxo de trabalho, 190-191
Sistema em camadas, *consulte* Sistema modular
Sistema L^AT_EX, 125-126
Sistema modular, 59-60
   alocação de recursos, 157-158
   codificando, 160
   protótipo, 77
   reversibilidade, 67
   testando, 63, 212, 266
Sistema não ortogonal, 56

Sistema troff, 125-126
Sistemas baseados em componentes, *consulte* Sistema modular
Site, programador pragmático, xiii
Slashdot, 287
SmallEiffel, 289-290
Smalltalk, 68-69, 208-209, 290-291, 294-295
Software
  qualidade, 30-31
  requisites, 33
  tecnologias de desenvolvimento, 243
Software Development Magazine, 285
Software IC, 211
"Software satisfatório", *consulte* Software, qualidade
Solaris, 98
Sopa de pedras, 29
  versus janelas quebradas, 30-31
Squeak, 290-291
Stevens, W. Richard, 286
Subclasse, 135
Suposições, testando, 197
Surviving Object-Oriented Projects: A Manager's Guide, 286
SWIG, 77, 292-293

T

T Spaces, 188, 291-292
Tabela de pesquisa, 126-127
TAM, *consulte* Test Access Mechanism
Tcl, 77, 121, 291-292
Tecla UNDO, 108
tênis interno, 237
"Teoria da Janela Quebrada", 27
  versus sopa de pedras, 30-31
Test Access Mechanism (TAM), 211
Teste
  análise de cobertura, 267
  automatizado, 260
    a partir de especificação, 51-52
  correção de erros, 269
  dados de teste, 122, 265
  depurando, 114, 218
  desempenho, 263
  e cultura, 219
  eficácia, 266
  estimativas, 203-204
  exaustão de recursos, 262
  frequência, 268
  integração, 261
  ortogonalidade, 58, 63
  papel do texto simples, 98
  projeto/metodologia, 264
  refatorando, 208-209
  regressão, 98, 219, 254, 264
  sabotador, 266
  sistemas de GUI, 266
  usabilidade, 263
  validação e verificação, 261
  consulte também Teste de unidade
Teste de desempenho, 263
Teste de integração, 261
Teste de unidade, 212
  criando testes, 214-215
  DBC, 212
  ferramental de teste, 215-216
  janela de teste, 218
  módulos, 261
Teste de usabilidade, 263
Texto simples, 95
  aproveitamento, 97
  desvantagens, 96
  documentos executáveis, 273
  e testes mais fáceis, 98
  obsolescência, 96
  Unix, 98
  versus formato binário, 95
The Mythical Man Month, 286
The Practice of Programming, 121
Tomada de decisões, 68-69
Transações, EJB, 60-61
Travar, 143

U

UML, *consulte* Unified Modeling Language (UML)
Unified Modeling Language (UML)
  diagrama de atividades, 172
  diagrama de caso de uso, 230
  diagrama de sequência, 180
Unix, 68-69, 98
  arquivos Application Default, 167
  Cygwin, 292-293
  ferramentas do DOS, 292-293
  livros, 286
  Samba, 294-295
  UWIN, 103, 292-293

Unix Network Programming, 286
Usuário
   expectativas, 278
   grupos, 40
   interface, 224-225
   requisitos, 32
UWIN, 103, 292-293

V

Variáveis globais, 62, 152, 176
Variáveis membro, *consulte* Funções acessadoras
Variável
   corrompida, 117
   global, 152, 176
   nome, 271
Versões, e SCCS, 109
Vinculação temporal, 172
Visual Basic, 77
Visual C++, 220
Visual SourceSafe, 293-294
Visualização
   depurando, 186
   documentos executáveis, 273
   Model-View-Controller, 181-182, 184-185
   rede modelo-visualizador, 184-185
   visualização de árvore Java, 182-183
VisualWorks, 290-291

W

What You See Is What You Get (WYSIWYG), 100
Widget de árvore, 182-183
WikiWikiWeb, 287
Win32 System Services, 287
Windows, 68-69
   bloco de notas, 106
   comando "at", 253
   Cygwin, 102
   livros, 287
   metadados, 167
   utilitários Unix, 102, 103
   UWIN, 103
WinZip, 294-295
www.pragmaticprogrammer.com, xiii

X

Xeros Parc, 60-61
XSL, *consulte* eXtensible Style Language
xUnit, 215-216, 291-292

Y

yacc, 81
Yourdon, Edward, 32, 57

Z

Z shell, 294-295

O programador pragmático

Este encarte resume as dicas e listas de verificação de *O Programador Pragmático*.

Para obter mais informações sobre código-fonte dos exemplos, recursos Web atualizados e bibliografia online, visite www.pragmaticprogrammer.com. O código-fonte também pode ser baixado em www.bookman.com.br.

Guia de referência rápida

DICAS 1 A 22

1. Preocupe-se com seu trabalho ix
Por que passar sua vida desenvolvendo software se não estiver interessado em fazê-lo bem?

2. Reflita sobre seu trabalho ix
Desligue o piloto automático e assuma o controle. Critique e avalie constantemente seu trabalho.

3. Forneça opções, não dê desculpas esfarrapadas .. 25
Em vez de desculpas, forneça opções. Não diga que não pode ser feito; explique o que *pode* ser feito.

4. Não tolere janelas quebradas 27
Corrija projetos incorretos, decisões erradas e códigos frágeis quando os encontrar.

5. Seja um catalisador da mudança 30
Você não pode impor mudanças às pessoas. Em vez disso, mostre a elas como o futuro pode ser e ajude-as a participar de sua criação.

6. Lembre-se do cenário em larga escala 30
Não fique tão absorvido pelos detalhes a ponto de não ver o que está acontecendo ao seu redor.

7. Torne a qualidade parte dos requisitos 33
Envolva seus usuários na determinação dos requisitos de qualidade do projeto.

8. Invista regularmente em sua carteira de conhecimentos 36
Torne o aprendizado um hábito.

9. Analise criticamente o que você lê e ouve 38
Não se deixe levar por fornecedores, pela mídia ou por dogmas. Analise as informações em relação a si mesmo e ao seu projeto.

10. É o que você diz e a maneira como diz 43
Não adianta ter grandes ideias se elas não forem divulgadas de modo eficaz.

11. NSR – Não se repita 49
Cada bloco de informações deve ter uma representação oficial, exclusiva e sem ambiguidades dentro de um sistema.

12. Facilite a reutilização 55
Se for fácil reutilizar, será reutilizado. Crie um ambiente que apóie a reutilização.

13. Elimine efeitos entre elementos não relacionados 57
Projete componentes que sejam autossuficientes, independentes e com uma finalidade exclusiva bem definida.

14. Não há decisões definitivas 68
Nenhuma decisão é irrevogável: planeje-se para a mudança.

15. Use projéteis luminosos para encontrar o alvo 71
Os projéteis luminosos permitirão que você acerte seu alvo testando alterações e vendo o quanto elas chegam perto do objetivo.

16. Crie protótipos para aprender 76
A criação de protótipos é uma experiência de aprendizado. Seu valor não está no código produzido, mas nas lições aprendidas.

17. Programe em um nível próximo ao domínio do problema 80
Projete e codifique na linguagem do seu usuário.

18. Estime para evitar surpresas 86
Estime antes de começar. Você identificará possíveis problemas logo de início.

19. Reexamine o cronograma junto ao código 91
Use a experiência adquirida durante a implementação para aprimorar as escalas de tempo do projeto.

20. Mantenha as informações em texto simples 96
O texto simples não ficará obsoleto. Ele ajuda a realçar seu trabalho e simplifica a depuração e o teste.

21. Use o poder dos shells de comando 102
Use o shell quando as interfaces gráficas de usuário não ajudarem.

22. Use um único editor bem 104
O editor deve ser uma extensão de suas mãos. Certifique-se de que seu editor seja configurável, extensível e programável.

DICAS 23 A 48

23. Use sempre o controle do código-fonte..............110
O controle do código-fonte é a máquina do tempo de seu trabalho – ele o permite voltar.

24. Corrija o problema, esqueça o culpado...............113
Não importa se você ou outra pessoa foi o culpado pelo bug – ele precisará de correção de qualquer forma.

25. Não entre em pânico...............................113
Respire fundo e reflita sobre o que pode ser a causa do bug.

26. "select" não está com defeito.....................118
É raro encontrar um bug no sistema operacional, no compilador ou até mesmo em um produto ou biblioteca de terceiros. Quase sempre o bug está no aplicativo.

27. Não suponha – teste...............................119
Comprove suas suposições no ambiente real – com dados e condições limítrofes reais.

28. Aprenda uma linguagem de manipulação de texto.....122
Você trabalha com texto todos os dias. Por que não deixar o computador fazer parte desse trabalho?

29. Escreva um código que crie códigos.................125
Os geradores de código aumentam a produtividade e ajudam a evitar a duplicação.

30. Você não conseguirá criar um software perfeito.....129
O software não pode ser perfeito. Proteja seu código e os usuários de erros inevitáveis.

31. Projete com contratos..............................133
Use contratos para documentar e provar que o código não faz mais nem menos do que ele alega fazer.

32. Encerre antecipadamente............................142
Em geral, um programa encerrado causa muito menos danos do que um funcionando mal.

33. Se não pode acontecer, use asserções para assegurar que não aconteça..............144
As asserções validam as suposições. Use-as para proteger seu código de um mundo incerto.

34. Use exceções para problemas excepcionais......149
As exceções podem sofrer de todos os problemas de legibilidade e manutenção dos emaranhados de códigos clássicos. Guarde-as para acontecimentos excepcionais.

35. Acabe o que começou................................151
Onde possível, a rotina ou objeto que alocou um recurso deve ser responsável por sua desalocação.

36. Reduza a vinculação entre módulos..................162
Evite a vinculação escrevendo códigos "cautelosos" e aplicando a Lei de Deméter.

37. Configure, não integre.............................166
Implemente as escolhas de tecnologia de um aplicativo como opções de configuração e não por meio de integração ou engenharia.

38. Coloque as abstrações no código e os detalhes em metadados..............167
Programe visando o caso geral e deixe os detalhes específicos fora da base de código compilada.

39. Analise o fluxo de trabalho para melhorar a concorrência..............173
Explore a concorrência no fluxo de trabalho de seu usuário.

40. Projete usando serviços............................176
Projete em termos de serviços – objetos independentes e concorrentes por trás de interfaces consistentes e bem definidas.

41. Projete sempre pensando na concorrência.........178
Estimule a concorrência e projete interfaces mais simples com menos suposições.

42. Separe as visualizações dos modelos................183
Ganhe flexibilidade a baixo custo projetando seu aplicativo em termos de modelos e visualizações.

43. Use quadros-negros para coordenar o fluxo de trabalho..............191
Use quadros-negros para coordenar fatos e agentes diferentes e continuar mantendo a independência e o isolamento entre os participantes.

44. Não programe por coincidência......................197
Confie apenas em elementos confiáveis. Cuidado com a complexidade acidental e não confunda uma coincidência feliz com um plano intencional.

45. Estime a ordem de seus algoritmos..................203
Tenha uma ideia de quanto o processo deve demorar *antes* de escrever o código.

46. Teste suas estimativas.............................204
A análise matemática de algoritmos não diz tudo. Tente cronometrar seu código em seu ambiente de destino.

47. Refatore cedo, refatore sempre.....................208
Da mesma forma que você pode capinar e reorganizar um jardim, reescreva, reorganize e reconstrua o código quando necessário. Ataque a raiz do problema.

48. Projete para testar................................214
Comece a pensar no teste antes de escrever uma linha de código.

DICAS 49 A 70

49. Teste seu software ou seus usuários testarão.....219
Teste incansavelmente. Não deixe que seus usuários encontrem erros para você.

50. Não use um código de assistente que você não entender..............221
Assistentes podem gerar muitas páginas de código. Verifique se o entendeu *por completo* antes de incorporá-lo em seu projeto.

51. Não colete requisitos – cave-os..............224
Raramente os requisitos estão na superfície. Eles ficam profundamente enterrados sob camadas de suposições, concepções erradas e política.

52. Trabalhe com um usuário para pensar como um usuário..............226
É a melhor maneira de entender como o sistema será usado *de verdade*.

53. Abstrações têm vida mais longa do que detalhes..............231
Invista na abstração e não na implementação. As abstrações podem sobreviver às diversas mudanças provenientes de diferentes implementações e novas tecnologias.

54. Use um glossário do projeto..............232
Crie e mantenha uma fonte exclusiva com todos os termos e vocabulário específicos de um projeto.

55. Não pense fora da caixa – *encontre* a caixa........235
Quando diante de um problema difícil, identifique todas as restrições *reais*. Faça a si próprio a pergunta: "Isso precisa ser feito assim? De fato, precisa ser feito?".

56. Só comece quando estiver pronto..............237
Você ganhou experiência durante toda a sua vida. Não ignore pequenas dúvidas.

57. Algumas coisas são fáceis de fazer, mas não de descrever..............240
Não caia na espiral das especificações – em algum momento você terá de começar a codificar.

58. Não seja escravo dos métodos formais..............242
Não adote cegamente qualquer técnica sem trazê-la para o contexto de suas práticas e capacidades de desenvolvimento.

59. Ferramentas caras não produzem projetos melhores..............244
Cuidado com a propaganda dos fornecedores, com dogmas da indústria e com o apelo da etiqueta de preço. Julgue as ferramentas por seu mérito.

60. Organize as equipes com base na funcionalidade..............249
Não separe projetistas de codificadores, testadores de modeladores de dados. Construa equipes como constrói o código.

61. Não use procedimentos manuais..............253
Um script de shell ou um arquivo em lotes executará as mesmas instruções, na mesma ordem, repetidamente.

62. Teste cedo. Teste sempre. Teste automaticamente..............259
Testes executados a cada construção são muito mais eficazes do que planos de teste que ficam aguardando para ser usados.

63. A codificação só estará concluída após todos os testes serem executados..............260
Nada a declarar.

64. Use sabotadores para testar seus testes..............266
Introduza erros de propósito em uma cópia separada da fonte para verificar se os testes irão capturá-los.

65. Teste a cobertura de estados e não a cobertura do código..............267
Identifique e teste estados significativos do programa. Testar apenas linhas de código não é suficiente.

66. Encontre os erros apenas uma vez..............269
Quando um testador humano encontrar um erro, essa deve ser a *última* vez que um testador humano o encontrará. Testes automáticos devem procurá-lo desse momento em diante.

67. Trate o português simplesmente como outra linguagem de programação..............270
Escreva documentos como você escreve códigos: obedeça o princípio *NSR* e use metadados, o MVC, a geração automática e assim por diante.

68. Construa a documentação no código, não a acrescente como complemento..............270
Documentação criada separadamente do código tem menos probabilidades de estar correta e atualizada.

69. Exceda gentilmente as expectativas de seus usuários..............277
Tente entender as expectativas de seus usuários e então entregue apenas um pouco mais.

70. Assine seu trabalho..............280
Os artesãos da antiguidade ficavam orgulhosos em assinar seu trabalho. Você também deve ficar.

LISTAS DE VERIFICAÇÃO

✔ **Linguagens a aprender** .... página 39
Cansado de C, C++ e Java? Faça testes com CLOS, Dylan, Eiffel, Objective C, Prolog, Smalltalk ou TOM. Cada uma dessas linguagens tem diferentes recursos e uma abordagem distinta. Faça testes com um pequeno projeto caseiro usando uma ou mais delas.

✔ **O Acróstico ASTUTO** .... página 42
O que você quer que eles **A**prendam?
Qual é **S**eu interesse no que você tem a dizer?
Seu **T**rabalho tem que nível de sofisticação?
Que nível de detalhes eles **U**sam?
Quem você quer que **T**enha a posse da informação?
Como você pode motivá-los a **O**uvi-lo?

✔ **Como manter a ortogonalidade** .... página 56
- Projete componentes independentes e bem-definidos
- Mantenha seu código desvinculado
- Evite dados globais
- Refatore funções semelhantes

✔ **O que deve ter um protótipo** .... página 75
- Arquitetura
- Nova funcionalidade em um sistema existente
- Estrutura ou conteúdo de dados externos
- Ferramentas ou componentes de terceiros
- Questões de desempenho
- Projeto de interface de usuário

✔ **Perguntas relacionadas à arquitetura** .... página 77
- As responsabilidades estão bem-definidas?
- As colaborações estão bem-definidas?
- A vinculação foi reduzida?
- É possível identificar uma duplicação?
- As restrições e definições de interface são aceitáveis?
- Os módulos podem acessar dados necessários – *quando* necessário?

✔ **Lista de verificação da depuração** .... página 120
- O problema que está sendo relatado é resultado direto do bug subjacente ou um sintoma?
- O bug está *realmente* no compilador? Está no sistema operacional? Ou está em seu código?
- Se fosse explicar esse problema detalhadamente para um colaborador, o que você diria?
- Se o código suspeito passa em seus testes de unidade, os testes estão suficientemente completos? O que acontece quando você executa o teste de unidade com *esses* dados?
- As condições que causaram esse bug estão presentes em algum outro local do sistema?

✔ **Lei de Deméter para funções** .... página 141
O método de um objeto só deve chamar métodos pertencentes a:
- Ele próprio
- Qualquer parâmetro que tenha sido passado
- Objetos que ele criar
- Objetos componentes

✔ **Como programar deliberadamente** .... página 172
- Esteja consciente do que está fazendo
- Não codifique às cegas
- Aja de acordo com um plano
- Confie apenas em coisas confiáveis
- Documente suas suposições
- Teste tanto as suposições quanto o código
- Priorize seu esforço
- Não seja escravo da história

✔ **Quando refatorar?** .... página 185
- Você descobriu uma violação do princípio *NSR*
- Você descobriu elementos que poderiam ser mais ortogonais
- Sua compreensão aumentou
- Os requisitos mudaram
- Você precisa melhorar o desempenho

✔ **Desfazendo o nó górdio** .... página 236
Na resolução de problemas *impossíveis*, pergunte a si próprio:
- Há um caminho mais fácil?
- Estou resolvendo o problema certo?
- *Por que* esse fato é um problema?
- O que o torna difícil?
- Precisa ser feito dessa maneira?
- Afinal, precisa mesmo ser feito?

✔ **Aspectos a serem testados** .... página 260
- Teste de unidade
- Teste de integração
- Validação e verificação
- Exaustão de recursos, erros e recuperação
- Teste de desempenho
- Teste de usabilidade
- Testar os próprios testes

Listas de verificação de *O Programador Pragmático*, de Andrew Hunt e David Thomas. Visite www.pragmaticprogrammer.com e www.bookman.com.br.